伟大的
博物馆

Le Necropoli Vaticane: La città dei morti di Roma

梵蒂冈古墓

[意大利]保罗·普雷拉尼　G. 斯皮诺拉 著
周彬彬 译

译林出版社

保罗·利瓦里尼，吉奥多米尼科·斯宾诺拉

彼得洛·赞德亦有所帮助

梵蒂冈古墓

罗马的亡者之城

引言由弗朗切斯科·布兰内利所写

目录

引　言

和其他名字相比，也许“永恒之城”这个名字恰如其分地概括了罗马的本质。在数千年的历史中，尽管罗马历经世事变迁，却在历史和建筑方面表现出了连贯性，这在世界上是很少见的。

罗马的逐渐发展和扩张创造了一种独特的城市布局。因为罗马的历史从未中断过，所以这座城市的布局能够记录罗马的“永恒”：从传说中罗慕路斯建立罗马（追溯到公元前753年4月21日）的史前时期开始，由棚屋构成的早期居民点，到现代的大都市罗马。在这令人惊讶的变化中，我们注意到了罗马的逐步扩张，城墙的变化就是佐证。在特定历史时期，同心圆形状的城墙划定了城市的范围。在不改变原有的城市布局的前提下，新建筑掩盖了旧建筑的痕迹，道路被重新修缮，整个居民区都被重新规划、建造。20多个世纪的不断发展变化创造了如今有着超过400万居民的城市，这在世间是绝无仅有并且无法复制的。在城市居民区扩张产生的“副作用”中，系统建造的城市墓地从很早时候就开始发生变化：遵循惯例，墓地要建造在居民区外的地区。起初，这些广阔的“亡者之城”位于城市附近的高山上和山谷里。之后，生者之城通过罗马大道逐步拓展，进入这些地区。正是由于这个原因，在古罗马广场附近发掘出了初期罗马国王的坟墓，而东方化时期、古风时期和共和时期的坟墓却位于埃斯圭利诺山丘上——距离最早的居民区很远，而这些居民区之后又被新的建筑取代。帝国时期的墓地就更不用提了：墓地沿着罗马大道遍布整个罗马郊区，一直延伸到距离城墙非常远的地方。综合分析城墙和墓地的范围后，可以确定在建立新的防御边界前城市的范围。

数据显示，罗马有几百万座墓葬下落不明。为了弄清楚这一情况，我们在全面考虑罗马地形变化情况的同时，还必须考虑20多个世纪里罗马人口的变化情况。

实际上，在伊特鲁里亚时期（约公元前6世纪），罗马大概有3万居民，之后人口突然增长，3个世纪后人口几乎达到19万，而在公元2世纪，人口达到了150万。罗马作为帝国首都，成为西方整个古代世界里人口最密集的城市，这一情况一直持续到5世纪初西哥特人和汪达尔人入侵罗马之前。

以上简短的介绍是想简单强调一下保护现存遗迹的重要性，这不仅指只有几座墓地的地区，也指墓地广泛分布的地区。但可惜的是，针对遗迹的现代保护机制面对城市发展做出了错误让步：人们有计划地对这些墓地进行挖掘、记录，随后将这些发掘物移到别处，为城市的发展腾出空间。

这种做法的结果是广阔的“亡者之城”不停地被系统性清除，随之而来的是因为家族情感纽带而传承的大量历史和文化资料的流失。历史和文化资料因家族的情感纽带被传承下来的情况也发生在今天，墓地不仅饱含真诚地记录下离世亲人的身份，还铭记了逝者拥有的才能，表达了他们的情感，叙述了他们的生平事迹。墓地成为重新认识古代历史和罗马社会结构的不竭的知识源泉。

罗马作为帝国的首都，作为一座有着几千年历史和百万居民的城市，在这里，除了奴隶（包括那些获得了自由的奴隶），国王、执政官、皇帝、元老院议员、将军和作家，还有曾书写历史的教皇和圣人的坟墓中只有很少一部分被保存了下来。这一事实似乎令人难以置信，尤其是当我们将罗马和古伊特鲁里亚、古拉提姆维图斯和大希腊附近城市的重大考古发现进行比较时。

20 多个世纪以来，只有少数分散的墓地作为原本广阔的亡者之城存在的证据被保存下来。想要简单地认识分散的考古遗迹，我们可以参观一下罗马附近的奥斯蒂亚发掘出的墓地，或者参观一下离罗马较远的庞贝和埃尔科雷诺考古遗址里发掘出的墓地，之后我们可以将这些地区的现实情况和罗马的宏伟壮观做比较。

发掘出的古墓对于了解城市的历史具有相当大的重要性。正是由于这个原因，并在考古专家的建议下，梵蒂冈当局很有先见之明地将在 20 世纪不同时期在梵蒂冈发现的古墓发掘原址完整地保存了下来，并且还在发掘现场建立了博物馆对遗址进行就地保护。

这种“整体保护”措施有着让人意想不到的现实意义，至今仍作为人们有效保护遗址的典范。参观了所谓的“梵蒂冈古墓”的发掘场所后，游客对这项举措赞不绝口。“梵蒂冈古墓”在圣彼得大教堂下，位于凯旋大道周围的古墓区，这一区域一般被称作停车场区和圣罗莎区。

实际上，在庇护十二世（尤金尼奥·帕切利，1939—1958 在位）掌权期间，1940 年到 1947 年和随后 1953 年到 1957 年间进行的发掘使“梵蒂冈古墓”得以公之于众。“梵蒂冈古墓”是科妮莉娅大道周围的古墓群中，被意外保存在圣彼得大教堂中殿下的一片遗迹区域。

发掘始于庇护十一世（阿希尔·拉提，1922—1939 在位）去世时，他在遗嘱里要求埋葬在梵蒂冈地下。在施工过程中，在向下挖约 80 厘米的时候，人们发现了墓葬建筑中顶饰上精美雅致的上楣柱。这根柱子仍然立在它原先的位置，是墓葬装饰的一部分。这一墓葬之后被称作“墓 F”或“图利奥墓葬”、“卡艾登尼奥墓葬”。从那时开始，对此处墓地的持续发掘贯穿了庇护十二世的整个任职时期。这里一共发掘出了 22 座墓葬，以惊人的数量分布在一条窄路的两侧。自此以后，人们对历史、考古和宗教献身产生了兴趣。其中最令人意想不到的发现是辨认出了“门徒彼得的坟墓”。其墓葬结构十分复杂，从墓中的碑文和考古得到的证据可以确认人们一直在供奉门徒，两千年来毫无中断。在米开朗琪罗建造的圣彼得大教堂的穹顶中央，在祭台上的神龛（贝尔里尼建造）下面，以几乎完美的“铅锤”的垂直角度，在一座古老的墓地里躺着“红色墙壁”的残躯，“彼得在这里”的碑文就起源于“红色墙壁”。

梵蒂冈古墓是第一个在发掘现场建立博

物馆对古代墓地进行就地保护的有远见之明的例子。先进、复杂的气温控制技术的应用，使得古代建筑结构和手工艺品能够得到完美保护，这座古墓如今也能够向公众开放，供游客参观。

尽管人们已经详尽描绘了地下罗马的魅力，而且在专业层面上，几百年来的学者们都知道在离凯旋大道不远处，在梵蒂冈山的西北坡上有数量众多的墓地，但当人们进入位于梵蒂冈城中心的停车场区和圣罗莎区时，突然跨越两千年历史的感觉仍然十分强烈：在现代道路两侧，沿着山坡，两个广阔的地下空间聚拢在一起，超过400座墓地以最节省空间的方式分布在这片区域。这些墓地的历史可以追溯到公元1世纪到4世纪之间。

用马赛克和灰泥装饰的大量壁龛，以一种难以置信的密度被简单地埋在土里。对于准备进行科学发掘的考古学家来说，首先要做的是确定各个墓葬的界限，因为这些墓葬往往是叠在一起的。

这片地区位于异教徒墓地区域，异教徒的墓地沿着从罗马到韦奥的古老道路一直延伸。为了纪念征服伊特鲁里亚和击败凶猛敌人的历史，罗马人把离罗马最近的一段路命名为凯旋大道。几个世纪以来，欢迎战胜将军的壮大游行都是在城内的那段凯旋大道上举行——尼禄桥和卡比托利欧山之间。经过了几个世纪，在城外的梵蒂冈山丘上发展出了一片十分广阔的墓地。在偶然的挖掘过程或科学组织的考古活动中经常能发掘出这些墓地的遗迹。

自1956年首次发掘以来，梵蒂冈当局以保护圣彼得大教堂下的古墓为范例，规定要对建筑物、单个墓地和被慢慢发掘出的陪葬品在发掘原址进行整体保护。

因此，无论是从地区范围的角度，还是从墓地的保护状态的角度来说，凯旋大道沿线的古墓和梵蒂冈古墓共同成为古罗马墓地的一个重要证明，在考古学层面上也是一个复杂整体，为研究古罗马的社会结构和丧葬仪式提供了大量实物资料。

出于这些原因，在2001年11月举办的梵蒂冈议会理事会议期间，当在圣罗莎广场地区建立大型地下停车场的项目被提出时，负责保护梵蒂冈考古遗址的梵蒂冈博物馆的领导人立即指出圣罗莎广场所在区域有一处罗马时期的墓葬需要发掘，要等到发掘工作结束后才能规划这片地区的建设。在建造圣罗莎广场附近的停车场时，这座复杂的古墓就已经开始进行发掘了。

在这个消息被宣布后，当考古现场有发现时，梵蒂冈博物馆的技术人员将参与发掘工作。于是，在得知有考古发现时，梵蒂冈博物馆管理局的考古学家能够参与发掘并划定一大片可待发掘的区域，从而保护可能和凯旋大道沿线墓地有联系的新发现的墓地。新发掘的墓葬和加莱亚喷泉、安诺纳喷泉区域出土的墓葬以及1956—1958年间在停车场区域发掘的墓葬在考古学层面上具有极大的连续性。

古墓的发掘工作在2006年结束。作为梵蒂冈博物馆成立五百周年纪念活动的一部分，相关人员展示了古墓的发掘场所并介绍了后续安排。从那以后，成千上万的游客前来参观古墓。古墓里的墓碑和碑文向我们展示的古代世界虽然在时间上离我们很远，但其中流露的情感以及表达的死亡使人分离的痛苦使我们感同身受。

碑文详细地记录了亲人生活中的几天、几个月或者几年，在石头上刻下他们的名字、家族、家庭主要成员、行业和职位，所有这些都向我们展示了不管是在那个时候还是现在，人们都是多么不愿意被世界遗忘。这些墓碑和碑文想要提醒行人和游客，在那个时候和在之后的许多个世纪里，在那里，就是在那个位置，躺着“4岁的提比略·纳特隆·维纳斯特”，大理石上用细腻的笔触雕刻出孩子的面容并告诉我们这个孩子的死是那么突然；这些碑文想告诉人们科奇娅·马尔恰娜是一位有着高尚品行的人，她的品德值得人们称赞；这些碑文告诉人们提比略·克劳迪斯·奥泰特斯，尼禄皇帝的一位十分重要的财产统计员，为女儿的死亡而哭泣；这些碑文告诉人们一个披着小斗篷戴着小兜帽的奴隶将会倚在点燃的灯旁，永远等待那位睡在大理石棺材里再也无法回家的小主人。

今天，当我准备写下这篇简短的介绍的时候，我对能够宣布这一点感到很自豪，那就是我所期望的解决方案终于如愿实施。城市道路将古墓所在区域分成两处，此处道路下方的区域将被发掘，古墓所在的两处区域将连成一个整体。

弗朗切斯科·布兰内利
教会文化遗产管理委员会秘书

1. 梵蒂冈平面图，古墓被清楚标出。

第一章
地形框架

为了研究梵蒂冈古墓，我们必须将梵蒂冈古墓和它所处地区的背景结合起来。在帝国时期，梵蒂冈地区和罗马相比只是一片郊区。虽然晚些时候这片区域以另一种方式变得出名，但人们在这里发现了一座简陋的坟墓：一位被尼禄处以死刑的渔民的坟墓。这座坟墓可能是在公元64年那场肆虐罗马的大火发生后不久建造的。不久，一座最宏伟的基督教堂在这座坟墓上方建造起来，随着梵蒂冈逐渐成为基督教的中心，“梵蒂冈”这个词也将具有很深的隐含意义。直到梵蒂冈成为罗马主教的所在地，梵蒂冈国成为一个面积和名望成反比的国家后，“梵蒂冈”这个词的含义才有所变化。

我们应当从罗马城建立的古老时期开始进行对梵蒂冈古墓的研究。根据“城市”这个词语在历史层面上的含义，成为一个城市的罗马不再只是一个简单的人口聚集地。罗马通过城市的地形变化和空间划分，展现了社会中的分层现象和种种复杂的社会结构。

台伯河下游不同的地区也在这一时期确定了自己的范围，这些地区有的离罗马城近，有的离罗马城远。根据神话传说，最早一批国王也是在这一时期被赋予了管辖城市的

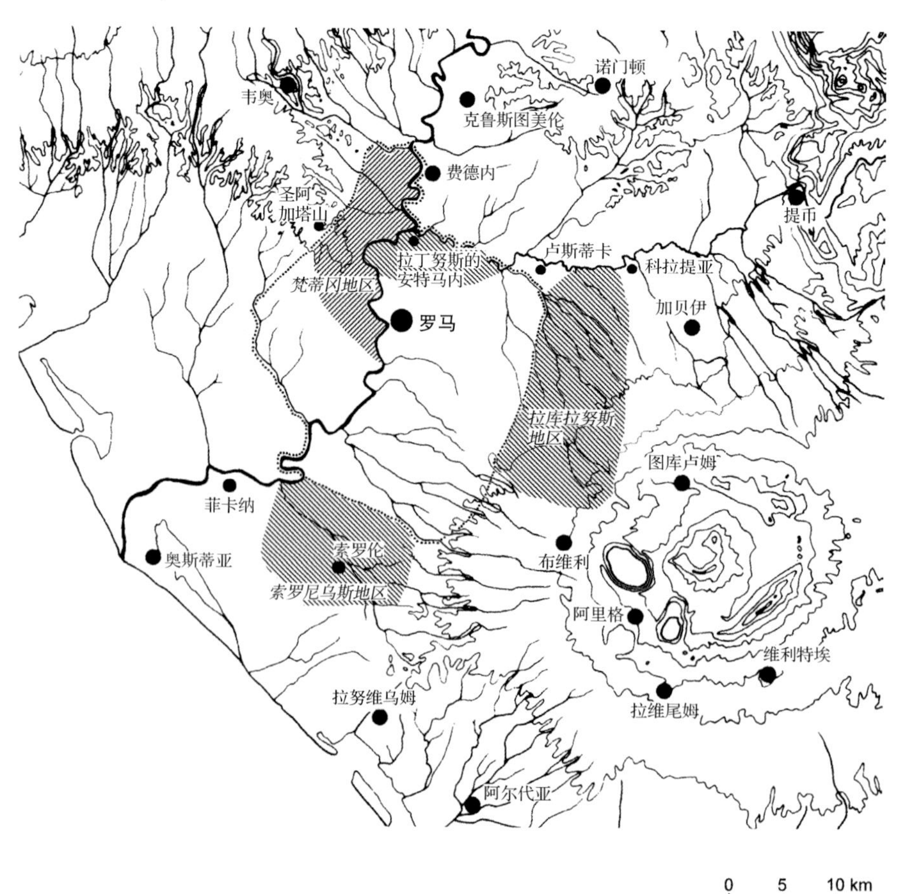

2. 铁器时代末期，与罗玛努斯安提库乌斯接壤面积小的地区（来自利韦拉尼，1999）。

责任。“梵蒂冈地区”也是在这一时期形成的，在公元1世纪，也就是老普林尼生活的时期，只有一小部分博学的文物研究者才知道“梵蒂冈地区”。事实上，老普林尼是这样描述梵蒂冈地区的：这是沿着台伯河右岸（和伊特鲁里亚在台伯河的同一边，在陡峭的维伊恩塔纳河岸处）延伸着的一段长长的区域。人们从台伯河对岸的某个位置向上游走，在克鲁斯图美伦和费德内两地正中间的位置向南面继续走十几千米，就可以到达贾尼科罗山，也就是诗人贺拉斯口中的“梵蒂冈山”。

也许我们需要再向南走远一些，梵蒂冈区域包括如今的特拉斯泰韦雷区，至少要包括特拉斯泰韦雷区在帝国时期被划入奥勒良城墙内的区域。事实上，上文提到的老普林尼将辛辛纳图斯区域也纳入梵蒂冈区。辛辛纳图斯区的对岸就是位于台伯河右岸的罗马最古老的军港。直到几年前，人们还认为纳瓦利亚地区（港口区域的名字）位于马尔齐奥区的北面，但最近的研究发现阿文蒂诺山脚下一座共和时代建造的大型建筑物的结构和阿米利亚拱廊的结构类似，这使得传统观点受到冲击。

不考虑“梵蒂冈地区”所占面积的扩展，这一地区应该在帝国时期就早早地成为罗马城的一部分，这是地缘政治留下的现实痕迹。我们似乎隐约看到了一个相当碎片化的拉齐奥，这是历史上从未出现过的情况。大约也是在这一时期，罗马城最初的领地范围之内和之外都出现了一些地区（“拉丁努斯地区”、“拉库拉努斯地区”以及“索罗尼乌斯地区”），这些地区和梵蒂冈区的面积相近、地位相当。但这些地区很快被历史上的其他重要城市吞并，最终成为罗马的一部分。

在老普林尼时期，包括梵蒂冈区在内的这些地区的范围就已经确定了。但在公元2世纪，这种情况发生了变化。从这时开始，人们不再谈论“梵蒂冈地区”，取而代之的是一个作为地名的“梵蒂冈”，此时梵蒂冈指代的区域的面积比之前要小得多。根据古代典籍中的诸多说明，我们可以确定此时梵蒂冈指代的区域包括梵蒂冈山和如今的圣彼得大教堂的广场。简而言之，当时的梵蒂冈区的范围和如今的梵蒂冈城的范围没有太大差异。人们正是在圣彼得大教堂下方的古墓里找到了一段著名的碑文来证实这种说法，这段碑文也是第一个能够证明这种说法的证据。在圣彼得大教堂下方已发掘出的古墓中，墓A是最东面的一座坟墓。人们在墓A前面发现了一段碑文，碑文上摘录了墓A主人的遗愿。墓A的主人是一位叫盖由斯·珀皮鲁斯·赫拉克拉的人（参见第39页的图2），他希望自己能被埋葬在梵蒂冈地区附近。显然，只有当梵蒂冈区是一个范围确定的地区时，碑文上的说法才有意义。因此，梵蒂冈区不是一片绵延数千米的地区。此外，梵蒂冈地区还和梵蒂冈的露天竞技场有关，这一点我们之后会再讨论。首先，我们需要结束这场关于梵蒂冈区范围的

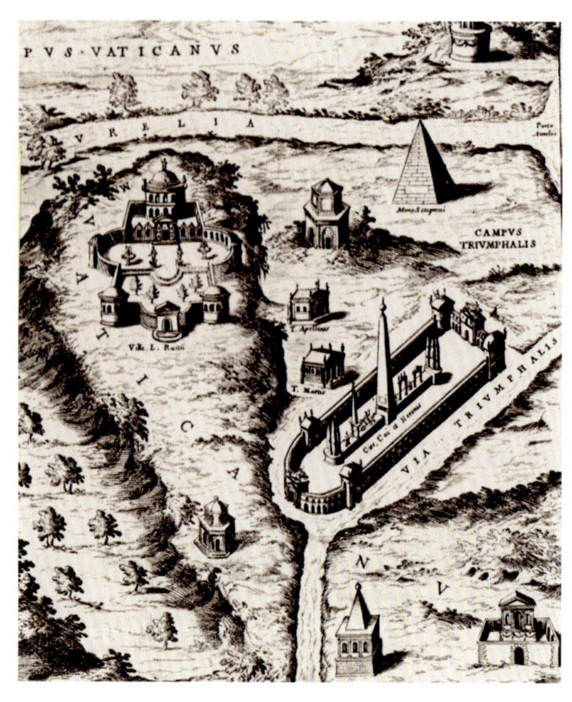

3. 罗马的景色（来自弗鲁塔兹）。

讨论：实际上，人们不应该忘记，也许当时的梵蒂冈区还包括如今的协和大道所在的区域。一位晚于贺拉斯的评论家，实际上是公元5世纪上半叶一位笔名叫阿科容内的人，他在谈论协和大道和特拉斯波迪那大道相交处的一座金字塔形坟墓时，将这座坟墓纳入梵蒂冈区，他还给这座墓取了一个十分随意的名字：西皮奥尼斯墓。但有人对这种说法表示怀疑，因为这位评论家其实只是在这里简单提及了这座墓，提及附近一些广为人知的地名可能会使说明变得简单。这种做法是合理的，我们也要认真考虑这种情况的可能性。

梵蒂冈距离台伯河很近，频繁爆发的洪水并没有给梵蒂冈带来好名声。同时，由于梵蒂冈区的卫生状况不好，产自这里的葡萄酒的品质不佳。然而，由于梵蒂冈区靠近罗马城，有许多重要的道路贯穿其中，使这一地区成为罗马贵族建造花园和郊区别墅的理想场所。帝国时期，有两座桥将梵蒂冈区和罗马连接起来：其中较早建造的那座桥的年代大概可以追溯到卡利古拉在位时期，卡利古拉建造这座桥大概是为了能够快速到达从母亲阿格里皮娜那里继承的花园。这座桥在中世纪时被称为尼禄桥，因为根据当时的普遍做法，梵蒂冈区的所有建筑物前都要冠上尼禄的名号。尼禄是一位臭名昭著的皇帝，他犯下了火烧罗马和处死圣彼得的罪行。这座桥存在的时间不长，人们在整理的一份公元3世纪末桥梁清单上没有发现这座桥的名字。也许在建造和奥勒良城墙有关的防御工事时，这座桥就被拆除了。在18世纪乃至今天，这座桥的桥墩仍清晰可见。当台伯河处于枯水期的时候，在如今的维克托·伊曼纽尔桥下的河水较浅处，人们可以清楚地看到尼禄桥的桥墩。几年前，一位对这一历史缺乏了解的记者在看到这一情况时以为自己发现了前人未能发现的事物，急忙做出了独家报道。尼禄桥被拆除后，台伯河上的埃利奥桥依然能保证两岸间的通行。埃利奥桥由哈德良皇帝修建，这座桥可以方便他到达自己的坟墓。经过多次重建和修复，埃利奥桥至今仍可通行，这座桥现在叫作圣天使桥。正是由于台伯河对岸有哈德良皇帝的坟墓，所以即使在政治军事极度混乱的时期，这些桥梁仍能得以保全。实际上，从公元6世纪罗马人与哥特人间爆发的战争开始，哈德良的坟墓就慢慢被改造成一座堡垒，就是如今众所周知的坚不可摧的圣天使城堡。

人们经过这些桥不但可以达到梵蒂冈地区，也能进入梵蒂冈里的两条主要道路。这两条道路在如今的圣彼得广场中的某一处交会。这两条道路的沿线区域分布着我们将要在这本书中讨论的古墓。凯旋大道从圣彼得广场开始朝北前进，通往马里奥山和伊特鲁里亚的韦奥城（如今的伊索拉法尼塞）。科妮莉娅大道和奥勒利亚大道的一部分道路重合了，之后，科妮莉娅大道朝西通往附近另一座重要的伊特鲁里亚城市：凯雷（如今的切尔韦泰里）。

梵蒂冈的地理位置使得这片区域备受追捧：一方面，贵族在这里建造郊区别墅可以在离罗马城很近的地方享受乡村生活的闲适；另一方面，罗马城的发展也带动了这一区域的发展。凯撒在公元前45年（距他被暗杀不到一年的时间）的夏天萌生了一个大胆的想法，他颁布了《罗马城市法》，这是一部和罗马城面积扩张有关的法律。按照西塞罗的说法，这部法律要求：要在梵蒂冈高地所在位置建起跨过台伯河的米尔维安桥，在马尔齐奥区建造起建筑，梵蒂冈区也要按照马尔齐奥区的发展方式来发展。凯撒之前委托了一位希腊工程师改变台伯河的流向，也就是让河流的流向向西偏移。简单分析地图，我们不难得知这项工程要如何进行：考虑到马里奥山就在台伯河旁边，新的河道应该朝向米尔维安桥的西南方向。我们可以猜测，新河道可能在如今的天使大道附近，在复兴运动广场那里朝东南方向转了个弯。这条新河道经过了梵蒂冈山，又在如今的维克托·伊曼纽尔桥的位置和原来的河道汇合。在和旧河道汇合时，新河道会转一个大弯，河流汇合处的水速也会加快。由于土壤沉积，梵蒂冈区平坦的土地和马尔齐奥区的土地连接了

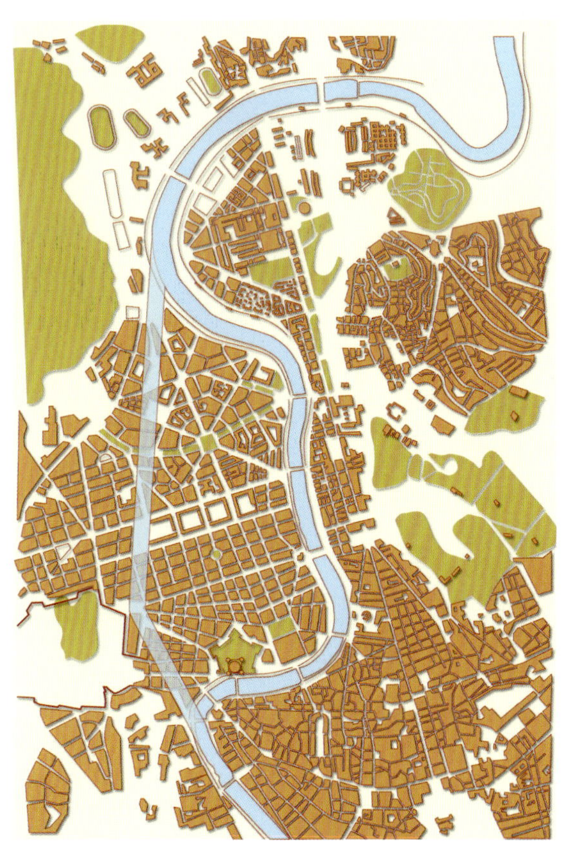

4. 凯撒改变台伯河流向的方案。

5. 维克托·伊曼纽尔桥下于夏季露出台伯河水面的尼禄桥的桥墩。

6. 圣天使桥和哈德良的坟墓——如今的圣天使城堡。

起来，慢慢地，北面帕瑞奥里山山脚下由于台伯河转弯而沉积的土壤也和这些地区连接了起来。于是，这一地区的面积增加了三倍以上，为城市发展提供了广阔空间。在凯撒所做的所有规划中，改变台伯河河道的规划是最具远见卓识的；凯撒之后，再没有哪位皇帝能有这样的远见。

梵蒂冈区的水资源得到了节约，这一地区也被分成好几部分。凯撒时期，在原本离台伯河很远的平坦区域建造了许多花园，西塞罗对这些花园很感兴趣。花园的主人也许是一位叫提多·昆齐奥·斯卡普拉的人，他是庞培的追随者。斯卡普拉在蒙达（如今科尔多瓦附近的一座西班牙城市）被凯撒打败后自杀。可能因为花园的所有者在政坛上失败了，所以这些花园只以十分低廉的价格出售。西塞罗想为自己心爱的女儿建造一座坟墓，他的女儿在很小的时候就去世了。西塞罗想购买这些花园，但他遇到了另一个富有买家的竞争，也就是平民保民官卢西奥·罗西奥·奥托尼。我们也不知道故事的结局如何。

然而，大部分地产最终落到了皇室手中：大阿格里皮娜的地产传给了她的儿子卡利古拉，这块地产东面不远处是多米齐亚的地产。大阿格里皮娜的地产应该位于梵蒂冈山的山谷处，包括科妮莉娅 – 奥勒利亚大道（指的是这两条大道重合的那部分道路，后文同）和现今圣彼得大教堂左侧之间的区域，这一区域可能还沿着台伯河岸延伸到了之前提到的尼禄桥的位置。在山谷这片土地的中央，卡利古拉建造了他的露天竞技场。建造这座露天竞技场的材料一部分是砖石，一部分是木头。竞技场中央有一座巨型方尖碑，建筑这座方尖碑是从亚历山大运来的。为了运送这座方尖碑，人们还特意建造了一艘船。在竞技场被弃置后的很长一段时间里，方尖碑仍矗立在原地。直到 1586 年，当时的教皇西克斯图斯五世委托建筑师丰塔纳将这块方尖碑移到圣彼得广场的中央，广场面前就是在文艺复兴时期建造的那座大教堂。

但是刚刚提到的第二块地产——多米齐亚的花园——所指的区域超过了狭义上的梵蒂冈代表的区域，它在东面还有一块除梵蒂冈以外的区域。多米齐亚的花园本应出名，因为哈德良原本计划在此处建造自己的坟墓。关于这一点，我们有必要澄清一些事情：首先，虽然哈德良的坟墓在文献中被称为“陵墓”，但“陵墓”这种说法相当随意。此前的古代文献中从未使用过“陵墓”一词，这是因为公元 1 世纪至 3 世纪里，奥古斯都的坟墓是罗马唯一一座坟墓。从公元 4 世纪开始，“陵墓”这个词语才被赋予“帝王陵”的含义。于是开始出现这样的说法：圣埃琳娜的陵墓、科斯坦察的陵墓、霍诺里乌斯的陵墓、玛莉亚的陵墓和不同的皇族成员的陵墓。但在那个时候，哈德良的坟墓早已完工：在埋葬了塞普蒂米乌斯·塞维鲁的妻子朱丽亚·多姆娜和儿子盖塔后，这座坟墓就没有被继续使用下去了。

我们需要注意的第二点是多米齐亚这个

人的身份。有两种流传较广的猜测：第一种认为多米齐亚是帕西艾诺·克里斯普的第一任妻子，也就是尼禄的姑姑，尼禄在公元59年杀死了多米齐亚，继承了她的财产；第二种却认为这里的多米齐亚指的是多米齐亚·朗吉娜，也就是多米提安皇帝的妻子。

实际上，通过人们最近对哈德良皇帝的家族进行的研究，我们可以提出第三种猜测，这也是最简单、最合理的一种假设。事实上，人们直到最近几年才弄清这位皇帝家族成员之间的关系。哈德良的母亲应该是大多米齐亚·保琳娜·露琪拉，而哈德良同母异父的妹妹是小多米齐亚·卡尔维斯亚·露琪拉，小多米齐亚·卡尔维斯亚·露琪拉是马可·奥勒留的母亲。从这一点来看，哈德良从母亲那里继承了土地，在这块土地上修建自己的坟墓就十分顺理成章了，不需要推测这块土地曾经多次易主。

为了结束这场关于多米齐亚的花园和在这一区域建造的坟墓的讨论，我们需要讨论另一件事情，虽然这件事情最好在其他地方讨论，但我们在这里不得不简单解释一下。让·克劳德·格雷尼尔最近对一座方尖碑上用埃及的象形文字刻下的碑文做出了新的解释并获得了一些新的发现。这座石碑曾位于瓦里阿诺竞技场，但从1822年起就矗立在宾西亚山丘上。正如人们早就知道的那样，这座方尖碑是哈德良定制的，他让人在方尖碑上刻下了一段碑文以纪念他深爱的安提诺乌斯，安提诺乌斯在公元130年不幸溺死在尼罗河中。这座方尖碑上用象形文字刻下的碑文中提到了安提诺乌斯的坟墓，这段碑文中有一些地方是空白的（A柱上的第一行），但如今人们已经完美地修复了这一处空白。最近一版的碑文解释中是这样描述缺少的这一部分的："阴间的那位幸运儿在这个神圣的地方长眠，这里就是罗马君主的花园。"我们不需要从文献学的角度深挖字眼，只需要知道：首先，不管安提诺乌斯如何看待，碑文中将他称为"幸运儿"。根据米南德的一句诗"早逝者，天之钟爱者"，"幸运儿"可以被理解为"顺应神的召唤的人"。除此之外，人们从碑文中得知这座方尖碑伫立在年轻的安提诺乌斯的坟墓旁，安提诺乌斯的坟墓则位于哈德良在罗马的一处地产里。碑文中出现的埃及语"sht"可以翻译成"花园"，我们可以将这个词等同于拉丁语中的"horti"。因此，在解释碑文时，让·克劳德·格雷尼尔认为这一区域指的是多米齐亚的花园，哈德良也准备在这一区域建造自己的坟墓，但碑文中出现的那一地区也有可能指的是萨卢斯特花园。罗马皇帝似乎格外喜欢萨卢斯特花园。萨卢斯特花园位于宾西阿那门和萨拉里亚门之间，花园北面的界限是之后建造的奥勒良城墙，南面界限似乎是如今的七月二十日大道。人们在这座花园所在区域发掘出了许多埃及风格的雕塑：其中有拉美西斯二世的母亲杜雅王后的大型花岗岩雕像，还有法老雅赫摩斯、法老托勒密二世、法老阿尔西诺伊二世以及一位不知名的公主的雕像。这些雕像如今藏于梵蒂冈的格里高利埃及博物馆和阿尔巴尼收藏馆里。人们还在这里发现了河马的雕像，这尊雕像如今藏于新嘉士伯艺术博物馆。尤为重要的一点是，我们不能忽略山上天主圣三教堂阶梯前的一座方尖碑。这座方尖碑从公元 19 世纪开始就伫立在这间教堂前，但直到 20 世纪 30 年代，人们才在撒丁大道和托斯卡纳大道交会处的角落里发现了这座方尖碑的基座。

对方尖碑上用象形文字刻下的碑文的新解读有别于之前的旧解读。人们之前认为碑文上提到的皇家花园指的是提沃利附近著名的哈德良别墅，近期另一种说法认为这座花园指的是名为“阿多尼斯”的花园，这座花园可能位于帕拉蒂诺山上，但经过最近的考古研究和文献核查，人们否定了这种观点。

多米齐亚花园和萨卢斯特花园相比，人们更喜欢前者。实际上，在建造安提诺乌斯墓前的方尖碑时，哈德良的坟墓就应该在建造中了。需要强调一点：在多米齐亚花园和萨卢斯特花园中，只有多米齐亚花园越过了罗马城周边的“圣地”——一条具有法律效力的神圣边界。这条边界分隔开城市和郊区，生活区和军事区。更重要的是，这条边界将

7. 如今位于宾西亚山丘上的安提诺乌斯方尖碑。

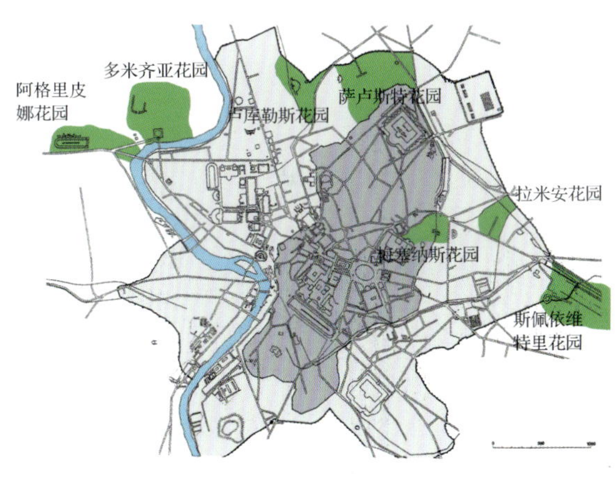

8. 古罗马时的皇家花园。

生者的世界和死者的世界分隔开。根据共和时代初期颁布的《十二铜表法》，任何人都不能被埋葬在城市里。但实际上，我们发现了一个帝国时期的特例：图拉真的骨灰被置于城内。图拉真的骨灰被置于一根柱子底部的小室中，这根柱子介于乌尔比亚大教堂和所谓的壮观的图拉真图书馆之间。

简单来说，安提诺乌斯墓前方尖碑的碑文中出现的“神圣的地方”指的就是安提诺乌斯的坟墓。这座坟墓可能位于台伯河的右岸，距离哈德良宏伟的坟墓不远。以这种方式布局，死后的他们仍能像活着的时候那样保持联系。此外，显而易见的是瓦里阿诺竞技场和安提诺乌斯的坟墓并无联系。人们在瓦里阿诺竞技场，也就是在罗马城东南方向的这个地方发现了那座原本应在安提诺乌斯墓前的方尖碑。我们必须考虑到这样一种可能：塞维鲁家族曾重新利用过这座方尖碑。塞维鲁王朝的皇帝曾在如今的耶路撒冷圣十字教堂附近建造了斯佩依维特里花园（古时的希望圣殿附近的花园），方尖碑可能就是在那时被搬到瓦里阿诺竞技场里的。他们这样做可能是为了仿照马克西穆斯竞技场、卡利古拉竞技场和尼禄竞技场，因为这些竞技场中都有方尖碑。此时的皇帝是埃拉伽巴路斯，人们在这一时期已经不再举行纪念安提诺乌斯的仪式。从另一个角度来看，只有皇帝有权移动这座方尖碑，所以可以从两个层面来解读这种行为：首先，移动方尖碑意味着将方尖碑从一块属于皇家的区域移到另一块属于皇家的区域；其次，根据宗教规定，人们不能破坏一座大型坟墓。但这也有例外：只有罗马教皇，也就是罗马最高的宗教权威人物可以授权此类破坏坟墓的活动。考虑到移动这座方尖碑需要获得诸多特权，所以只有皇帝本人能够移动这座从共和时代晚期到公元 4 世纪都伫立在原地的方尖碑。奥勒良城墙重新规划后，瓦里阿诺竞技场和这座方尖碑被划到了罗马城外。在公元 547 年，当托提拉率领东哥特人围攻罗马时，瓦里阿诺竞技场和这座方尖碑由于缺少防御措施而被损坏。

现在我们继续来谈梵蒂冈地区。如果今天的协和大道所在区域在当时也是梵蒂冈地区的一部分的话，那么这里要研究的梵蒂冈古墓还要包括协和大道沿线于共和时代晚期和帝国时代初期建造的一些重要坟墓。在这些坟墓中，我们首先要提到的是一座金字塔形状的坟墓，我们在上文已经提到了这座墓：除了那个随意的名字“西皮奥尼斯墓”，这座墓在中世纪时还被称为罗慕路斯墓或罗慕路斯金字塔。这座金字塔形墓在当时总是被人们拿来和如今圣保罗门附近的金字塔形墓进行比较。虽然人们知道如今圣保罗门附近的金字塔形墓的主人是加卢斯·塞斯提伍斯，但当时人们还是根据罗慕路斯墓的名字将这座墓称为雷穆斯墓，以纪念神话传说中罗马城的两位建城者。事实上，虽然最近有一些关于罗慕路斯墓的主人的推测，但我们依旧不知道这座墓的主人到底是谁。

罗慕路斯墓旁应该还有一座两层高的圆形坟墓，这座圆形坟墓是在中世纪晚期建造的。从公元12世纪开始，这座墓就被称为提布蒂诺墓或特莱宾托的尼禄墓。这座墓或许在那时就已经严重损毁了。

这座墓被称为提布蒂诺墓可能是因为这座墓原本有一层石灰华涂层，但它被称为特莱宾托的尼禄墓不仅仅因为当时梵蒂冈的每座建筑前都要冠上尼禄的名字，还因为人们在这里找到了使徒彼得墓附近的一种特莱宾托灌木。一位笔名叫作“马塞洛”的人在他用希腊语写成的书中指出了这一点。这本于公元6世纪时问世的书对和彼得有关的一些不实言论做出了澄清。在相关题材的书中，这本书的内容最全面，也是最后一本记录相关事实的书。除了这些名字，在公元12世纪的一些文献中，这座墓还被称为“尼禄的方尖碑”。

阿格里皮娜的土地位于梵蒂冈山的山脚下，这块土地上最宏伟的建筑必然是上文已经提到的卡利古拉竞技场（也被叫作尼禄竞技场）。简而言之，尼禄重新修建了这座竞技场，他经常去这座竞技场，并在这里展示自己驾驶战车的技艺。尼禄还在附近用木头建造了一座剧院，他在这里进行日常的歌唱练习和表演。据说，尼禄在这座剧院里演唱了和神话中特洛伊火灾有关的歌曲，他似乎以此为灵感策划了公元64年肆虐罗马的大火灾。关于这一事件有三种不同的说法，这个说法只是其中的一种。火灾发生后，为了安置从火灾中死里逃生的无家可归者，尼禄立即开放了自己位于梵蒂冈区的花园。之后，尼禄以残忍的方式在花园和竞技场里公开处决基督徒：实际上，尼禄指责这些基督徒应对大火负责，他们被当成替罪羊，使徒彼得也在这场声势浩大的迫害运动中丧生。

确定尼禄竞技场的外观和所处位置并不是一件容易的事，但可以确定的是，这座竞技场位于梵蒂冈山和东西走向的科妮莉娅－奥勒利亚大道之间的小山谷里。为了弄清竞技场的初始形状，我们必须考虑这座竞技场曾被多次重建。实际上，菲利波·麦基曾在一项重要研究中假设这座竞技场的占地面积极大：长约580米，宽约100米。这座竞技场几乎将圣彼得广场的南入口和圣彼得大教堂后面的阿比西尼亚的圣史蒂芬教堂之间的区域都包括在内。这座竞技场曾因严重的山体滑坡被掩埋，这也使得人们很难辨认出它原本的结构：如今的地面和公元1世纪时竞技场跑道所在的平面相隔了足足9米。

简单总结一下已有的确定信息：除了竞技场的朝向和高度，我们还知道竞技场中方尖碑的原始位置。方尖碑位于“斯皮那”的中央，“斯皮那”是从跑道的中间位置将跑道隔开的障碍物。跑道被隔开后，双马双轮车就能在“斯皮那”四周行驶。然而，菲利波·麦基设想的竞技场的面积过大，和已有的发掘数据不符。圣彼得广场南入口下方发现的砖石建筑可能是广场地基的一部分，不是竞技场的一部分，自然也不是麦基认为的比赛开始前固定住双马双轮车的马厩围栏。此外，人们在圣史蒂芬教堂下发现了罗马时期建造的坟墓，这些坟墓所在的平面比竞技场跑道所在的平面高 7 米左右。麦基假设竞技场的界限在圣彼得广场北侧，人们在这里的 9 米深处发掘出一座坟墓，但没有迹象表明这里曾有竞技场的大台阶。

因此我们无法确定这座竞技场的面积，但它的使用时间应该不长。卡斯塔尼奥利想要在这一区域找到罗马圣殉教者广场上的方尖碑的地基（参见第 42 页的图 5），但他的发掘活动却证明了尼禄竞技场被弃置后，许多墓室于公元 2 世纪下半叶在竞技场的跑道上建造起来。公元 3 世纪初，这些墓室被掩埋在 3 米多深的泥土下。这些坟墓是按照一定的计划建造的。既然人们能在竞技场里修建坟墓，就说明当时竞技场已经被弃置了，皇室也不再管理这片区域。从公元 2 世纪开始，文献中再没提及阿格里皮娜花园，这一区域承担的相关职能也转到其他地区：多米齐亚花园和萨卢斯特花园离罗马城更近，交通更方便，这足以说服皇帝做出改变。

于是，坟墓慢慢占据了阿格里皮娜花园所在的地区，在这些坟墓中有一座体积格外大的圆形坟墓：直径约有 30 米。这座坟墓位于原来的竞技场的中央。它的主人的身份并不清楚。在古代，人们为了纪念圣彼得的兄弟圣安德烈，将这座坟墓加高，使之和圣彼得大教堂连通。加高之后的坟墓还被用作圣彼得大教堂的侧门。再晚些时候，还被用作圣器收藏室，直到 1775—1776 年间被拆除。根据这座坟墓使用的砖块上的印戳，在公元 3 世纪初修建这座圆形坟墓的人应该有着相当高的社会地位。因为只有皇族成员的坟墓可以和这座坟墓相媲美。

因此，这座坟墓就算不是这一地区里唯一一座大型坟墓，也应该是这一地区里最重要的一座坟墓。公元 2 世纪到 4 世纪，这一地区建起了一座用于举行神秘祭祀仪式的圣殿。人们举行这些祭祀仪式是为了供奉“伟大的母亲”，也就是伟大的东方母亲西布莉。因为这位女神来自弗里吉亚，所以也被称作“弗里吉亚女神”。在虔诚的信徒团体中，这位女神有了另一个名字“梵蒂冈”，这里出现的“梵蒂冈”和我们之前讨论的“梵蒂冈”不同。甚至在罗马以外地区，“梵蒂冈”也成为西布莉女神的圣殿的代名词:在里昂（古时的卢迪南）和美因茨（卡斯特鲁马提亚科鲁）附近的卡斯特尔发掘出的两段碑文里，当地的“伟大的母亲”的圣殿分别被称为“梵蒂冈”和“梵蒂冈山”。人们还发现了一些类似现象，虽然这些现象并不多：罗马帝国众多殖民地中供奉朱庇特、朱诺和密涅瓦的神庙都叫作“卡比托利”，这个名字来源于伫立在罗马的卡比托利欧山上的一座宏伟神殿。

不仅文学作品中出现了“弗里吉亚女

神"，许多碑文题词上也提到了和这位女神有关的祭祀仪式。可惜的是，人们没有在祭祀仪式举办的地点发现这些碑文。在这场祭祀仪式中，信徒们需要献上一头公牛。信徒们认为献祭公牛可以起到净化和拯救众人的作用。公元 4 世纪的普鲁登修斯是一位诗人，同时也是一名基督教辩论家。他描述了这场相当骇人的祭祀仪式。根据普鲁登修斯的说法，这场祭祀仪式类似于一场血液洗礼：公牛被置于一个木制栅栏上，信徒将公牛割喉宰杀。公牛下方有一个坑，被宰杀的公牛的血液会流到坑中，而信徒则会进入血坑，将整个身体都浸没在血液中。然而，在更为仔细地研究了文献资料后，最近人们对这种描述提出了强烈质疑。普鲁登修斯的这种描述一直饱受争议。不管怎么说，所有人都知道在公元 4 世纪时，供奉"弗里吉亚女神"的活动和基督教徒供奉使徒彼得的活动存在着冲突，至少在公元 391 年狄奥多西皇帝颁布法律要求关闭异教徒的祭祀场所前一直是这样。我们可以从一些线索推测，这些祭祀场所很有可能指的是一块露天区域，信徒在这块露天区域里建造了西布莉、阿提斯以及和西布莉有关的其他神灵的小圣堂。这类场所可能类似于奥斯蒂亚路上一块用于举行祭祀仪式的区域，这类场所可能在大教堂高处的山上。

昆托·奥雷利奥·西马克和尼科马科·弗拉维亚诺的坟墓似乎位于大教堂上方一块可以俯瞰全景的地方。昆托·奥雷利奥·西马克是公元 4 世纪末最权威的非基督教参议员，而尼科马科·弗拉维亚诺是他的女婿。昆托·奥雷利奥·西马克在书信集中提到了他们二人的坟墓。

圣彼得大教堂建造后，罗马城的结构变化了，重心也转移了。但不管怎么说，对于想要建造坟墓的人而言，教堂的存在使得这一地区的吸引力保持了一段时间。的确，大教堂附近的墓地慢慢被弃置，我们几乎找不到公元 5 世纪初建造的坟墓的痕迹。但罗马城周围地区都有类似的事情发生，各个地区的情况没有太大不同。

与此同时，使徒彼得被埋葬在此地，纪念彼得的活动也在这里举行，这大大吸引了基督徒：基督徒想被埋在离彼得尽可能近的地方。大教堂上方西面位置的一片区域被证实有一块公元 4 世纪时建造的基督徒墓地。19 世纪上半叶，人们在瓦努泰利采土场挖掘陶土以供附近的火窑使用时发现了这块墓地。可惜的是，在缺乏科学规划的情况下，人们只是对这处墓地进行了简单发掘。这里出土了各种石碑和两具基督教早期的石棺，大部分出土文物如今都保存在梵蒂冈博物馆。在出土的各种石碑中，我们要留意利齐尼亚·阿米阿斯墓中的一块小石碑，人们对这块石碑的所属年代有争议：事实上，这块石碑的年代要追溯到公元 200 年左右。这块石碑证明了其所属的坟墓是大教堂以外地区年代最晚的一座基督徒墓。近年来，这种观点遭到质疑，不过这些反对的说法过于激进，也没有提出决定性的论点。

不管怎么说，我们在这本书里只研究公元 5 世纪初以前的古墓。公元 5 世纪初以后，人们的埋葬地点大都和大教堂有着密切的联系：朱尼厄斯·巴苏斯的石棺，普罗比·阿尼奇的墓室，圣佩特罗尼拉圆形大厅（大教堂南边十字形耳堂的尽头处）中霍诺里乌斯、玛丽亚以及其他皇室成员的墓穴都在这座大教堂里，神职人员也长眠于此。

9. 弗里吉亚女神的祭台（梵蒂冈博物馆）。

第二章

仪式：人种和宗教方面

在之后几章，你将会看到研究殡葬习俗的考古文献是多么丰富。然而，和如此丰富的考古资料相比，文学作品中的记录和碑文留下的信息却并不多。我们从书面材料和碑文信息中可以找到思路来解释发掘出的东西。事实上我们没有任何资料能解释清楚，比如说，从火葬过渡到土葬的原因。通过古墓中的记载，我们能够证实的是共和时代后期和帝国时代早期火葬十分盛行，这一现象一直持续到公元2世纪初。之后，土葬仪式逐渐占据上风，墓地里布满了坑状的墓穴——对于更富裕的人来说——他们的尸体则是被放在大理石棺材中。

我们如果将加莱亚地区的墓葬作为样本，会发现一个相当清晰的过程：公元125年左右建造的古墓1b里存放尸体的壁龛是专门用于火化的；在地面上的两个用于土葬的坑的历史要追溯到公元3世纪，在一时期这座墓地被重新使用。可惜的是，公元130—140年左右建造的古墓1a只保留了一小部分，但人们在保留下来的一小部分古墓里却发现大量骨灰盒：约有40个。相较之下，墓中的墓穴只有一个，陶棺也只能容下五个人的尸体。另外一个稍微不同的比例——大概有四分之三是火葬，四分之一是土葬——在公元140—150年建造的墓11中也可以得到考证。墓11下方平台上的四个墓室所属的各个年代之间隔半个世纪，各个墓室内部火葬和土葬的比例的变化反映了这两种仪式的进一步发展。这批墓葬中年代最久的墓8，时间可以追溯到公元160—180年左右，似乎可以反映出当时选择火葬和土葬的比例是一比二。然而，由于古墓的后墙和南面墙壁缺失了，人们无法做出准确的评估。公元180—190年左右的坟墓6和7反映的比例在大体上没有变化。最后是公元180—190年建造并在公元3世纪中叶左右重建的墓2：无论是在第一次建造，还是在第二次重建时都没有发现火葬的痕迹，只发现了土葬的痕迹。可以说，从一个仪式过渡到另外一个仪式的过程是非常缓慢的，在停车场区发掘的墓葬显示在公元3世纪仍然有人进行火葬。当然，基督教的流行也促使了火葬仪式的完全消失。基督教一方面接受犹太的传统，另一方面对于被当成圣灵的圣殿的身体持有尊重。然而，基督教只是为已经明显表示出来的土葬代替火葬的过程起到锦上添花的作用：根据罗马的文件记载，最后一场时间确定的火葬发生在梵蒂冈，火化的是特莱贝雷拉·弗拉琪拉的尸体。特莱贝雷拉·弗拉琪拉的骨灰罐放在位于圣彼得大教堂下的墓T里，大理石骨灰罐中有317—318年间铸造的君士坦丁小硬币，也就是说火葬仪式发生在313年的敕令颁布后不久。君士坦丁在313年颁布这份敕令，准许基督徒信奉基督教。

历史文献对于研究和葬礼相关的仪式具有很大价值，其中记载和描述了尸体、葬礼和所有公开的葬礼礼节，人们能够通过献给逝者的用于祭祀的金钱炫耀、巩固并重新确认家族的地位。关于非公开部分的仪式，我们所知的信息相当零碎、不连贯。当时，社会上所有人对非公开部分仪式的做法都了然于胸，因此人们没有必要也没有兴趣将这些做法记录下来。此外，从体制上说，罗马宗教并没有一个全面的神学系统，而是倾向于根据实践中的仪式制订出适合的做法。这些通用准则在人们离世的重要时刻约束他们生活，参与定义神和人类间的关系，神的群体内部和人类群体内部各个等级间的关系，最后还有生者和逝者间的关系。简而言之，所有那些如今似乎不再可能自我质疑的问题被看作在实际情况中表现出来的东西，而不是作为一种理论哲学，这使得人们对于阴间的信仰缺少规范性的指示，使得除了死亡的其他生存形式变得更加具体。古代文化中当然体现了这些东西，但是各种不同的解决方法正是依赖个人信念和家庭传统，才可以共存，互相结合。考古学资料针对这些解决方法提供的指示必须非常谨慎地使用。

比如说，在梵蒂冈大教堂下的古墓内部发现的各个小细节就证实了这种说法。在古墓内部几米的范围内，我们就找到几种十分不同的表达方式：坟墓R中弗拉维奥·阿格里科拉的墓穴对死亡表示的态度可能来源于当时十分流行的伊壁鸠鲁学派；就算不高估坟墓中壁画留下来的明显图像证据，"古埃及人"坟墓里对于家庭在文化方面的提及似乎也受到了东方的影响；最后是瓦列里家族墓，从这座墓选择的装饰方案就可以判断出这个家族特别在意展示自己对于古典文化——书面化且多用修辞——的喜爱。

因此，我们首先要看看我们借助考古的方法描绘出框架的仪式到底是什么。仪式的框架，可以这么说，是通过研究发掘出的各个墓葬得到的。我们将把与葬礼有关的仪式和定期纪念死者的仪式分开，先探讨与葬礼有关的仪式。首先要澄清的是，这里提出的设想绝不能被看成是严格的规则，这些规则会根据死者家庭的经济条件和死者的社会地位时不时发生改变。

因此，让我们来看看墓葬仪式：根据西塞罗的说法，人们要在坟墓附近献祭一头母猪，这点非常重要，因为只有这样才能开始建造坟墓；在火葬时，火葬用的柴堆上可能会放置供品，其中也会有肉类。克瑞斯不是一位阴间的神，但因为她是迎接作物种子的大地女神，也就成为迎接死者身体的人。换句话说，这位女神在这个空间里负责将死者转变成亡灵。这并不是一场字面意义上的葬礼祭祀，逝者此时还没有进入死者的世界。如果逝者已经进入了死者的世界的话，就有必要举行一场燔祭，也就是献祭给阴间神灵的祭祀仪式。事实上，在一般的祭祀仪式中，献祭动物的肉可以而且应该被仪式的参与者吃掉。而在献给阴间神灵的祭祀中，祭品全部都得被烧掉，正如希腊语"燔祭"表达出的意思：活着的人不能拥有亡者世界神灵的任何东西。

第 20—21 页：2. 圣罗莎区的古墓，骨灰安置处 XVIII。

因此，用来当祭品的动物的肉会在一场宴会上被分给克瑞斯、死者和死者的亲属，其中内脏给克瑞斯。在共和国的最后两个世纪里，这场宴会被叫作葬礼上的宴会。大家吃完之后，放置着应该被火化的死者尸体的火堆就会被点燃。火焰熄灭，灰烬冷却后，剩下来的骨头会被收集起来，待清洗干净后放入骨灰盒。在土葬的情况下，也许给死者的那部分祭品会在坟墓旁边的火盆里被烧掉。

葬礼后会有九天的哀悼时期，根据现代历法计算确切来说是八天，因为古人将开始的那一天和结束的那一天都计算在内了。在这期间会举办两场祭祀：给死者的亡灵，也就是阴间神灵的一场燔祭，还有一场给家族的守护神，也就是向家神的祭祀，在这场祭祀仪式上要献上一只公羊。最后，有一场在家里举办的宴会：宴会正是在“第九日”举办。人们通过举办这场宴会来结束哀悼期，将亲人和家族里其他亲戚聚到一起，朋友和邻居也会被邀请。在十分重要的人去世的时候，参加这场宴会的人很多，甚至会达到一个城市居民的规模。举行这些仪式时有着明确的条理性：先是将死者和他的家庭分开，陪伴他到达阴间，并让他进入亡者的世界——从这个角度来看，这些仪式中尤为重要的是向亡灵献祭这一步——而之后举行的仪式又使家庭回归生者的世界。服装也强调了这些：在哀悼期开始的时候，男性亲属会穿上黑色或棕色的深色长袍；在亲人去世到下葬的这段时间内，女性亲属一般会披上小面纱，也就是遮住头部和肩膀的纱巾，而在葬礼上她们也会披上和男性一样颜色的深色长外套。

3，4. 港口的墓地，坟墓入口前有用于葬礼宴会的三面环桌的躺椅。

与此同时，死者身着最好的衣服，有种身份反转的感觉：以这种方式，死去的人好像依然活着，而从视觉上来看，家属穿的衣服则突出了他们和亡者世界靠得更近。亲属只有在哀悼期结束后才能穿回普通的衣服，因为此时他们重新担起了自己在生者社会中的责任，可以继续做生意或者担任职务。稍微有点不同的活动是每年 2 月 13 日到 21 日庆祝的亡者之节，维吉尔和奥维德都曾详细描述过这一节日。在（亡者之节本义和字面上的意思）庆祝活动结束之后，会有八天的哀悼期，之前的庆祝活动是为了纪念死者。

而第九天会举办另一场宴会来结束哀悼期，并将家人聚集在一起。

因此，我们这里探讨的那个时期和葬礼有关的仪式与我们已知的葬礼仪式相近。第一场在坟墓附近举办的宴会规模更大更豪华，还包括葬礼上的一些游戏。在坎帕尼亚的米塞诺地区，昆塔斯·科缪斯·阿瓦斯坎特斯的碑文详细记载了死者给葬礼上的这些庆祝活动遗留的资金，给摔跤手提供的奖金，在组织活动、使用的油、装饰坟墓的花朵（指定是紫罗兰和玫瑰）上的花费，还明确表示要在坟墓的平台上举行宴会，要在餐桌三面摆放躺椅，自然，还要举行纪念他的祭祀活动。

为了结束哀悼期并将家人们聚集在一起，第二场在家里举行的宴会在 2 月 22 日举行。这一节日就是 Caristia，也被称为 Cara Cognatio[①]，这是一场家族聚会，家族成员还会在此期间举行供奉家神的祭祀仪式。此外，根据奥维德的说法，家族成员也会在这时举行供奉女神康科迪亚的祭祀仪式。这场宴会与死者无关，只与生者有关。在基督教时期，彼得宗座节和异教节日是同一天。

和死者有关的最后一个节日的庆祝时间并不确定，这场庆祝活动只持续一天，可能与死者去世的周年纪念日有关系。这是一场纪念死者的祭祀仪式，或者更确切地说是献给死者亡灵的一场燔祭，因此死者的亲属不会举办宴会。

回到考古文献，我们很容易找出和刚刚描述的仪式相符的具体证据。这些证据和在亡者之节期间坟墓附近举办的葬礼宴会有极大的关系，因为这些宴会应当在火堆旁举行。事实上，我们曾多次提到梵蒂冈大教堂下的一些坟墓（坟墓 E，F，H，L，O）上面的露台可用于举办葬礼宴会，而对于较为简朴的墓葬来说，我们必须考虑坟墓旁临时搭建的建筑和耗费的金钱。另一方面，人们都知道在奥斯蒂亚港发现的墓地中，坟墓前有三面环餐桌摆放好的石砌的躺椅。

① Caristia，也被称为 Cara Cognatio（亲爱的亲人），是古罗马的一个节日。虽然这是一个官方节日，却在私人场所中庆祝。每年 2 月 22 日，人们会准备筵席，互换礼物，纪念祖先和死去的亲人。家人会聚在一起吃晚餐，向家神焚香。这也是家人们和解的日子，人们将所有的不和都放在一边。——译者注

在圣彼得大教堂下面的墓H前，人们还发掘出了一口井，这口井显然是服务于这些丧葬仪式。在装饰用的彩绘和雕刻中，我们仍然可以看到用花装饰坟墓的痕迹：在不同的坟墓里可以辨认出不同的玫瑰，因为人们会在5月或6月庆祝圣罗萨利亚节，在这期间人们会将玫瑰带到亲人的坟墓里去。

此外，献给死者的那部分祭祀品必须在祭坛上烧掉。人们也经常雕刻花和果实的垂花饰和花环。装饰本身不应该被看成目的：古代装饰的概念与现代是截然不同的。换句话说，绘画或雕塑装饰必须在主题和功能上与它所处环境的用途或它所涵盖的元素联系起来。祭坛上花朵形状的彩饰实际上只不过是在葬礼仪式上使用的花环的石头形状的表示而已。虽然这个细节并不明显，但很容易找到，例如圣罗莎墓葬区的提比略·克劳迪斯·奥泰特斯墓和帕西耶娜·普利玛墓的祭坛，在祭坛的框架上，雕刻花环末端留下钩子痕迹的小洞仍然清晰可见：在庆祝活动中，这些小洞被用来悬挂真正的花环。大理石花环和真正的花环被放在一起，一般来说，在白色大理石上必须花费很长时间利用一些颜色来提高石花环的真实性，但如今这些颜色几乎完全消失了。只有在少数幸运的情况下，才会留下一些经过颜色处理的痕迹，比如圣罗莎墓葬区的石棺墓中“弗拉维亚·维拉和奥里莉亚·阿格丽品娜”的石棺盖。

圣罗莎墓葬区以十分明显的方式记录下了死者亲属对死者的定期探访的痕迹，这要归功于——至少部分归功于——墓地在哈德良时代由于山体滑坡被早早掩埋。例如，在16号小墓穴中一个角落里有三个罐子，这些罐子在拉丁语中叫作urceoli，类似于放置在祭坛左边的那种罐子。这些罐子是用来把酒、油或牛奶倒在死人身上的。此外，小骨灰罐旁还发现了很多的油灯，这些油灯紧贴小骨灰罐，正好位于封闭骨灰坛的陶土盖上方——安置在墓穴壁龛中的罐形容器是最常见的存放死者骨灰的容器。其他墓葬地区的发掘结果也证实了当时有在去世亲人的遗体上点燃一盏油灯的习俗。这个习俗在奥斯蒂亚也许不那么常见，但在意大利其他地区的墓地，比如瓦雷泽附近的安杰拉和费拉拉附近的沃格萨都有证据证实这个习俗的存在。

在这些不同证据中，有给后嗣传达指示的碑文：死者最担心的就是自己的长眠之处，于是要求后嗣要经常，甚至是常年在墓穴处点上火；死者还会指定让哪些人每个月三次，也就是在每个月的第一天、第九天和第十五天点燃油灯，在要求不那么严苛的情况下，只需要间隔一个月点燃一次油灯。

人们会开通一条具体路径来保持和墓地间的联系，这个线索进一步证明纪念死者的这些祭祀仪式是存在的。这条路径主要是指一根从地面伸到骨灰盒附近或者墓穴里的陶土制成的管道。通过这根管道，浇祭能够到达死者所处的地方。这种做法十分重要，因为哪怕土地所有权发生变化，通过这根管道浇祭的东西无论在什么情况下都能到达自己死去的亲人身边，正如停车场区墓地里墓穴 7 的碑文显示的那样。尽管有与死者保持直接联系的路径，但同时还要考虑卫生的问题，因为在下葬时，伸进去的管道可能会被弄脏。

罗马文化一直以来都有一个特点就是保持身份特性，在坟墓里也是如此。首先，刻在大理石上的碑文就体现了这个特点。可以将碑文刻在大理石上，也可以将碑文简单写下来，例如在停车场区墓地的墓穴 1 中的情况：因为名字可能是写下来的，所以那里所有墓室的石板上都没有墓主的名字，因为只有雕刻的名字才能被保存下来。

除此之外，社会地位也是罗马人身份的一个基本组成部分，因为除了名字，一个人在生活中扮演的角色也经常被提及：类似于当今社会所说的个人履历，在履历里可以描述一个人的社会地位，但最基本的是要说明这个人所做的工作，哪怕他只是一个普通的仆人。如果财产普查行得通的话，经济收入也会被纳入社会地位里。一些墓葬的主人对这一点十分在意，例如梵蒂冈大教堂下的瓦列里家族的墓，我们在那里发现了灰泥做的雕像、大理石做的高浮雕肖像、尸体脸上戴着的面具，以及墓主人设想的这个情境下自己的肖像。在经济上不是那么宽裕的家族的古墓里，墓主人的肖像就较少些，例如圣罗莎墓葬区的提比略·纳特隆·维纳斯特的坟墓；停车场墓葬区刻着女神“玛”和她的儿子革勒士的石碑，以及石棺上可以辨认的肖像画。更复杂精细的碑文会使用修辞手法或用诗歌来创作，有时碑文还能为我们保留一些具有文学价值的文本。即使这些碑文使用的语言和书面文字不同，它展现的景象仍然是一种对现实的近似隐喻。事实上，图像信息虽然模糊，但是更直观、更有内涵，现代人对这一点的感受不同，但至少对于那个时代拥有共同文化背景的人来说是这样。

在石棺上把自己画成骑着马正在奋力捕猎的瓦列里乌斯·瓦斯图罗斯，并不一定意味着埋在梵蒂冈大教堂下墓地里的年轻人是一个能干的猎人。在罗马人的图像表达方式中，狩猎象征着美德，这就是观察者以直观的方式立即得到的信息。除此之外，有些死者穿上了神话人物的衣服：这并不意味着这些人想要成为神仙，或者是有要向某个神献身的意愿。在通常情况下，如果丈夫在给去世妻子画的肖像中，妻子身穿维纳斯的衣服，那么丈夫是想表示妻子拥有维纳斯的优雅和美丽。与用语言亲切地将妻子称呼为维纳斯一样，这里也运用了类比。在另外一些情况下，人们在画死者肖像的时候，会将死者的脸拼接在一个众所周知的古代神话人物的身体上，这是为了将人类社会的故事置于一个更崇高的背景里，置于一个同样悲惨的故事里，但是这些神话故事和文学故事有了一些变化，除了能够使人们将痛苦变得可以忍受以外，还能在一个场景里体现出个人经历，并以某种方式让这些经历变得有意义。其次，这种十分注重形式并将图像复杂化的做法，向

7—10. 圣罗莎区的古墓中的油灯。

5，6. 圣罗莎区的古墓中的墓穴陪葬品：图片下方是墓 XVI 中用于浇祭的三个小酒坛。

人们展示了死者和他的家庭所处的文化高度和社会地位。

更确切地说，一直以来对解读这类图像构成阻碍的是在浮雕上一些本应该完成，但却只留下了大概轮廓的肖像。比如上面提到的瓦列里乌斯·瓦斯图罗斯墓中的石棺，还有在圣罗莎墓葬区的石棺（8）坟墓中发掘出的一具石棺：石棺上的肖像位于两只胜利之翼举起的圆盾中间。人们基于这种现象做了很多研究，所以研究这种现象的书籍也很多：鉴于完成石棺的时间肯定相当长，对这一现象最简单的解释是假设在雕刻者的店铺里已经有一系列完成的石棺，在举办葬礼时，死者的亲属可以从这些石棺中选择一具最合适的。由于各种各样的原因，并不总是有可能，在已经描好轮廓的肖像画上根据死者的特征完成面部绘画工作。这种解释似乎能完美地自圆其说，但与观察到的一些情况相冲突——比如展览在梵蒂冈的皮奥·克里斯蒂亚诺博物馆的“教条”石棺——根据这口石棺较大的尺寸和肖像画里选择的独特人物背景，人们认为这具石棺是特殊订制的。另外一些解释假设认为这个石棺是人在活着的时候准备的，就像人经常在活着的时候建造自己的坟墓一样，但是出于迷信，订购者也许不想看到死后的自己被画在石棺上的样子。最后，更富有想象力的理论认为——将后现代的忧虑勇敢投射到古人心理上：在一种身份的不确定性里，肖像不再被看作必要的东西，这种现象被看成是和肖像等同的一种特性的减弱。

事实上——忽略那些妨碍完成肖像的偶然因素——如果从相反的角度来看，也就是从肖像画扮演的角色的角度来看，整个问题就会变得更加清晰。在图像语言的范围内，肖像和名字所起的作用完全相同。事实上，不得不提的是尽管发现的很多石棺上有用来刻下带有死者姓名的碑文的空间，但是却没有留下碑文，也就没有留下死者的姓名。另一种情形是，设想人们留下了碑文，但也许碑文随后消失了。实际上，我们知道许多有肖像但没有碑文的石棺，而有碑文却缺少肖像的石棺却相当少见，就我所知，关于这种类型的石棺，我只能举出马科尼阿纳·塞维里亚那的石棺这一个例子。

从功能和符号学的角度来看，很容易弄清楚将名字和肖像等同起来的这种假设，但需要通过进一步的论证来支持这个论断。在各种各样的可能性中，只要列出几个例子就足够了：首先是在古罗马考古研究中十分有名的除忆诅咒，这种措施是用来针对犯下罪行和做出无礼言行的平民和皇帝，比如说尼禄和多米提安。当有人受除忆诅咒的惩罚时，他在所有的公共建筑上的肖像和名字会被抹去，也就在公共记忆中抹去了他的存在。此外，我们还可以引用《马太福音》中一段著名的话，在这段话中，基督一边指着供奉给凯撒的硬币，一边问法利赛人和希律王：“这个有人像和印字的东西是谁的？”从上下文中可以清楚地明白，这两个元素——凯撒皇

11. 圣保罗大教堂中的“教条”石棺，位于梵蒂冈的皮奥·克里斯蒂亚诺博物馆（梵蒂冈博物馆图片档案室）。

帝的名字和他在硬币上的人像——被认为是等同的。

从名字等同肖像的假设出发，再回到石棺上没有完成的肖像的问题上来，人们或许能记得在共和时代后期和帝国时代早期的碑文里——尤其是在那些证实了墓主人身份，并列举出了有权被埋葬的人的碑文里——罗马人在区分活着的人和死去的人的时候非常小心：前者旁边会有一个“V”标记——“活着”一词的缩写，后者旁边会有一个“Θ”标记（希腊字母Θ）——“不幸的”一词的缩写。Θ之所以指代不幸，是因为Θ是希腊语中“死亡”和“讣告”两词的首字母。稍晚时期，我们会发现不同的情况，但人们同样也做出了区分，例如：在基督教早期和中世纪早期的马赛克图里，人们会用头上的光环区分圣人的形象，而献身者，比如一位献词时仍然活着的教皇，头上笼罩的方形光环强调了他的形象，同时把他和已经沐浴在上帝恩泽中的人区分开。我们可以继续列出这样的例子，但只要把来自诺拉的圣保利诺教父在信件中叙述的一件事作为例子或许就足够说明这一点。圣保利诺是生活在5世纪的一位主教，他的朋友苏尔皮西奥·塞维鲁曾向他索要一张肖像。他的朋友想把这张肖像放在自己的两座教堂的洗礼室里，他的教堂位于高卢，在来自图尔的马丁的教堂对面。起初保利诺断然拒绝了，但之后又答应了朋友，只是要求在自己的肖像上加上两段铭文来避免误会。根据圣保罗写的文章，圣马丁可能代表在天上的人类的形象（根据圣保罗的名言），然而，圣保罗作为有悔过之心的罪人，或者说是尘世上的老人，正如他在给塞维罗的第二首诗中说道：“受尊敬的人类肖像指的是马丁/另一张是谦逊的保利诺。”其中“谦逊”一词是从词源学上理解的，来自拉丁文中的“土壤”一词，和大地联系在一起。

换句话说，保利诺担心，如果把自己的肖像和圣马丁这样一位受尊敬圣人的画像并列，可能会使得两者等同，将对圣马丁的祈祷带给仍然在世的自己。除了道德上的顾虑和基督教教义上的考量，我们必须承认在非基督教的石棺中也发现了相同的做法。因此，在石棺上留下名字或肖像不仅为了表明墓主人的身份，还意味着在缺少各种特殊标识的情况下能从坟墓内部确认墓主人的形象。在庆祝亡灵之节或进行其他私人祭祀活动的过程中，可能会使得家庭成员在给死者献祭时把祭品献给活着的人，会带来误解。根据现代社会对“家庭”这个词的理解，家庭是一个小团体。但如果我们认为家庭不只包括这个小团体，仆人和仆人的家庭也被包括在内，构成一个在数量上十分庞大的团体，那么这种风险就并不完全是理论上的。自然，不应该用基督教伦理的角度来看待仪式上的一个类似错误，这个错误改变了参与者的地位，混淆了各个方面在古代文化的基本连接点，也就是在生者和死者的严格区分中产生一种危险的无序状态。我们在前面描述的丧葬仪式和祭祀仪式中已经仔细说明了这一点。

因此，我们可以认为有先见之明的罗马人提前准备好了自己和亲人的坟墓，选择好需要的石棺，但却没有完成石棺上的碑文和肖像。生活中发生的偶然事件可能会使精心规划的方案发生改变，例如家庭中较为年幼成员的过早离世也许会改变石棺的用途——实际上，这种情况并不少见。人们发现了一幅原本是为女性准备的肖像轮廓上画了男性的面庞，相反的情况也有发生。还有就是，如果人们在旅行途中死亡的话，尸体就很难或者根本不可能被放进石棺里。另外一个改变石棺用途的原因可能是婚姻，比如嫁到另一个家庭里去的女儿要被埋在那个家庭的墓地里，而对于再嫁的寡妇，她会被埋在第二个丈夫的墓地里。但也有一些特例，比如我们发现了一口双人石棺，考古学术语是双座石棺，在石棺前端有夫妇二人的肖像，其中只有一人的肖像是完成了的，另外一个人的肖像仍处于草稿状态。具体的例子有公元354年的弗拉维斯·福斯提诺斯的石棺，这口石棺保存在梵蒂冈的皮奥·克里斯蒂亚诺博物馆，石棺里面有石碑，石碑上面有福斯提诺斯完成了的肖像，而旁边妻子的肖像没有完成，只是草稿。在罗马国家博物馆也可以找到一个类似的例子：石棺四周画上了基督的神迹，石棺顶盖上没有碑文，顶盖的两侧是两个石碑：左边石碑上祈祷的女性的肖像完成了，而右边祈祷的男性的肖像只是草稿。最后一个例子是藏于托洛尼亚的普吕斯·佩里格林纳斯的石棺，这座石棺上有完整的普吕斯的肖像，然而他面前为妻子保留的缪斯形象的人物图却是未完成的。

在研究这些墓地时出现的众多令人反思的主题中，还需要注意一个明显的事实，因为这件事本身并不起眼，所以人们不能在类似的墓地找到东西来进行对比，但这也给人们在考古学的记录方法上留下了思考的空间。在圣罗莎墓葬区里，有许多小墓穴，墓穴里全是骨灰，除了在某些墓穴里的骨灰中找到了一些钉子外，找不到骨灰罐和其他器皿。首先应该澄清的一点是，这些骨灰不是火葬后得到的，和在中欧地区的古墓里发现的大规模墓穴的情况不一样。和普通骨灰盒里的骨灰相比，圣罗莎墓葬区里发现的骨灰数量不多。此外，虽然钉子在某些墓葬中被证明有驱魔消灾的作用，但是在缺少其他解释的情况下，人们不得不设想一个不同的原因来解释这些钉子的存在。实际上，人们应该想到除了有用大理石制成的骨灰盒，还有很多用易腐烂材料制成的骨灰盒。比如，人们发现了很多有四个支架的小骨灰盒，很明显，这些骨灰盒模仿了木制箱子的外形。因此，考虑到有木制的骨灰盒，就很容易解释钉子的存在。奥斯蒂亚港古墓中的木箱就被证实是用于土葬的。和木质骨灰盒相比，石制骨灰盒更耐用、更昂贵，但也是更为传统的一种做法。

我们也可以假设柳条筐也曾被使用：实际上，在罗马，更多的是在阿奎莱亚地区的大理石墓中发现了这种情况，用柳条编出篮

12. 弗拉维斯・福斯提诺斯石棺，位于梵蒂冈的皮奥・克里斯蒂亚诺博物馆（梵蒂冈博物馆图片档案室）。

子的形状。在其他地区，比如在特里尔或英国，迄今为止都有类似的情况，但在意大利中部地区，之前似乎都没有过此类发现。如果这个假设是正确的，首先应该想到的是也许人们先用布把骨灰包起来，以防止死者的骨灰从篮子的缝隙中漏掉。

迄今为止，这类现象没有受到关注的原因可能有环境保护、土壤的性质以及本就脆弱难保存等。尽管这些线索缺乏一致性，但它们证明了坟墓之间存在着很大的差别：用灰泥精心建造，用石头建造，用壁画装饰；将骨灰放置在骨灰罐里，或是把尸体放在大理石石棺里，或是像刚刚描述的那样，社会上最贫穷的人将遗体放在极其简陋的地方。如果我们提出的解释是正确的，那么我们不得不设想一下其他用易腐烂材料制成的器具，比如用木头或树篱制成的柱子或小围栏，这些东西不能保存至今，因此在一定程度上改变了我们对丧葬现象的看法，让我们无法正确了解社会上最贫穷的群体的丧葬仪式。

同时，必须强调的一点是，为什么对古墓内部的划分（至少在我们讨论的这些区域里）不应该受到严格规划。很显然，具有一定经济实力和社会地位的人更倾向于被埋葬在梵蒂冈大教堂下方的墓葬区域（首选），而在其他墓葬聚集区可以发现一些混杂现象，也许用年代的差异可以解释一部分这个并不容易察觉的问题，但无论如何我们都发

13. 仿照柳条筐形状制造的骨灰坛，阿奎莱亚，国家考古博物馆。

第 34—35 页：16. 圣罗莎区的古墓，墓 III，有灰泥装饰的壁龛：美狄亚和珀利阿斯的女儿们。

现具有较高社会地位的人的坟墓有很大的相似性，因为这些坟墓力争以最合理的方式利用空间，所以都是十分不规则的形状。如果上面提出的解释正确的话，在墓葬非常稀少的地区也有这种混杂现象，比如在埋葬木质骨灰罐的土葬地区，和稍晚时候被少量重新使用的砖块勉强覆盖的缺少相应器具的土葬区域。

最后，从这些概括性的不严谨的符号来看，古代文化面对死亡会有一些基本选择，这些选择明显体现了一种一致性；通过对这种一致性的更为细致的解读，我们或许能够隐约发现存在极其丰富的选择、态度和信仰，还能注意到复杂的社会文化分层现象，这说明了为什么研究古墓和罗马丧葬习俗对于理解活着的人生存的城市变得如此重要。

14. 圣罗莎区的古墓，西北区域的视角。

15. 圣罗莎区的古墓，东南区域用于埋葬死者尸体的区域的视角。

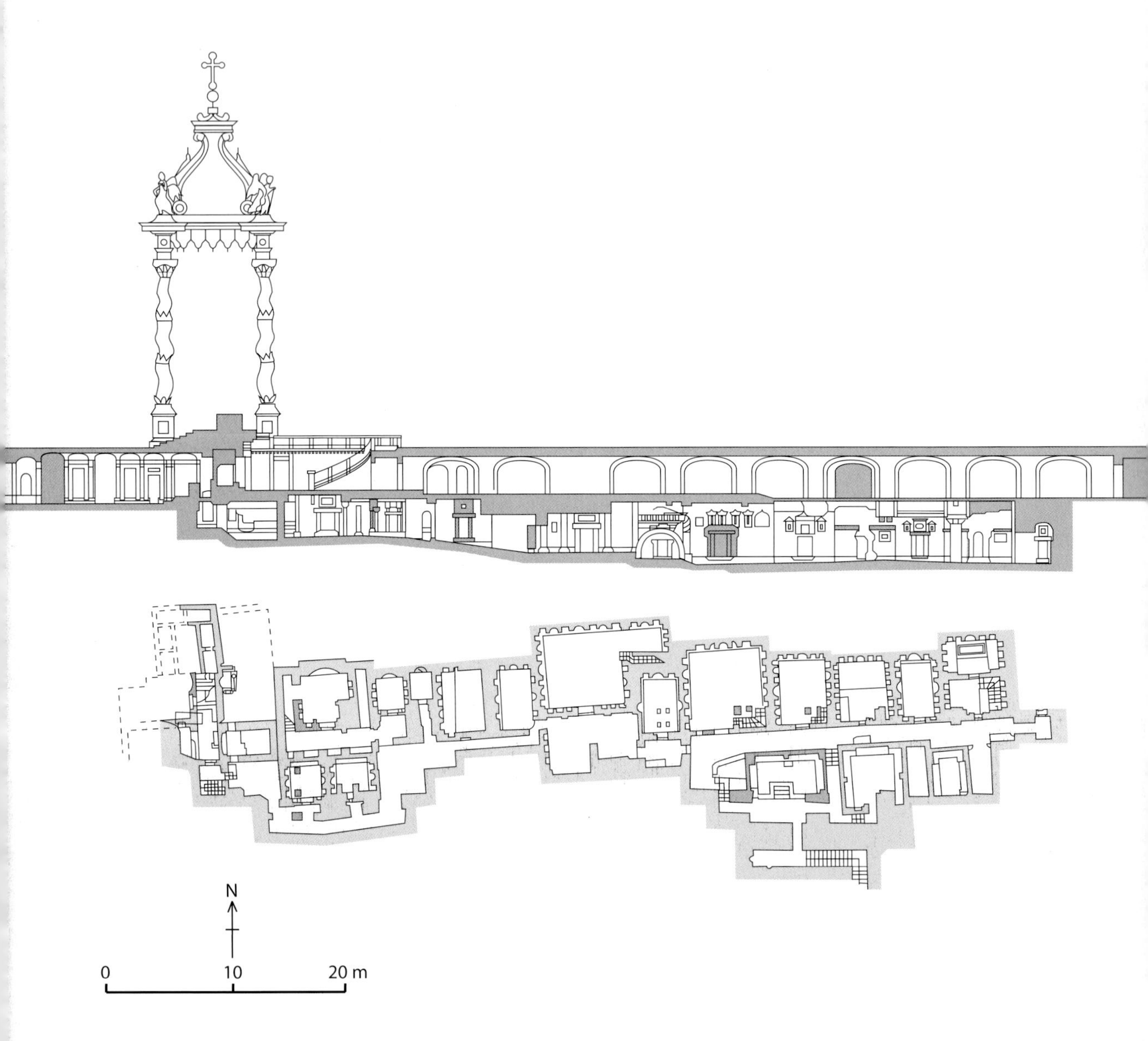

1. 圣彼得大教堂下的梵蒂冈古墓的剖面图和分区。

第三章

教堂下的古墓和圣彼得墓

圣彼得大教堂下发掘出的梵蒂冈古墓无疑是这一地区最有名的墓地，我们的确可以说它是梵蒂冈最不凡的墓地。这当然要归功于这一处发掘地在历史、地形和考古方面的重要性。从出土物的质量和发掘场所的保护状态来看，罗马没有别的墓地可与之相比。然而，和梵蒂冈古墓享有的名望相比，这座古墓区域里的一座极其有趣的坟墓却受到了更多的关注：这座坟墓就是使徒彼得的坟墓。以使徒彼得的坟墓为核心，人们在坟墓上方建造了圣彼得大教堂以及此后梵蒂冈所有的宏伟建筑。

这一章要讨论的就是梵蒂冈古墓和彼得的坟墓，为了把一系列问题说清楚，我们会把这一章分成很多部分。虽然在某些情况下，这些问题可能超出了与坟墓以及普通的考古问题相关的狭小范围，但解释清楚这些问题对于更全面地理解这些发掘场所具有的全局意义仍然是必不可少的。众多学科领域的专家都注意到了这一点，相关的参考书籍也是汗牛充栋。梵蒂冈的考古发现给人们带来了很多疑惑，人们就这些疑惑发表了很多文章。在 1964 年，需要足足 260 页来全面记录到那时为止的相关出版物的共 870 条文献目录。在几十年后的今天，260 页已经远远不够记录 1964 年后相关研究资料的文献目录了。

另一方面，显而易见的是，我们在这里只能以概括的方式选择性地重新讨论这些内容；结果就是，我们从整体的角度研究，能够注意到一些从细节出发可能会忽视的联系，最重要的是，我们能够探究至今为止人们对这一片古墓区域进行的所有讨论究竟具有怎样的普遍意义。此外，因为和这本书同一系列的另外一本介绍圣彼得大教堂的书正在筹划当中，所以涉及圣彼得大教堂的问题我们就不深入探究。只有在圣彼得大教堂的问题影响了我们理解一些普通问题时，我们才会简单谈一下。

在尼禄时代，梵蒂冈山丘的南坡向下一直延伸到圆形竞技场区域的边界。但在那个时代，梵蒂冈山丘的这一部分还没有被雄伟的墓葬占领。那个时候的坟墓位于稍东的地区，也就是在尼禄桥附近，或者是稍南的地区，也就是在圆形竞技场和科妮莉娅－奥勒利亚路之间的地带。事实上，所谓的罗慕路斯金字塔和它旁边的圆形坟墓的年代也可以追溯到共和时代晚期或奥古斯都时期。罗慕路斯金字塔位于今天的协和大道起始处。它旁边的圆形坟墓在中世纪也被称为提布蒂诺墓或尼禄的特莱宾托墓。然而，在建造保罗六世大厅时，马吉在竞技场南面区域发掘出了一间墓室：这是放置骨灰盒的地方，也就是一座墓葬建筑。至少在一开始这座建筑只用于火化。大门向南开，朝向附近的科妮莉娅－奥勒利亚路。这座建筑和梵蒂冈竞技场处于同一时期，年代要追溯到尼禄和多米提安在位之间的时期，也就是公元 1 世纪下半叶。通过对同一时代的提比略·克劳迪斯·阿瓦斯坎特斯、提比略·尤利乌斯·泰鲁斯、诺尼娅·斯特拉托尼奇等人的墓葬碑文的研

2. 梵蒂冈古墓中珀皮鲁斯·赫拉克拉墓的碑文。

第 40—41 页：3. 东西方向横穿古墓的小道的视角；近处是墓 F。

究，为人们认为不远处可能会有一座类似墓葬的建筑留下相关的线索。16 世纪初，在进行洛伦佐·普奇主教宫殿的扩建工程期间，人们在稍东区域发现了这些墓葬碑文（如今已经遗失）。这座宫殿之后成为圣所的所在地，如今是圣座教义部所在地。

直到公元 2 世纪，当尼禄桥附近的区域和科妮莉娅路沿线的地区不能用于建造墓地后，墓地才从东面开始围绕竞技场，占领竞技场周围和梵蒂冈山上的区域，并像设立防线一样，守在竞技场北面的界线处：在这片区域发掘的年代最久远的大型墓葬（墓葬 A 至 G，O，S），也就是介于哈德良时代和安敦尼时代初期之间的墓葬在这条窄窄的“防线”上游建立据点，发掘者将这条“防线”看作这一区域里的一条道路，时至今日它是这片墓地东西方向的轴线。

事实上，如果我们研究这些墓室所属的年代和它们叠加在一起的位置状态，就能明显发现墓地是从东面开始占领土地的。在墓 A 里，也就是在珀皮鲁斯·赫拉克拉的墓中，碑文上刻着“IN VATICANO AD CIRCUM”，意思是这座坟墓是在梵蒂冈的圆形竞技场周围建造的，它不仅是最东面的一座坟墓，而

4. 在地下区域的地面重建（1941—1942）之前，发掘过程中的梵蒂冈古墓中的小道。

5. 梵蒂冈方尖碑底部以及其靠近的坟墓所在的发掘区轴测图（来自卡斯塔尼奥利，1959—1960）。

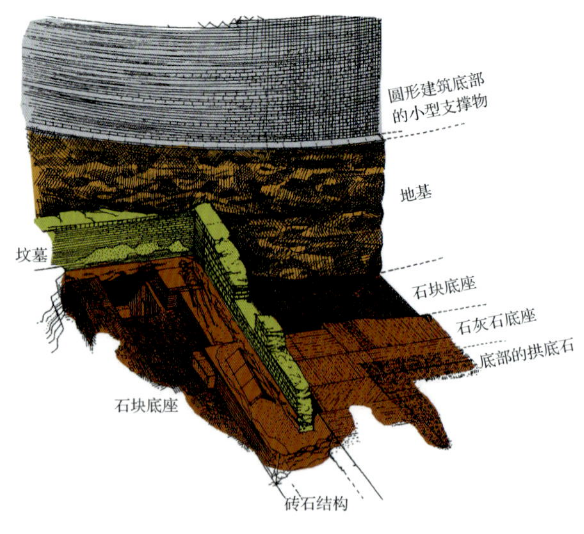

且还是同一类型的坟墓中年代最久远的。此外，在建造这座坟墓时，坟墓 Y 还不存在。如今坟墓 Y 伫立在坟墓 A 之前，挡住了坟墓 A 面向山谷的视野，因此“AD CIRCUM”的说明可能有更深远的意义，可以被理解为：“在竞技场周围区域的边界处”。我们可以说，来参加赫拉克拉的葬礼的亲戚们聚集在坟墓上方的露台上，可以毫不费力地观赏到南面下方不远处在竞技场的跑道上举行的双马双轮车的比赛。

正如我们所说，直到 2 世纪下半叶，竞技场才被遗弃并被墓葬占据，这些墓葬（坟墓 H，U，T，R）朝向山谷的方向，越过了竞技场的防线，涌入了这片区域。其中一座墓葬正是在方尖柱碑的地基处被发掘出来的。

我们回到最初的那个时候，那时的竞技场仍然行使着它的功能。在尼禄时代，竞技场和竞技场周围的花园成为上演迫害基督教徒剧情的剧院。通过这些迫害行为，尼禄意图把引起公元 64 年肆虐罗马的火灾的罪行强加在基督徒身上。有些人被钉死在十字架上，有些人被活活烧死，甚至还有一些人被投喂给野兽，上演了一出出令人难以置信的事件。根据大多数学者的说法，在这次迫害中，使徒彼得也被钉死在十字架上。圣杰罗姆则提出了稍微不同的一种年代观点，他重塑了切萨雷亚・迪・欧瑟比奥提出的年代学说（已经遗失了）：根据圣杰罗姆的说法，彼得可能是在火灾发生 3 年后殉道的，也就是 67 年。显然，这种不同并不重要：人们对与这一事件有关的很多其他主题进行了充满激情的讨论，随着新观点的不断出现，人们对这些争论也保持着一种更中立的态度。

圣彼得的坟墓

到目前为止，在只考虑哈德良时代及之后时代的大型墓葬的情况下，我们已经讨论了梵蒂冈墓地整体的发展状况。然而，我们没有考虑发掘出的哈德良时代以前的更为简朴的墓葬的可能性：实际上，这种情况很可能就指的是使徒彼得的坟墓。彼得的坟墓的复杂程度和重要性值得我们专门讨论。

历史上第一个和彼得的坟墓有关的信息是前面提到的切萨雷亚・迪・欧瑟比奥告诉我们的，他是第一位教会历史学家。切萨雷亚・迪・欧瑟比奥提到了盖乌斯牧师。盖乌斯牧师在和普罗克鲁斯（孟他努派）的论战中写了大约 200 篇文章，普罗克鲁斯夸赞了位于弗里吉亚的希拉波利斯的使徒（或执事）菲利波的坟墓。盖乌斯将使徒彼得和保罗位于罗马的“胜利纪念碑”（分别位于梵蒂冈和奥斯蒂亚路）作为对比。结合社会背景，“胜利纪念碑”一词应该指的是两位使徒的坟墓，人们将他们的殉道行为看成信仰在面对死亡和罪恶时的胜利。

在教皇庇护十二世任职期间，人们在两段时期内（1940—1949 年，1953—1957 年），对梵蒂冈地窖的地面以下区域进行了大规模的艰难发掘。从考古学角度来看，这些发掘活动给人们提供了一系列极其重要的研究点，尽管人们并不总能轻松地将这些东西解释清楚。事实上，大教堂西面的一半被分成三层。第一层是教堂所在的地面，但大教堂的正下方的地窖扩展了大教堂的空间。地窖里保存了众多和大教堂的历史有关的记忆以及不计其数的教皇墓。地窖所处的层面，基本上是古君士坦丁教堂所处的层面，也是第二层。在文艺复兴时期建造新教堂时，设计师最初计划保留古君士坦丁教堂。然而，当年轻的安东尼奥·达·圣加洛接替原来的设计师成为圣彼得大教堂工程（1520 年）的总设计师时，他对布拉曼特一开始的规划做了一些重要调整。除了加固支撑穹顶的柱子，取消穹顶上的大壁龛之外，他还决定让教堂的各个殿具有更古典的比例，为此他将地面提高约 3 米，用一系列的拱顶支撑地面。这些用于支撑的拱顶构成的空间是可以进入的，即著名的梵蒂冈地窖。仅一个世纪后，庇护十二世就决定降低大教堂的地面以扩大空间：古罗马时期的古墓从那个时候开始被发现，在那之前的几个世纪里人们也曾多次发现这些墓地。就算是在第二次世界大战时期，主教仍然对这片区域进行了初次发掘。这一时期发掘出了众多丧葬结构，这片如今可以参观的区域也就是大教堂最深的第

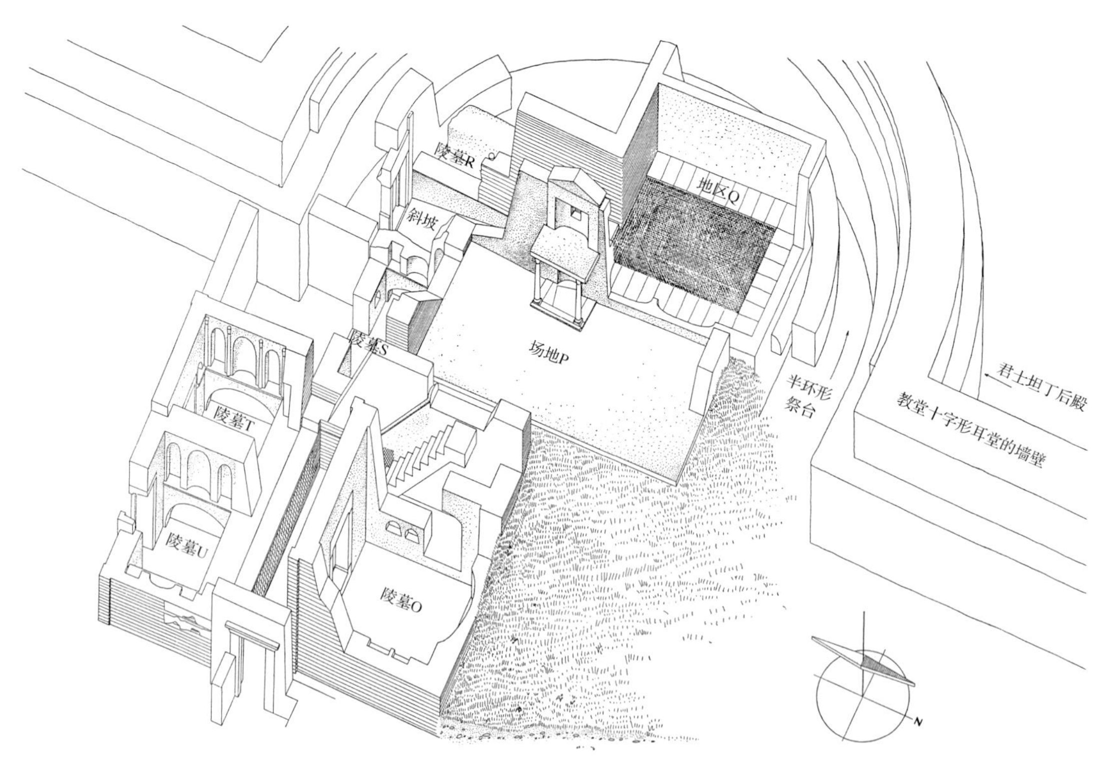

6. 场地 P 周围区域的轴测图（来自考古发掘，1951 年）。

三个层面。大教堂的建筑历程也解释了人们为什么在向东发掘出墓穴 A，也就是珀皮鲁斯·赫拉克拉的墓葬后就停止了：超过这个界限，就是马代尔诺设计的大教堂的扩建部分。考虑到大教堂的容量，马代尔诺将教堂的希腊十字架式的平面图转变成了拉丁十字架式的平面图，大大扩大了大教堂的面积。因此，大教堂的整个东面部分的水平高度遵循了圣加洛的设定，但是这一部分的地板是位于土台上，而不是位于拱形结构上。这就意味着，万一需要沿着大教堂入口的方向继续考古发掘的话，和之前进行的发掘不同，此后的发掘再也不能在大教堂地窖的拱顶下安静地进行了，而必须拆掉大教堂的地面，结果就是会严重干扰在大教堂举行的礼拜仪式。

在教皇祭坛周围，甚至是在教皇祭坛下面的部分区域进行的发掘活动揭示了一个十分复杂的情况，简而言之，这次发掘在其他墓葬建筑中发现了一片新的区域，被称为场地 P。虽然在之后几个世纪里上方建筑打下的地基（其中包括贝尔里尼的青铜帐顶的柱子）部分破坏了这块区域的保存状态，人们还是能在这片区域的西面辨别出围墙。因为灰泥的颜色，这道围墙被称为“红墙”。在围墙后,有一条上坡路（发掘者将之称为“斜坡”），这条路可以通向邻近的墓 Q 的围墙。在面向场地 P 的东侧红墙处，人们发掘出了一个带有两根小支柱的简单神龛，神龛里面是两个重叠的壁龛。在同一个垂直轴上，除了这两个壁龛还有第三个地下壁龛，第三个壁龛我们稍后再讨论。

现在我们可以说神龛、红墙和墙后的小道是同时期建造的，年份可以通过印在砖石上的一系列标记推测出来，这些砖石最晚产于公元 161 年。此外，大家一致认为神龛就是盖乌斯提到的“胜利纪念碑”。两根小支柱（其中一根现在已经不在原处了）应该是用来支撑一块大理石面板，从而强调较大的那个壁龛。在这副支架上（在红墙上仍然留着支架的印记），还有第二个小一点的壁龛，而且这个壁龛还有一个小窗户。壁龛的颜色已经消褪了，在反复的重建中指出的山墙饰内的三角面仅仅是指示性质和假设性质的。较大的那个壁龛如今就是祭坛下祭台里的帕利壁龛，这个壁龛上覆盖着中世纪时期（十分完整）的马赛克图画，描绘的是基督的形象。在壁龛里放置着教皇用的白羊毛披肩，也就是教皇身上穿着的特有的短披肩。起初这些披肩被认为是人们和使徒彼得的安息处紧密相连的纽带的标志。

在古地层以下区域里和神龛相对应的位置，人们发现了一个墓穴。这个墓穴的一部分也嵌入了红墙的地基，同时形成了形状相当不规则的地下壁龛，也就是上文提及的第三个壁龛。人们期待能从那个墓穴里发掘出使徒的遗体残骸，但结果却出人意料，墓穴里没有人类的遗骸。人们在神龛周围发掘出了属于不同年代的多座墓穴。年代最久远的两座墓穴甚至早于因彼得而被神化的场地 P：

8. 帕利壁龛中用马赛克砖拼成的基督形象。

7. 盖乌斯纪念碑的复原图。

EGO
QVI
IN ME
VIVET

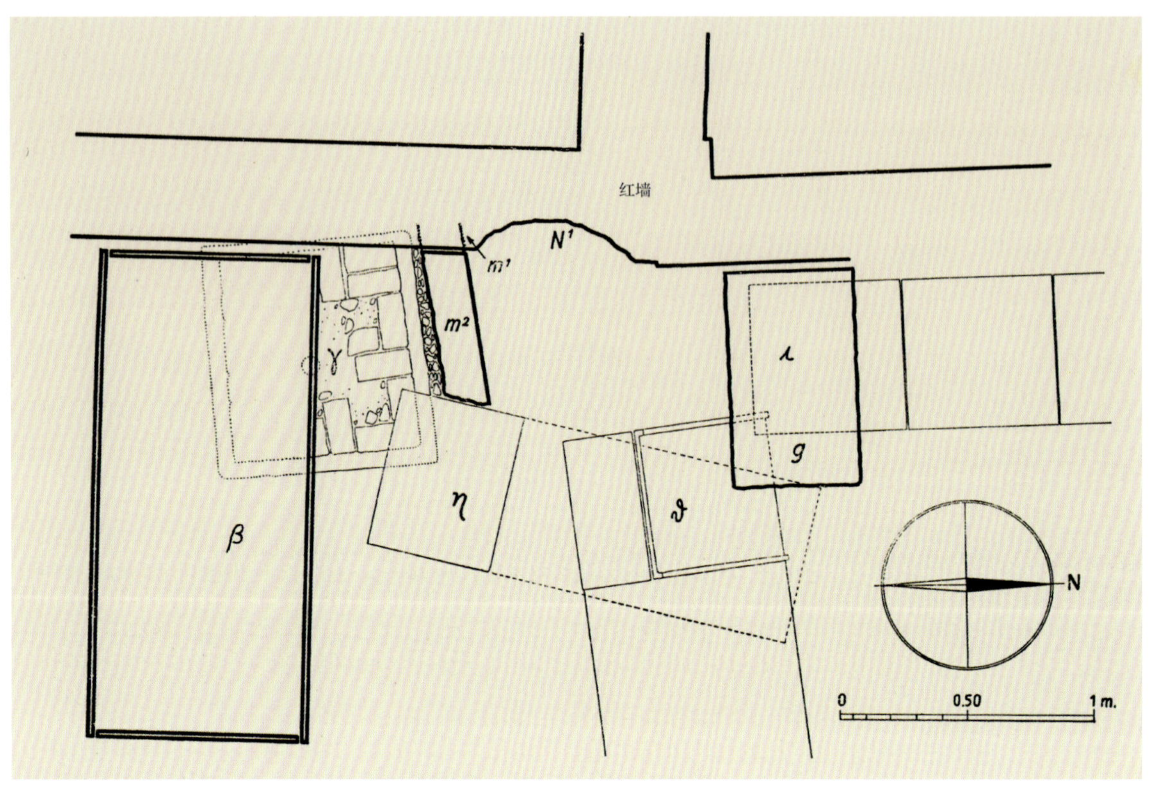

9. 盖乌斯纪念碑的平面图（来自考古发掘，1951 年）。

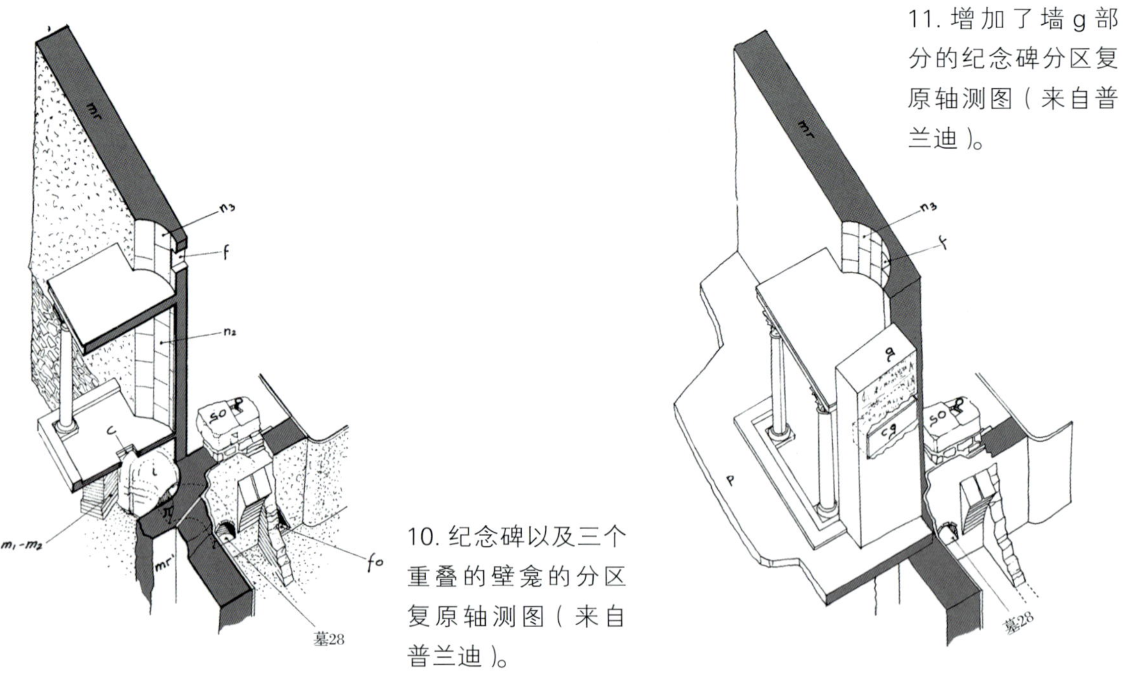

10. 纪念碑以及三个重叠的壁龛的分区复原轴测图（来自普兰迪）。

11. 增加了墙 g 部分的纪念碑分区复原轴测图（来自普兰迪）。

首先是墓Θ，这座墓穴被呈金莲形状的瓦片覆盖，其中一块瓦片还留有一个韦帕芗时期的印戳。然而，通过这种方式来判断年代似乎是不准确的，因为在这座墓上方被发掘出的其他墓的年代要比韦帕芗时期早得多。如果是这种情况的话，那么人们用韦帕芗时期的瓦片对这座坟墓进行了修缮的这一说法或许可以解释瓦片上的印戳。和墓Θ相比，墓Υ的年代更加可靠。墓Υ是一座很深的陶瓦材质箱状墓穴，墓穴上方被瓦片和石制结构覆盖。还是通过砖石上的一个印戳，人们才能将这座墓穴的年代确定在公元115—123年之间。

在盖乌斯的胜利纪念碑建成后不久，一面墙被插入了纪念碑，同时纪念碑里右侧的小支柱被移除了。这面墙就是墙g，也被称为“涂鸦墙”，因为墙上涂满了虔诚的涂鸦。这面墙位于红墙上方，但并不是以完美的互相垂直的角度在红墙上建造的。在墙g建成后，人们还在它的内部挖出了一座墓穴。这座被大理石板覆盖的墓穴可能已经被发掘人员挖空了。几年后，著名的碑文家玛格丽塔·加尔古奇开始研究古代朝圣者留在墙g上的涂鸦。根据发掘工作负责人乔瓦尼·西格尼的证词，加尔古奇在研究这些涂鸦的过程中，认为人们能够在仓库里找出一箱骨头，因为这些骨头在考古学家不知情的情况下已经被移出了墓穴。这些骨头通过重组，被证实正是彼得的骨头：时间并不确定，但不管怎么说都比君士坦丁的介入要早。君士坦丁把这些骨头装在一间砖石房屋里，也就是所谓的“纪念物”。也许人们把骨头从墓坑中发掘出来后，在用金线织的紫色布料包住，就放入一个墓穴里。用来包骨头的布料至今

12. 布满涂鸦的墙，下方是加尔古奇认为的埋葬了圣彼得尸骨的坟墓。

13. 盖乌斯纪念碑左侧的小柱子，左侧是一部分红墙，墙上覆有一块白色大理石薄板。

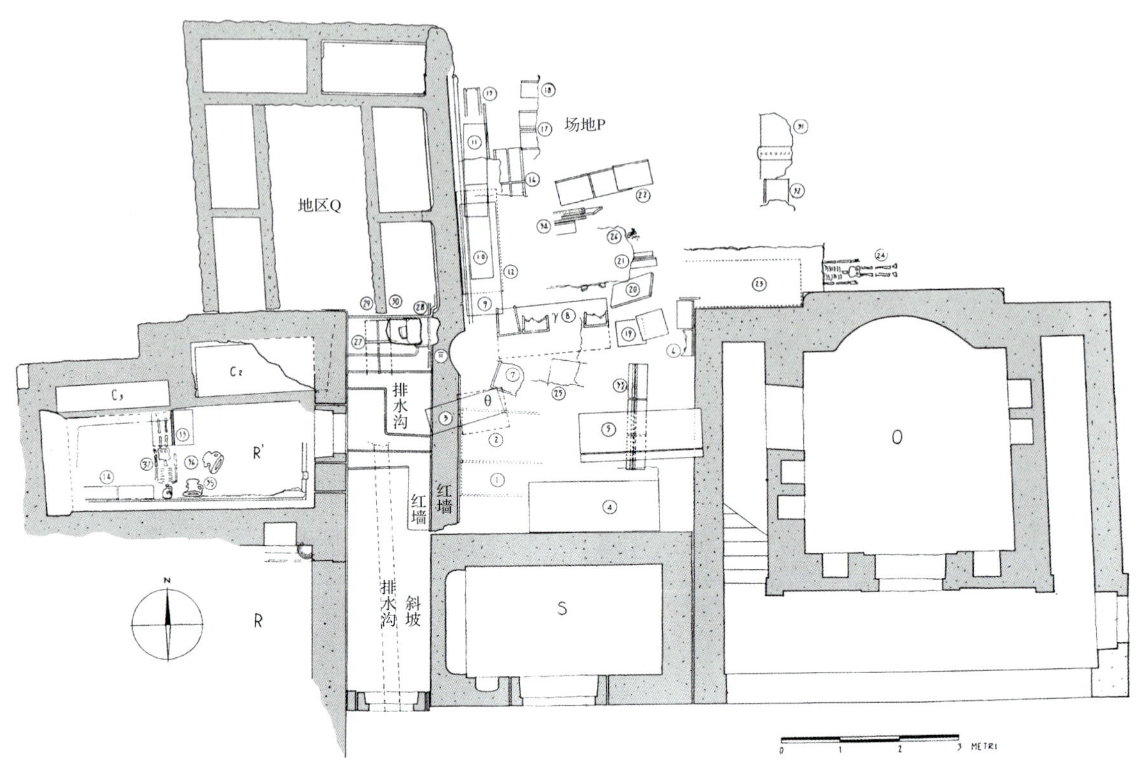

14. 场地 P 和周围埋葬死者遗体的区域的平面图（来自普兰迪）。

15. 留下了 pétros éni 字样的涂鸦的灰泥碎片。

16.pétros éni 字样的涂鸦的书写痕迹。

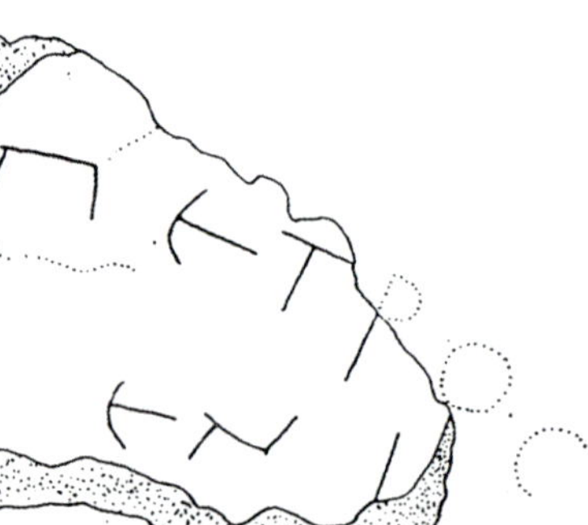

仍有痕迹。加尔古奇用红墙的灰泥涂层上的涂鸦作为佐证，来支持她的这种说法。加尔古奇选择的涂鸦位于墙 g 和红墙的交会处，尽管这个涂鸦并不是在其原本的位置被发现的。从这个涂鸦上，人们可以读出两个具有高度提示性的希腊词语，学者将这两个词整合到一起，得到“彼得在这里”的意思。这两个词是在墙上几百个涂鸦中对彼得的名字的唯一证明，不幸的是，这个涂鸦位于一处缺口的边缘，因此不排除会有不同的解读。

我们还可以进一步收集和加尔古奇的假设有关的一些信息：从观察中得到的第一个信息值得人们进行一番仔细验证。将“盖乌斯的胜利纪念碑”置于教堂半圆形后殿的焦点处，君士坦丁教堂就是按照这样的规划建立起来的。然而，大教堂的方位和下方墓地或曾经的竞技场的方位并不完全一致，而是稍微偏离了几度。这种差异在墙 g 中恰好也有迹可循，同样，君士坦丁的“纪念物”里也能找到这一不同。因此可以说，西尔韦斯特罗教皇的建筑师们根据墙 g 的方位，确定了这座大教堂的方位，这在他们看来具有非常重要的意义。然而，这个推断也不确定，因为如果这一论断得到证实的话，它只能证明这个墓穴在 4 世纪初受到高度重视，因此被人们考虑用来埋葬使徒。

更有趣的是奥斯蒂亚路大教堂里圣保罗墓的最新研究。事实上，人们已经确定在大教堂的穹顶中央的教皇祭坛下，有一具大理石棺材。根据各种证据显示，这具石棺并没有位于原君士坦丁大教堂的水平面上，而是位于公元 4 世纪末升高后的水平面上，即第二阶段的特奥多西奥大教堂。这具石棺可能是使徒的石棺，如果这种说法正确的话，那么即使在这种情形下，使徒的石棺也会从原本被埋葬的地方被挖掘出来，重新埋入大教堂重新升高的地面里。换句话说，这种改变没有使石棺的平面位置发生变化，只是提升了它的垂直高度。此外，当我正写下这些文字的时候，人们宣布通过内窥镜可以在石棺里面识别出一些骨头残骸和两种布料：一种是由金线编织而成的紫色亚麻布，另一种是蓝色的亚麻布。从整体上看，我们只能回想起加尔古奇对彼得的骨头所做的推测，前提是不考虑两座坟墓在年代上的差异。

和研究这个问题的学者不同，人们采取了一种与众不同的方法来解释这些主要信息。很容易理解的是，并不是所有人都接受了加尔古奇提出的观点，人们通过否定那些被辨认的骨头来批评加尔古奇的观点。因为考虑到上面描述的复杂考古过程（一开始的挖掘活动和偶然的考古发现），加尔古奇的这种观点并不足以让人信服。为了更彻底地否定这种观点，有些人甚至否定了在“胜利纪念碑”下方的墓坑的位置曾经存在一方原始墓穴。

现在的一个主要问题是人们观察到：在使徒死亡（公元 64 年或 67 年）的时间和此后人们首个可以确定的时间（建造盖乌斯的纪念碑，比如说 161 年）之间，留有大约有一个世纪的时间间隔。在这个时间段内，人们没有留下文本或考古材料。没有这些材料，在缺少有礼拜仪式的周年纪念日和某种记录形式的情形下，我们无法理解这些关于墓葬的记忆是怎么被保存下来的。事实上，我们知道，直到3世纪中叶，梵蒂冈还没有在6月29日庆祝使徒节。在那个时候，使徒节是在如今位于阿皮亚大道的一座称为圣塞巴斯蒂安的地下墓穴附近进行庆祝的。同一时期，圣保罗使徒的节日也是在6月29日进行庆祝，地点是在奥斯蒂亚路，也就是在圣保罗的坟墓附近。实际上在圣塞巴斯蒂安，人们发现了一座由门廊和宴会厅组成的复合建筑，在这座建筑的墙壁上有当时的人粗糙雕刻下的向彼得和保罗祈求的诗句。

面对这种有影响力的异议，我们可以用不同的方式进行回应：首先，对殉道者的尊崇行为的繁荣发展始于基督教开始明确其中的神学分歧和确认最初的异端的观点是有道理的，因为只有从那个时候开始人们才能意识到使徒留下的传统的重要性；换句话说，人们觉得需要聚集到宗教团体的创始人身边，这种做法也许能保障信仰作为一种遗产得到传承。梵蒂冈里的盖乌斯的胜利纪念碑实际上是人们的这种崇拜形式最初的证明。从文本层面上看，在相同年代，人们对小亚细亚的主教圣波列卡波的狂热崇拜也归结于相同的原因。

其次，记忆通过口头传播一个世纪似乎并不是不可能的：从人类的角度来说，这个时间跨度相当于三代，信息可以通过从祖父辈到孙子辈这条通道传播。最后，我们应该考虑一下斯特凡·海德最近提出的解释，他对安提阿的伊格那修写给罗马教会的信件作出了新的解读。在110年左右，伊格那修主教被押解到罗马，被判处投给竞技场中的野兽为食，但是伊格那修给罗马教会写了一封重要的信件，要求罗马教会不要做任何事情来阻止他殉道：当他的身体不再存在于这个世界上的时候，他将成为耶稣基督的门徒。这种含蓄的说法暗示着，伊格那修通过这种殉道的方式，将不会把遗体留在世上。因为他的身体被野兽吞噬了，也就不会

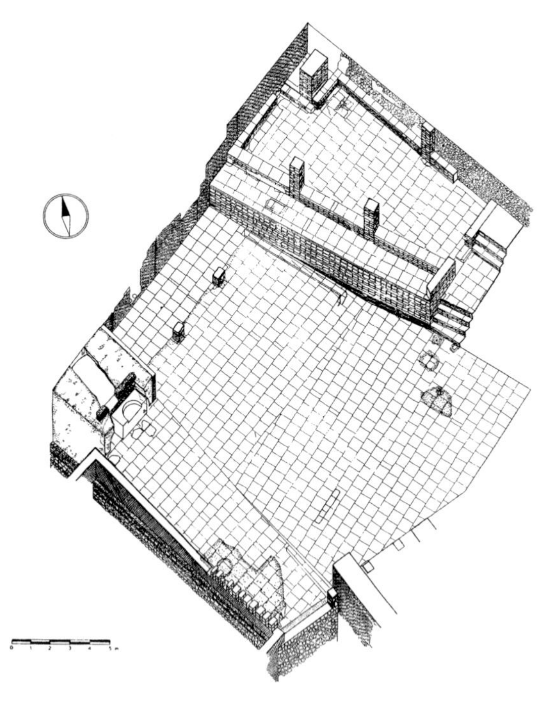

17. 用于举办使徒祭礼的圣塞巴斯蒂安地区的部分复原轴测图（来自普兰迪，1936年）。

留下坟墓，也因此不需要被人祭拜。伊格那修继续写下去，他将自己作为被判刑犯人的微不足道与使徒彼得和保罗的高贵进行比较。使徒彼得和保罗是自由的无拘无束的，因为他们已经经历了殉道。如果不考虑这种比较带来的全部后果，我们必须承认这种比较包含更深层次的含义：来自安提阿的这位圣人含蓄地表明自己不需要一座受人供奉敬仰的坟墓，就像使徒彼得和保罗的坟墓一样。于是，这个微妙的推论给我们提供了一直在寻找的证据，这也许可以说明为什么在那个世纪的中叶没有使徒坟墓的相关消息。

在过去的几年里，对这些问题的讨论已经达到了十分激烈的程度，这种现象至少部分归因于关于这个问题的诸多方案间的差别并没有得到足够的重视。实际上，至少有三个层面上的问题需要考虑：从历史层面上看是彼得死于罗马的问题，从考古层面上看是确定彼得的坟墓的问题，最后一个层面的问题和人们对于遗迹的虔诚态度有关。

将问题置于这些范围内，我们马上就能明白为什么第一个层面上的问题是迄今为止最重要的问题：事实上，这个问题正是一直以来的难题的核心。尽管解读这个问题的各种方式基本上都是带有暗示的，而且并不完全明确，但都认为彼得是在罗马死于尼禄的迫害。如今人们对这一事实不再强烈怀疑。既有天主教徒又有新教徒，不同派别的学者在最近的一份调查中关于这一点达成了一致，这种现象可以说是一种例外。

关于第二层面的问题，也就是确定彼得的坟墓的问题，我们有相当大的把握能够确定在 2 世纪中叶左右，彼得的坟墓就是盖乌斯的胜利纪念碑。然而直到 2 世纪中叶之前的情况，人们已经提出了众多假设和各种复杂问题，但与此同时我们也应该承认我们终究没有理由否定这些假设的可能性，学者的不同立场很大程度上和他们的自信有关，他们的立场又随后和传统观点相一致。

最后，在确定遗迹的问题上，我们没有足够的把握。但是我们不想贬低人们尊崇遗迹的重要性，这个问题只能被看成是从属于前面一个问题的次要问题。换句话说，识别彼得的骨头的问题既不会影响复原历史，也不会影响罗马的主教在神学领域的重要性和角色，更不会影响梵蒂冈教堂的重要性。

古墓

基本问题解释清楚之后，是时候研究梵蒂冈古墓了。从这一点来看，先从术语开始研究是有用的。在目前的专题文献中，墓传统上被称为“陵墓”，让人们明白组成这片古墓的各个墓室。但是这个术语并不准确，我们在这里也会避免使用这个术语。如果这片古墓有拉丁语名称的话，那么就是“monumentum”，意思是让人们记住死者的东西：事实上，在我们刚刚提到的珀皮鲁斯·赫拉克拉的墓中的碑文里就能找到这个词。从另一方面来看，在罗马历史中的前 3

个世纪里，罗马只有一座陵墓：奥古斯都的陵墓。著名的哈德良的坟墓也称不上陵墓，尽管在科学文献和大众文章中哈德良墓经常被称为陵墓（古代文献中会使用陵墓这个词）。只有在罗马帝国位于北非的区域里，陵墓这个词才真正被用来指代和梵蒂冈古墓中的墓室相似的墓葬结构，但这种用法很明显是小部分区域的用法。直到 4 世纪，这个词语的词义在罗马才发生了变化，因为我们发现在那一时期这个词语被用来特指皇陵，因此这个词语具有了特定的含义。

我们在前面已经提到了掩埋古墓的大量土石淤积物，但还是有必要以更加清楚的方式阐明这些淤积物的来源。如果不考虑这片墓地中的盖乌斯的胜利纪念碑的话，这片古墓里的坟墓大多是基督教以外的教徒的坟墓，直到后期这片古墓才开始留下一些基督教徒坟墓的痕迹。当君士坦丁占领了罗马，并在米尔维奥桥战役中打败了对手马克森提乌斯（312 年）后，他颁布了宽容的《米兰敕令》（313 年），敕令给予人们信仰基督教的自由。如何给予这个新的宗教团体更多支持和如何让这个团体被更多人熟知是君士坦丁起初的众多忧虑之一。最终，这个团体从暗处走了出来，力量十分强大。但是这个宗教团体基本上没有用于信徒祷告和聚会的场所，在那里信徒可以举行会议，能够聚集起来进行礼拜仪式并作为一个团体得到大众的承认。

于是人们开始建造大教堂，其中位于罗马的首座教堂必须以献给救世主的名义建造，这座教堂就是拉特兰·圣乔凡尼大教堂。之后，人们几乎立即将注意力转移到了一直以来被认为埋葬了使徒彼得的地方，彼得这位殉教者拥有的声望和他的殉教行为解释了为什么上方大教堂的规模如此宏伟。为了不触及彼得的坟墓所在区域，人们需要克服十分巨大的技术难关和法律障碍。彼得墓位于一座有两个斜坡的山丘的一侧：这座山丘的南北侧要陡峭一些，东西侧要平缓一些。除了周遭布满墓地的问题，还必须考虑这些墓地里的坟墓是受到法律和风俗的双重保护，因此施工建造的难度不容小觑。在这个变革的时代，该问题只是众多典型问题中的一个。为了建造最宏伟的基督教堂，君士坦丁必须担任最高大祭司的职务，最高大祭司是非基督徒在圣权方面能得到的最高的职位。借助这一职位，君士坦丁能够批准实施大型工程，这些工程将坟墓上游的小山丘夷为平地，还将下游的坟墓填平了，这导致地面升高了足有 7 米，最后在这里将打下圣彼得教堂的地基，建立起大教堂的大平台。

如果和其他古墓进行比较的话，梵蒂冈古墓的保存状态相当好，这正是得益于掩埋古墓的土石淤积物。人们经常能够发现这片古墓区中的坟墓，不管是在文艺复兴时期在圣彼得大教堂的原址建造新教堂时，还是在建造大教堂的祭台时，又或者是在 1626 年。贝尔里尼在 1626 年建成了他的青铜帐顶，人们在主教祭坛周围偶然发现了坟墓。这些考古发现中最重要的是在教皇克莱门特八世任职期间发现的朱尼奥·巴索的石棺（1597年被发现）。工人在扩修大教堂祭台时发现了这具石棺。朱尼奥·巴索是他生活的时代里的一位政坛巅峰人物：他在君士坦丁二世在位期间，于359年，在42岁时被任命为罗马市的行政长官，但于同年去世。

这具石棺是早期基督教艺术的基石，不但因为这具石棺所属的年代可以被精准地确定，也因为石棺上的浅浮雕具有相当高的品质，还因为石棺上有复杂的抽象图案。实际上，石棺的正面描绘了许多场景，这些出于装饰目的的场景来源于《新约》和《旧约》，分布在上下两层中。根据柱状石棺的传统，每一个场景都被放入一个框架内。场景不是按照时间顺序或故事的叙述顺序排列的，而是按照等级排列的，救世主位于画面中央。我们在上面一层找到了最重要的一幕：根据被称为《律法的移交》一图中基督的形象，这里描绘了年轻的基督形象；实际上，在《律法的移交》中，基督用左手交给彼得（他被看成主管使徒团体的人）一个写着新律法的卷轴，而彼得的左边是保罗，罗马教会的另一大支柱。事实上，罗马教会正是以这两位殉道者的形象为基础，才能在众多地方教会中明确自己遵循使徒教义的起源并确立自己的权威。

基督面对观众，在古代早期基督教艺术中人们经常使用这种正面刻画人物的方法。基督在面对观众的同时还质问观众，通过他的姿势向观众施加权威。虽然他面容年轻，但他坐在一个宝座上，宝座位于一级台阶上，宝座的腿被雕刻成狮子的形状。此外，基督还把脚放在一个长着胡须的人身上，这个人的半个身体探出地面，头上盖着一件松弛下垂的披风，还拿着一张弓，两只手握住了弓的两端。这个场景描绘的是天堂，希腊语中叫作“Kosmos”；这幅景象来源于罗马艺术，但在这里具有了新的含义。在这个场景里，救世主被授予了整个世界的统治权，而新的律法则被赋予一种超越时空的价值。

我们发现在石棺正面的场景里多处用到了圣彼得大教堂以及大教堂的装饰：不同于其他包括次要场景的神龛，置于每一层中央的两个描绘了基督形象的神龛是仅有的被柱子框起来的神龛。柱子用极细的葡萄枝条的浅浮雕装饰，在这些浮雕里还可以辨认出摘葡萄的小孩雕像。在葡萄枝条的浅浮雕中很容易就能识别出围绕使徒彼得的坟墓（位于大教堂的半圆形后殿）的枝条。根据《教皇书》（34：16），这些柱子是君士坦丁从东方运来的。即使是放在今天，这些柱子也足以赢得人们的称赞。这些柱子插在支撑圆顶的四根柱子上面的壁龛里。这些柱子明显是在暗示彼得的坟墓，甚至贝尔里尼都以此为灵感创作了他的青铜帐顶。从另一个角度来说，甚至坐在“Kosmos”上向彼得交付律法的基督的形象也概括性地暗示了那两幅用来装饰大教堂的马赛克图像：一幅图像在大的凯旋门上方，将教堂的各殿和十字形耳堂分开。在这幅图像里，基督坐在地球仪上。另外一幅图像是在教堂的后殿里，应该模仿了《律法的移交》的创作手法。

我们继续研究下层场景。中央场景的左侧以一种具有深意的对称方式呈现，我们在右侧看到了彼得被捕的场景，而在左侧的对称位置看到了基督被捕的场景。而在场景的两端，左侧是在献祭的约伯（基督拯救的一个人），右侧则是对彼拉多的审判。这一层的中央场景仍然是基督，这一次描绘的是基督进入耶路撒冷的场景。这里绘制的肖像和古代人假想的基督的形象很类似，对于古代人而言，基督进入耶路撒冷的场景让人想到皇帝（还有其他政府官员）的驾到，也就是参议院或元老院的官员，在人民面前气派庄严地进入城市的场景。然而，这种联想却是通过一种对照的方式进行的：皇家马车应该被马拉着，但在这里，马匹被一头驴取代。整个场景的确暗示了皇帝驾到，但同时也暗示了和平和拯救的使者的存在。这个场景避免炫耀战争的胜利和人类的力量。

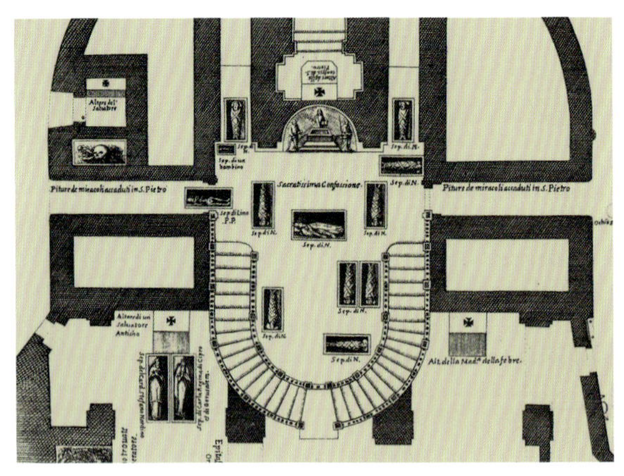

18. 贝奈戴托·德莱依，梵蒂冈地窖以及圣彼得忏悔室周围建筑的平面图（1635 年）。

还是在下面一层，在中央场景的左侧是亚当和夏娃，亚当和夏娃在善恶树两边，姿势庄重，因为他们刚刚犯下了原罪，而基督通过给予他们肉身拯救了他们。然而，在最左端，却是经历了不幸的约伯悲伤地坐着，他失去了他的财产、亲人，也失去了他的健康：这象征着他的痛苦，也象征着他对上帝毫不动摇的信任。在中央场景右侧，是位于狮子坑里的丹尼尔（头部是修复过的），这又是一个完全信任上帝的的形象。然而在最右端，雕刻下了殉教的保罗的形象，这是对我们在上层场景中已经见到的彼得被捕的场景的必要补充。

总的来说，这座石棺是当时建造的石棺中较为杰出的作品之一，反映了当时制作石棺的高水准。雕刻石棺的雕刻家能够带有一定的独特性重新创作传统作品；如果考虑同时代石棺的平均水平的话，这座石棺上人物的表现手法具有传统风格。石棺上的浮雕非比寻常的高，背景和人物强烈的明暗对比突出了人物形象；石制框架将各个场景区分开，根据场景的重要性给各个场景划分等级，调和各种抽象形象，尽管这些场景的分布是综合了各种标准的结果，但在专家间也引起了许多争论。

朱尼奥·巴索的石棺在大教堂的最西端被发掘出来，它恰好位于半圆形后殿里距离彼得的坟墓最远的地方，这座石棺所处的地点相当显赫，因此可以判断死者拥有极高社会地位。

墓A，珀皮鲁斯·赫拉克拉的坟墓

为了从地形的角度完整地讨论古墓，我们只能从位于古墓另一端的墓A，也就是从已经多次提到的珀皮鲁斯·赫拉克拉的坟墓开始。关于这座坟墓讲几句话就足够了：实际上，这座坟墓里极其重要的碑文已经被讨论了很多次了（见第39页，图2）。需要补充的是，这段碑文摘录自赫拉克拉的遗嘱，赫拉克拉在遗嘱中就建造他的坟墓（即拉丁文中的“monumentum”）给出了详细说明。这些说明既指出了建造坟墓所需的资金，也指出了将要建造的坟墓的选址：在梵蒂冈乌皮乌斯·那契苏斯墓附近的竞技场周围。因此我们认为他的坟墓位于大教堂扩建部分稍往东几米处，这项扩建工程是由马代尔诺负责的。建造这座坟墓一共花费了6000古罗马金币，这个数字很有意思。我们无法得知坟墓内部进行了怎样的大肆装饰，而且只有在和其他发掘出的坟墓进行比较时，我们才知道这座坟墓的整体面积。事实上，这座坟墓里只有入口的大门是从淤积物中发掘出来，在稳定地面和支撑上层建筑的柱子之间的门十分狭窄。但不管怎样，我们都可以假设这座坟墓占地约25平方米，因此不是面积最大、最宏伟的坟墓。尽管如此，为了有一个做比较的范围，我们该知道的是6000古罗马金币相当于一个军团五年的工资，这一事实一方面能够衡量人们购买土地和建造坟墓必须花费的资金，另一方面能够衡量获得自由的一定数量的奴隶能够达到的经济能力。

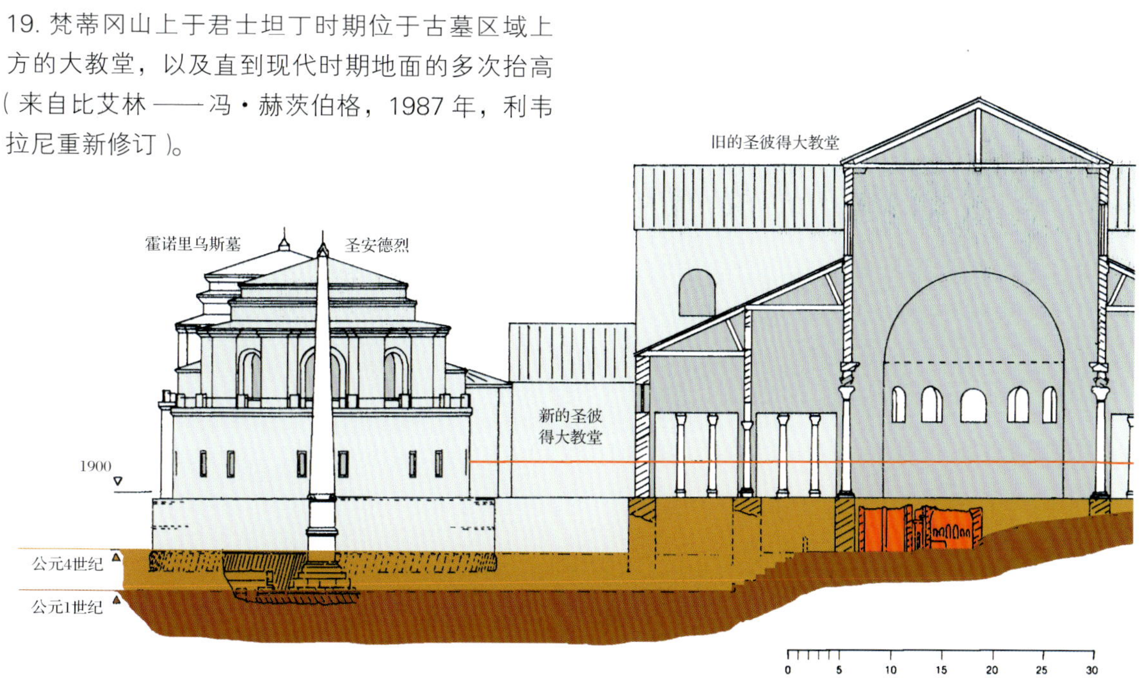

19. 梵蒂冈山上于君士坦丁时期位于古墓区域上方的大教堂，以及直到现代时期地面的多次抬高（来自比艾林——冯·赫茨伯格，1987年，利韦拉尼重新修订）。

20. 朱尼奥・巴索的石棺，圣彼得大教堂，宝藏博物馆。

21. 朱尼奥・巴索的石棺，基督在圣保罗面前将新的律法交给圣彼得的细节图。

22. 墓 B，凡尼亚・雷单普达墓，内部的西面墙壁。

在墓 A 前不到 2 米处，是另一道古墙，位于用希腊字母 ψ 表示的那座坟墓后，是于公元 2 世纪末建造的墓室的一部分。在这一时期，竞技场的界线被打破，墓地开始占据竞技场的空间。然而，这座坟墓也没有被全部发掘出来，只有西北角被发掘了。

墓B，凡尼亚・雷单普达的墓

按照坟墓所属年代的顺序，靠在墓 A 西墙上的那座坟墓是在墓 A 建成后不久建造的。这座坟墓广为人知的名字实际上不是这座坟墓的建造者的名字，而只是在晚些时候被丈夫阿乌莱留斯・荷尔梅斯埋在这里的一位女性的名字。阿乌莱留斯・荷尔梅斯可能是塞普蒂米乌斯・塞维鲁和卡拉卡拉在位期间的罗马帝国皇室中一名获得自由的奴隶。因为坟墓的门旁边刻着的碑文不知所终，我们无法得知这座墓一开始的主人的名字。这座坟墓的建造时间，要追溯到哈德良皇帝在位时；坟墓是由两个区域组成的：一个由高约 3 米的墙围起来的庭院，还有一间墓室。人们通过大拱门，可以从庭院进入真正的墓室。墓室上方是十字架形状的穹顶。按照惯例，墓室的上方墙壁被交替的壁龛分开，而墓室下方的墙壁被晚些时候加上的拱形墓穴遮住了。直到后来，真正的墓室和庭院才被更加清楚地区分开来。大约在 3 世纪中叶，墓室的地面上铺的是坚硬的马赛克。马赛克构成了黑白相间的几何图案。人们在墓室中的一个双耳大口酒坛两侧对称的位置上安置了两根柱子，而地板的其他部分则使用的是蔬菜形状的装饰图案。同时，人们还在大拱门处放置了一道方解石材质的大门槛，以此标示通往庭院的通道。在这一世纪下半叶，拱门因为加固工程增加的一堵墙被封闭了。用来加固的这堵墙建造起来非常快，表面上交替叠加着砖块和凝灰岩块。之后通过一扇小门，人们可以从墓室到达庭院，但光线只能通过大拱门上方凿出的几个小窗户才能透进来。也许是在这一时期，原本位于庭院的门右侧的碑文被移到这堵用来加固的墙上，庭院的门框边缘处还保留着孔洞。也是在这一时期，主墓室内还挖出了用于土葬的拱形墓穴，可以在墙壁底部看到这些墓穴：实际上，火葬的习俗在这个时候几乎完全消失了，所以人们需要挖出新的墓穴以便埋葬尸体。

在最后一个时期，也就是君士坦丁建造大教堂期间，庭院的门被堵住，墓中的墙壁被加高到大教堂所在的水平面。之后，人们又在小庭院的东面建造了一段砖石楼梯。尽管这段楼梯不是那么方便，但也能让人从高处下到坟墓里，还可以到达完全覆盖住坟墓的淤积物处。

墓中的绘画装饰属于不同的时期，我们可以将这些时期和这座墓经历的种种结构调整联系起来。第一时期的图画毫无疑问是最精致的作品：在正面墙壁中央的壁龛上，白色的背景里有一只孔雀，这是典型的朱诺象征。孔雀在双耳大口酒坛面前，这个酒坛可能是玻璃材质的，里面装满了鲜花和水

果。然而，在左边的墙壁上，中央的壁龛却装饰着维纳斯的象征物：现在人们仍然可以辨别出金制梳妆盒的一部分，一只鸽子从梳妆盒里叼出了一条项链。也许在左侧和这只鸽子对称的位置还有另一只鸽子。在梳妆盒上有一根权杖，权杖上有花环，这暗指维纳斯女神的力量。右侧墙壁上对应的神龛上只能模糊地看见一根长矛，或许这暗示的是战神。

这些壁龛一开始应该也像墓 G 一样，被框在小柱子里。两座坟墓的壁龛应该出自同一个作坊的工匠之手。但是这座墓里之后刷上的灰泥却在 3 世纪下半叶重新装修的过程中被清除了。高处有许多弦月窗。装饰弦月窗的图画是这样的：一根细长的根茎上有许多高脚酒杯，而在高脚酒杯两侧有两只面对面的鸟。最有趣的设计必然是穹顶处的设计，这些图案大体上保存完好。穹顶上壁画的设计方案是由五个十字纪念章组成的。尽管位于中间的尺寸较大的纪念章有一部分看不清了，但还是能够辨认出赫利俄斯的四轮马车。赫利俄斯在 3 世纪时相当有名气。赫利俄斯在画面里露出了四分之三的身子，他的右手举起鞭子，穿着长袖的长袍，紫色斗篷在身后飘扬，头部环绕着一圈光环。其他四个纪念章分别用来描绘四季：西面的纪念章描绘的可能是春天，这个纪念章对面的纪念章描绘的可能是秋天，南面的纪念章描绘的可能是冬天，而描绘夏天的纪念章可能遗失了。

正如我们所说的那样，在第二个阶段，人们在这座墓里铺上了一层薄薄的石灰作为新一轮装饰的基础。而对于这一轮装饰场景的记录很大一部分来自当时留下来的图画，因为为了恢复第一阶段的装饰，这些装饰都在初期修复中清除了。而这一轮装饰的风格十分粗糙，人们在直线分割的表面上加入了飞禽和植物花穗的图案。同一时期，在墙壁的下部挖出的拱形墓穴也是用假大理石装饰的。

墓X，图利奥家族墓和卡艾登尼奥家族墓

在公元 3 世纪初，墓 B 前建起了一座小型墓，也就是墓 X。由于 16 世纪进行的建筑工程打的地基，墓 X 的入口很不幸地被堵住了。人们只能通过穹顶（君士坦丁的工人们打穿了穹顶）艰难地进入墓 X。这令人感到可惜，因为墓 X 里复杂丰富的装饰使得它成为当时较为精致的墓葬，只有附近的墓 Φ 才能超越它。从墓室的地面就可以窥见墓室的风格，用不同颜色制成的几何形状的各种大理石铺在地面上：希罗的碎石、奇奥岛的卡莱斯蒂奥大理石、卡珀德纳罗的灰石、鲁尼的深灰色大理石、必提尼亚采石场的板岩和珊瑚碎石、弗里吉亚的深紫色大理石，还有所谓的非洲大理石（实际上这种大理石来自小亚细亚的特奥，古人将这个地方称为卢库勒）。墙壁里有上下两层用于土葬的拱形墓穴，火葬仪式在这一时期已经完全消失了。

高品质灰泥制成的植物花穗样式的浅浮雕装饰着西面墙壁上方的墓穴。拱形墓穴上

饰以壁画，白色墙壁突出了这些壁画中的神话场景。下方三面墙壁上描绘了海神，海神上方悬挂着红色的条纹（暗指花环或丝带）。更特别的是，北面的拱形墓穴是用来庆祝维纳斯的胜利的，通过衣褶的深色背景中维纳斯裸露的躯体赞颂维纳斯的胜利。一个半人半马的海怪和一个半人半鱼的海怪在两侧支撑着衣褶。左侧，一个有翅膀的裸体小孩骑在一头海豚上，而右侧对称的位置的图像却不见了。

东部拱形墓穴上壁画的保存状态更差：在墓穴左侧是由两头海豚陪同的一个有翅膀的裸体小孩，这个小孩跟着一头海马，这头海马又被另一个有翅膀的裸体小孩骑着。在壁画中央，有一位海中仙女，这位仙女穿着红色披风，骑在一个半人半马的海怪身上。然而这幅壁画右端的场景如今却无法辨认。保存最完好的壁画是西面拱形墓穴上的壁画：一个有蓝色翅膀的裸体小孩坐在一个身体卷成圈状的海洋生物（很难辨认出是何种生物）上。左侧场景是一头海马，海马跟着一个半人半马的海怪快速前进。这个海怪的位置接近壁画中央。这个海怪拄着一根主教权杖，一件蓝色的斗篷在他左侧飘动。两个螺旋状的漩涡将海怪的身体吸进去，而一位披着鲜红色披风的海中仙女在漩涡上半躺着，露出腰部以上的身体。仙女的浅色皮肤在红色的披风、绿色的海马以及蓝色的海浪的映衬下格外醒目。右边场景只能隐约看到一头海马，这头海马身上也骑着一个有翅膀的裸体小孩。

在上层拱形坟墓中，我们看到了一幅更大的壁画。壁画周围环绕着花环和水果，而飞禽则停留在这些花环和水果上。不同的水果暗示了一年中的不同季节：从春天到秋天。花环两侧是神话中的森林之神，中央则是极具特色的牧神潘恩，这幅场景是包含了酒神狄俄尼索斯形象的众多场景中的一个。从整体来看，这幅壁画的保存状态非常差。这个场景和拱形墓穴内部壁画的主要场景的主题是一致的。北面墙壁上壁画的保存状态是最好的，这幅壁画描绘了一个十分复杂的场景：狄俄尼索斯找到了在纳克索斯的阿里阿德涅。在场景左侧，克里特岛的这位女英雄躺在地上，左手垫在头下，根据古老的肖像传统，这个姿势是典型的熟睡姿势。裸露的上半身在红色披风的对比下更加醒目，而她腰部以上的衣服是深黄色的。酒神随从中的一位森林之神拾起了披风的一角，不管是从本义上还是从比喻义上来看，酒神都很敬重阿里阿德涅。这位森林之神转过来面对狄俄尼索斯，想引起他的注意。酒神则靠在一个小的森林之神身上向前走着。酒神穿着一件宽大的长斗篷，左手抱着一只老虎，右手则伸向在安静的氛围里熟睡的一个小女孩。在画面最左端可以辨认出一位女祭司的形象。在阿里阿德涅上方的位置，作为背景，有一位半躲在一块岩石中的森林之神；在画面的最右端，在狄俄尼索斯身后还有由长胡子的森林之神和女祭司组成的一对夫妇。

23. 墓 X，北侧墙壁下部分的拱形墓穴，维纳斯的凯旋。

24. 墓 X，西侧墙壁下部分的拱形墓穴，海中仙女和半人半马的海怪。

25. 墓 X，北侧墙壁上部分的拱形墓穴，狄俄尼索斯和阿里阿德涅。

在这幅壁画下，也就是墓穴中央，有一个徽章（一个十分精细考究的方形马赛克），可惜的是这个徽章几乎完全辨认不出来了。唯一能够辨认出的东西是挂在柱廊上的一块篷布构成的背景，这个背景应该指的是发生这个场景的建筑物内部，这个场景可能是悲剧中的某个场景。

在东面的拱形墓穴中，我们看到了战神和雷亚·西尔维亚见面的场景。虽然这幅壁画的颜色非常浅，但至少我们能够辨认出其中人物的轮廓。供奉灶神的贞女祭司和战神结合生下了双胞胎，这对双胞胎将建立罗马。和另一幅壁画中睡着的阿里阿德涅的姿势类似，雷亚·西尔维亚也是躺着的，但方向和阿里阿德涅相反。在阿里阿德涅旁边，也就是场景的最右端，是一位男性的形象，应该是睡眠的代表。在雷亚面前，场景中央，是正在注视着雷亚的战神：他戴着头盔，手持剑、长矛和盾牌，下半身包裹着猩红色的披风，象征着他的军事权威。他面前一个有翅膀的裸体小孩将他全部的注意力都放到了雷亚身上。在场景的右半部分有一位戴着面纱的女性，这位女性坐着，用一只手托住下巴，姿势是观察者的典型姿态：这位女性可能是女灶神。两个牧师形象的小人物将她和战神隔开。

东面拱形墓穴上的最后一幅壁画受损最严重。这个场景和酒神有关，也许描绘的是酒神的童年。我们从场景的左边开始研究，左边是一位女性，也许是出于惊讶，她抬起了她的右前臂，她身后跟着一位森林之神，这位森林之神用左臂抱着一个小孩。右边是另一位女性，她的姿势和左边女性的姿势类似，她正看着脚下的天鹅。在右边的女性旁边是一位遮住身体的女性和一位森林之神。场景最右端是另外一个女人，这个女人弯着腰将一篮子花赠送给他人。

上层拱形墓穴和下层拱形墓穴上装饰的壁画主题有明显的不同：下层墓穴的装饰壁画是海洋主题，这个主题在那时十分流行。而上层墓穴的装饰壁画描绘的却是艰辛的爱情故事，在这些故事里神和人类结合，这是人们的一种形象化的反思。借助流传下来的各种神话故事，人们试图将发生在人身上的事情以及人无法逃避的死亡结局置于一个更大的框架里。这个框架将人和神联系到一起，使得活着的人的痛苦变得可以承受，同时也让活着的人对死者抱有希望。在缺少印戳和其他证据的情况下，人们很难准确判断坟墓所属的年代。因为判断坟墓所属的年代只能基于对壁画风格的评估，除此之外没有别的参考内容可以帮助判断。为了展现人物的伟大，壁画中人物的形象是被拉长的，身后的影子很大，但身体却没有相对应的深度和体积：这种绘画手法除了让人想起附近墓 Φ 的壁画外，还让人想起奥斯蒂亚路的卡艾奇里墓穴的壁画中冥王普鲁托强掳少女普洛塞尔皮娜作为其妻子的场景，晚些时候奥塔维的地下墓穴中极乐之境的场景，以及帕拉蒂诺山上一座古罗马时期的贵族住宅（名为“特朗西多利亚”）里不怎么知名的壁画。因此，我们推测这座墓的年代可以追溯到公元 3 世纪初的塞维鲁时代。

墓C，卢修斯 · 图利乌斯 · 宙图斯的墓

关于在墓 B 之后建造的墓 C（还是在哈德良时代），我们只知道墓主人的名字。这还是在墓入口门上的碑文里提到的：卢修斯 · 图利乌斯 · 宙图斯为妻子图利亚 · 亚斯那斯，孩子图利亚·塞康达和图利乌斯·亚斯那乌斯，以及他们重获自由的奴隶们建造了这座坟墓。碑文里还标明了建筑图的尺寸：12 罗尺乘以 18 罗尺，如今可以换算成 3.58m × 5.40m。标出建筑的尺寸是为了防止人们非法滥用和侵占土地，这种预防措施在当时十分常见。碑文四周饰以边饰，边饰和砖石的不同颜色相得益彰，两扇小窗户框在碑文两侧。

坟墓内部十分简单：头顶上是半圆拱，墙壁上刷了白色的灰泥，地板则用马赛克装饰，拼出植物形状的花纹。其中马赛克的四周镶上了希腊方形回文饰。大多数用于镶嵌马赛克的方形石块都是黑色或白色的，但有时为了使画面的细节生动，会使用一些彩色的石块；在马赛克的中部位置的石块应该是最为珍贵的，有可能是一块徽章，可惜的是这个石块丢失了。马赛克下方的位置应该能找到一些火葬的痕迹，就像人们从小孔推导出细管的存在一样。在和死者有关的节日期间，人们可以通过细管将给死者的浇祭送到坟墓里，为的是让死者也可以参与进来。

侧面的墙壁在下半部分有拱形墓穴，而上半部分有用于安放火葬后骨灰的壁龛，在墙壁根部却有埋葬骨灰的痕迹。中间位置的壁龛一直是最重要的壁龛。中间的壁龛分为两层，半圆形顶部装饰着贝壳。和墓 G 一样，这里的壁龛两边起初应该也有灰泥制成的小柱子。壁龛顶部是三角面的顶饰和交替的半圆形弦月窗。

在建成了两个用于放置骨灰的祭坛之后，人们又在最里面的那面墙上，也就是在最精致的那面墙上加了几个祭坛。右边的祭坛里装着的是图利乌斯 · 亚斯那乌斯的骨灰，左边的祭坛上则写着一段非同寻常的碑文。实际上，起初这里刻着的是一篇文章，文章里说这个骨灰罐里装着的是图利亚 · 塞康达（墓主人的女儿）的骨灰。然而，之后，人们又在这篇文章后面加上了三句话，声称母亲将这个骨灰罐给了巴苏勒娜 · 塞康迪娜。巴苏勒娜 · 塞康迪娜和这个家庭的血缘关系可能不是很近，因为她的姓氏和这个家族的姓氏不同。图利亚 · 塞康达实际上是马库斯 · 卡艾敦尼乌斯 · 安提贡乌斯的妻子，而她应该和丈夫一起被埋在墓 F 中。但是图利亚 · 塞康达仍然是原来的家庭的一支，正如我们即将要看到的情况那样。因此，祭坛上刻下的第一份文本是不全面的。正如碑文的最后几行说明的那样，母亲留给塞康迪娜的骨灰罐如今空了下来，因为女儿塞康达很明显要跟随丈夫埋葬到另外一个墓地里去。尽管这位母亲的身份并没有被提及，但很明显

的是这位母亲应该指的是亚斯那斯，而指定骨灰罐这件事发生在丈夫宙图斯去世之后。宙图斯的骨灰罐应该在墙壁的中央位置，也就是在最重要的位置上，但是有关他的碑文却意外地丢失了。而为了掩饰图利亚·塞康达的存在，和她有关的叙述很有可能被抹去了，这就使得这些碑文和现实存在的证据并不相符。一座为家庭成员预留的坟墓却埋葬了其他人的情况并不令人惊讶，墓H（瓦列里墓）中就有很多例子。更难解释的事实是：这些骨灰罐上都刻下了人的名字来明确表示死者是谁，因为准备墓葬的人需要指出这些人生前属于这里，这是为了让那些尚在人世，但没有机会埋葬到这里的人也能够参加葬礼仪式。

墓里原先的装饰并没有得到很好的保护，其中一部分被第二阶段中后期绘制的壁画覆盖住了。墙壁底部应该有用假大理石制成的护墙板。而在东面墙壁上部，一幅狩猎场景的壁画变得模糊不清，而在最里面的墙上，也就在左侧骨灰罐上方有一幅车夫驾驶蓝队战车的图像，这指的是威尼斯队，也就是在四马双轮车竞赛中争夺胜利的两队中的一个。车夫右手向上举起一个花冠，而左手握着棕榈枝，花冠和棕榈枝都象征着胜利。车夫面前是双轮战车的四匹马。似乎这幅竞技场的场景要延伸到所有的墙壁上去：在右侧可以隐约看到一辆由四匹马拉着的双轮战车，这也许是绿队的战车，也就是这场比赛中威尼斯队的对手普拉西诺队。场景中央则是一棵象征胜利的棕榈树。树上两侧挂着两面对称的彩旗。而下方则是护墙板的原先装饰：仓促完成的一丛草木。之后新加的骨灰罐盖住了护墙板。在护墙板上叠加的一道墙上，我们还能清楚看到用豆荚形浮雕装饰的罐子的痕迹，这个罐子可能是大理石材质的，应该是用于装骨灰的。

这幅和竞技场有关的场景是在墓葬领域相关场景中的最初发现之一，人们就这幅画的年代提出了许多疑问。人们认为东面墙壁上的狩猎场景指的是竞技场中猎杀野生动物的表演场景。因此，我们可以猜测宙图斯可能是一位获得了自由的奴隶，他曾参加过这些表演。在这种情况下，也许并不需要猜测这些表演与附近的卡利古拉和尼禄的竞技场的关系，因为除了考虑到这些表演的私人性质，在哈德良时代，这些表演似乎已经不那么盛行了，这也归因于哈德良将大部分注意力转向了多米齐亚花园。还有第二种解释，也就是这些竞技场内的捕猎和游戏的场景不应该被看成是对墓主职业的暗示，也就是说，将狩猎看成美德的象征，将四马战车的比赛看成胜利的象征和对生活的比喻，在哈德良时代这种看法已经成熟了，我们在石棺中也找到了众多佐证。

我们重新来看北面的墙壁，上层壁龛上的壁画几乎完全辨认不出了，除了右侧下层壁龛上的壁画还可以辨认出一只象征着朱诺的孔雀的形象。这只孔雀正面示人，一根权杖靠在它左侧的柱子上。其他壁龛上壁画中

26. 墓 C，北侧墙壁，蓝队的驾驶战车者。

27. 墓 C，卢修斯・图利乌斯・宙图斯墓。

展现的几乎都是乡间场景，装饰也是以水果形状为主。但是朝向墓室里面的侧墙，也就是进入坟墓内部的观察者一眼就能见到的墙上留下了象征神的物体的静物画的痕迹：右边一顶金色头盔、一支长矛和一面盾牌暗示了密涅瓦，或者战神；左边是一只山羊，山羊旁是一根被飘舞的饰带缠绕的权杖，这暗示酒神狄俄尼索斯。

顶棚只保存了一部分，它原来的颜色应该十分鲜艳。实际上，花格平顶式顶棚周围装饰着灰泥制成的框架，顶棚的颜色则是紫红色或蓝黑色，顶棚上则用花瓶或植物图案进行装饰。

墓D

关于在墓 C 建造后被建造的墓 D，我们并不知道墓主人是谁。本应位于入口大门旁边位置的碑文没能被保存下来，因为这面墙在君士坦丁为建立大教堂而进行加固工程时被损毁了。这种情况我们在墓 B 中已经见过了。尽管墓 D 和墓 B 都有类似的布局，在入口处都有一个由不到 3 米高的墙围起来的院子，但是墓 D 的结构更为简单，只有最内部的墓室才有穹顶。为了建造圣彼得大教堂，墓 D 大门的门框和墙面被拆除，所有东西都被抬到新的地面的高度。此外，人们在进门处还插入了许多双耳陶罐，这些陶罐互相嵌入，组成了一个用于排去上层雨水的管道系统。这个管道系统通过考古发掘重新打开的裂缝清晰可见。

墓内部的装饰并不丰富，实际上一部分灰泥已经脱落，这使得人们可以清楚地看到墙壁内部的结构。墙壁是由管状的金属网和砖石制成的齿形待接插口组合而成，这种筑墙方法极具图拉真和哈德良的时代特色。这座墓设计时是作为骨灰匣壁龛，也就是只用于存放火葬后的骨灰；直到塞普蒂米乌斯·塞维鲁时期，这座墓才在入口庭院的西南角增加了用于土葬的棺木，这个棺木上放置着三片瓦片，瓦片上还留下了印戳。墓中所有的墙壁上只有一排壁龛：壁龛根据尺寸大小被区分开来，庭院侧墙中央有两个壁龛，最里面的墙壁中央有一个壁龛，而半圆形墙壁上也只有一个壁龛。墓中没有地板，或者说这些地板是由木板组成的，而如今这些木板已经腐烂了。

墓Φ，马尔乔家族墓

墓 C 和墓 D 前面是墓 Φ 的后墙。和下面一排的其他墓地一样，墓 Φ 也是在竞技场被弃用之后，古墓开始占据这片区域之前建造的。和所有其他坟墓一样，墓 Φ 的入口也面向南方，朝向主干道。但入口比分割墓 C 和墓 D 的羊肠小道的高度要低一点。墓外的砌面似乎是砖瓦，带尖角的科林斯壁柱则提高了坟墓的地位。坟墓内部则完全由壁画和灰泥装饰。十字形穹顶在坟墓被掩埋时遭到毁坏。这座坟墓实际上用于土葬，只有入口大门两边墙壁上的壁龛才是用于存放火葬后的骨灰。如今只能看见大门西侧两个叠加的壁龛：因为文艺复兴时期圣彼得大教堂主殿左侧柱子向下打地基，使得大门东侧另两个对称的壁龛、这座坟墓的一角、坟墓正面和坟墓大门的一部分都遭到了损坏。

在大门两侧以及大门正面，应该有两个彩色的马赛克徽章。这两个徽章是直接用两英尺见方的小石板（罗马的一种特色方砖，因为每边都长两英尺而得名）完成的精细的马赛克小块。只有左边的马赛克留了下来，门右侧对称的马赛克因为文艺复兴时期打下的地基而遗失了。只有一部分马赛克得以幸存，但残存的这些马赛克也能证明这在当时算得上是一件十分精细的作品。马赛克砖拼成的画面中描绘了蓬托斯之死——欧里庇得斯著名的悲剧《酒神的女祭司》的主题。底比斯王拒绝让人民崇拜酒神。在契代洛内山上举行的一场仪式中，因为酒神的愤怒而着魔的酒神的女祭司将底比斯王杀死并撕成碎片。现在马赛克图中只能看到蓬托斯藏身的松树，他逃到松树上来躲避备有长矛和刀剑的女祭司以及一头老虎的进攻。

在墓内部，地面铺满了珍贵的大理石方砖，这些方砖拼接组成了几何形状，这种装饰方法在墓 X 中已经描述过了。墙壁上是两排叠加的拱形墓穴，总的来说，四周每面墙上都有四个拱形墓穴，而底部则有两个拱形墓穴。

上面一排的墓穴插入了砖石砌成的一个箱子里，这个箱子的外墙模仿石棺的正面用灰泥装饰，是对称放置在中央长方形平板两边的典型的空心波浪形豆荚浮雕装饰。中央的长方形平板可能是用来写下死者的名字。保存状态最好的装饰在墓穴左边的东侧墙壁上。

墙壁和穹顶上留下来的小部分装饰被鲜红的灰泥覆盖。这些灰泥是用来给绘制壁画打底的，而且灰泥的颜色和大理石地板以及下面一层拱形墓穴的浅色形成了强烈对比。在这些拱形墓穴之间的空处可以发现水果篮的痕迹，而在角落里可以发现模糊的人像，这些人的手臂举起，头部有光环，应该是男像柱。在拱形墓穴上方的西侧还能看到一对对称的孔雀（不死的象征），在孔雀面前还能辨认出一根黄色的柱子，一根应该是用来支撑水果篮的杆子斜靠在柱子上。

下层拱形墓穴内部的背景是浅蓝色的，用于装饰的场景都和水有关，正如我们在墓 X 里看到的那样。在北面区域，在位于中央位置的宏伟石棺后，有一幅画了一队海洋随从的壁画。这一队海洋随从被分成上下两层，通过透视法体现出了一定的深度。在侧面的拱形墓穴中，所有的场景都是以非凡的天堂之河尼罗河为背景，在众多画面中两幅朝向底部的画面还能分辨出场景来。在画面中，沼泽地的芦苇中间有各种鱼和水鸟，除了很多鸭子，还有火烈鸟、天鹅和鸬鹚。

然而，上层的拱形墓穴四周围绕着许多花环和果束，这些花环和果束被悬在空中的有翅膀的裸体小孩举起。鸟儿对称地停在弦月窗上，而在两个拱形墓穴之间的位置有两

位长着胡子的森林之神，他们从花萼中出现，头上还有光环，也就是在古代用来描绘神灵的形象或有时用于描绘皇帝的形象而使用的一种光圈。右侧，一个人手里握着一个康塔罗斯酒杯，另一个人手里拿着一面定音鼓，还有一个人手里握着顶端为松果形的酒神杖。和下层弦月窗不同，背景是红色的弦月窗上绘着神话场景，入口左侧的场景如今仍可辨认。这些场景是所有场景中最重要的，得益于照片修复技术能够被恢复。这些照片拍摄时，画面的清晰度还没有受到向上湿气中盐分的影响。

在正面，也就是在北侧的墙壁上，描绘的是狄俄尼索斯发现睡着了的阿里阿德涅的场景，我们在墓 X 中已经见过这个主题了：场景的右边是半躺着的克里特岛公主，而左边对应的位置上是酒神，酒神几乎是以正面姿势面对画面。在东面墙壁上，左边的拱形墓穴上的弦月窗中的绘画主题则类似于雷亚·西尔维亚和战神会面的场景，这个主题我们在墓 X 中也见过了。在同面墙上，右侧弦月窗上则描绘了一个和阴间有关的典型故事：左侧是赫拉克勒斯向国王阿德墨托斯介绍自己，国王的妻子阿尔刻提斯裹着古希腊人穿的长袍和披风。在一则神谕宣布了国王的死讯后，阿尔刻提斯提出要替她的丈夫而死。之后赫拉克勒斯到达阴间，将阿尔刻提斯从阴间救出，把她重新带回人间。

在保存最完好的西侧地区，描绘着两个不寻常的神话场景画面：在左边的弦月窗的场景中，赫尔墨斯因为他佩戴的宽边帽被人认了出来。赫尔墨斯头戴宽边帽，手持双蛇杖（两条蛇缠绕在手杖上）。而他面前是三位女性，或许是传说中雅典的第一位国王刻克洛普斯和阿格劳洛斯的三个女儿：赫尔塞、阿格劳洛斯和潘多苏。在赫尔墨斯身后则坐着一个披斗篷的人。在场景中央，在其中两个女儿之间有一个圆柱形物体，具体的样子看不太清。在右边弦月窗的中间位置可以辨认出勒达，她露出了四分之三的肩膀，身体几乎是全裸的。在她身后有一位女仆，而在两端可能是地点的两个拟人化的手法：勒达的左侧是一位躺着的仙女，右侧是一位半裸的青年。

最后，在坟墓的中央的醒目位置摆放着昆塔斯·马西厄斯·赫尔墨斯的石棺，这具石棺是昆塔斯·马西厄斯·赫尔墨斯在活着的时候为了自己和妻子玛西娅·萨拉索尼斯制作的。这座墓穴如此宏伟以至于整座坟墓都以此为名。这具石棺的主人的形象在棺盖的左侧被描绘出来，正面示人，头发鬈曲，穿着长袍，手上握着一卷书（暗示他的行政管理能力）。两个有翅膀的裸体小孩在他肩

28. 墓 Φ，马尔乔家族墓，描绘蓬托斯之死的马赛克图。

膀两边举起一块纱巾，这在当时意味着突出这个人物的形象。在另一侧相对应的位置，也有两个有翅膀的裸体小孩在妻子的背后举起了纱巾。妻子左手拿着一个苹果或一个石榴，这象征着生命和重生；而她右手的手势也许应该被理解成三根竖起来的手指，是分配的符号。

主要的墓穴是塞维鲁时代先进生产的极好例子：中央壁龛两边是支撑着拱门的两根扭曲的柱子，壁龛里面则塑造了年轻酒神的形象，酒神左手倚在一根酒神杖上，右手拿着一个有两个把手的酒杯，也就是康塔罗斯酒杯，身旁有一位小森林之神扶着他。酒神两侧有两块加粗的镶板，用波浪形的细条纹装饰，我们在上层拱形墓穴里已经看到用灰泥制作的复制版了。在场景尽头有一位女祭司和一位森林之神弹唱舞蹈，他们完全陷入了酒神的狂喜。这块大理石表面经过了完美的抛光，使得这件作品显得十分完美。

30—32. 墓 Φ，马尔乔家族墓，西侧墙壁上部的拱形墓穴，拍摄了绘画装饰的历史照片。

没有确定的元素可以帮助我们判断这座坟墓所属的年代，而且这一时期绘画风格没有具体的框架。和墓 C 的装饰在主题和风格上十分类似的是墓 X，这一点我们已经多次提到。因此我们应该考虑墓 C 和墓 X 可能是同时期建造的，从而可以推测墓 C 的年代确定为公元 2 世纪的最后几年到公元 3 世纪的最初几年之间。

墓E，阿艾留斯家族墓

尽管君士坦丁时期建造大教堂的工程对

29. 墓 Φ，马尔乔家族墓，西侧墙壁上部的拱形墓穴，A. 莱维复原的水彩画（1945 年）。

33. 墓 Φ，马尔乔家族墓，昆塔斯·马西厄斯·赫尔墨斯的石棺。

墓 E 造成了损坏，但墓 E 的外观仍然保存得十分好。不过墓 E 大门的门框和门楣都被拆除了，门框和门楣上的碑文以及大门右侧的小窗户也都不见了。然而，砖砌成的外墙似乎是这些坟墓中最令人惊喜的，在已遗失的碑文和门两侧小窗户周围的神龛极具风格，砖材质的科林斯柱顶和上楣柱被雕出形状，同时人们还利用大理石的深浅不一造成了色彩差异，在碑文两侧的壁柱饰里塑造了一种简单但极具效果的辫状装饰。

坟墓内部的地面上铺着黑白相间的马赛克，形状十分简单，有三角形、正方形和披针叶形，也有象征着太阳的“卍”字饰。和普遍做法一样，拱形墓穴分割了各面墙壁。这些墙壁是用来覆盖住下层用于土葬的墓穴以及上层安放骨灰盒的壁龛的。开了槽的灰泥柱子围在主要的壁龛周围，只有其中一部分的壁龛保存了下来。在更高的位置，穹顶下最后一层装饰是交替拱形山墙饰的三角形顶饰。然而，墙壁之间并不完全对称，因为右墙的一部分是一段两级楼梯。通过这段楼梯可以到达坟墓上方的露台，葬礼宴会可能是在露台上举行的。

在后墙的拱形墓穴上刻着的是提图斯·阿艾留斯·泰兰努斯的碑文，提图斯·阿艾留斯·泰兰努斯是一名获得了自由的皇室奴隶，他在比利时省的行政当局担任秘书。坟墓中最重要的地点就是安放提图斯·阿艾留斯·泰兰努斯的墓穴，这是他的妻子艾丽娅·安德里亚和他的岳父阿利乌斯·瓦列里亚努斯为他建造的，阿利乌斯·瓦列里亚努斯大概来自凯撒里斯家族，也是皇帝的仆人中的一员。

墙壁上的装饰主要以白色为背景：拱形墓穴的下部用假的大理石装饰，上部的主要壁龛则以漂亮的红色为装饰的底色，然而较小的那些长方形壁龛周围却用玫瑰色和紫罗兰色线条装饰，壁龛上的装饰则是一系列对称形式分布的图案，有高脚酒杯、水果花环、象征着不死和重生的松果、火把、花冠、和一对长笛一起被挂起来的一网兜花瓣、动物（鹿和鹦鹉）。此外，西面墙壁上和穹顶相接的壁龛上方的位置是一篮子鲜花，在鲜花两侧是对称排列的一对孔雀（用来暗示季节），而后墙上，用贝壳装饰的壁龛旁边是金黄色的双耳大口酒坛（在宴席上使用），酒坛旁边的一串葡萄表明了它的用途。为了在坟墓上方建造大教堂，君士坦丁的工人们在向下打地基的时候将这座坟墓的顶部打穿了，以期将下方坟墓埋起来，于是原本用深色底色装饰的花格平顶现在只有角落的一小部分得以保存。

最后需要注意的一点是人们在壁龛中发掘出了一些极高品质的雪花石膏瓶子，还有一个玛瑙水罐，水罐把手底部的装饰形状是美杜莎头部的形状。壁龛里还发现了一个玛瑙双柄大口酒坛。因为它们被用作骨灰罐，所以水罐和酒坛都是密封的。这种做法十分普遍，原始资料中也很含蓄地记录了这种做法：我们可以想想斯塔提乌斯唱的“闪亮的

34. 墓 E 内部。

35. 墓 E，正面。

36. 墓 E 的花格平顶。

37. 墓 E，玛瑙水罐。

玛瑙罐子里封存着你的骨头”这句话。这些容器所属时代要追溯到哈德良时期。壁龛中发现的第三个骨灰罐是白色大理石材质，形状较为简单，被嵌在西面墙壁的长方形壁龛内，里面还有一枚刻着尤利亚·玛伊莎头像的硬币。尤利亚·玛伊莎是亚历山大·塞维鲁皇帝（222—235 年）的母亲。

基于墓内装饰的风格和各个坟墓所属年代的顺序可以判断墓 E 的年代。墓 E 实际上晚于墓 D，但早于墓 F，因此我们可以将墓 E 的年代确定在哈德良（117—138 年）在位的最后几年到安东尼·庇护（138—161 年）在位的最初几年内。

墓F，
图利奥家族和大卡艾登尼奥家族墓

当降低梵蒂冈地窖的工作刚刚开始时，位于墓 E 旁，并在墓 E 被发掘后马上被发掘出的是墓 F。墓 F 在 1941 年 1 月首次被发现。这座墓的规模相当大，仅次于“瓦列里”坟墓，但奇怪的是墓的正面却不对称。墓的大门相对于中轴线向右侧偏移，而门上方用来框住碑文（很不幸地遗失了）的框架以及门旁的小窗户相对于中轴线的位置却是对称的。之所以出现这种情况的原因是坟墓入口右侧有一段楼梯，这段楼梯沿着东面墙壁螺旋向上到达高处的露台。和墓 E、墓 H 中的情况类似，这个露台可能是用于举办葬礼上的宴会。

坟墓大门上的门框和石灰华门楣依然还在，大门上方是用来框住碑文的框架，框架旁有几扇小窗户。框架和窗户上用水果外形的涡形装饰以及用比外墙砖石的颜色稍浅一点的砖石制作的花饰来进行装饰。在其两侧还有两块装饰板：左边是一块砖石板，上面雕刻了极浅的浮雕，浮雕呈现的是乡村场景中的一只山鹑；右边绘的是一座建筑，这座建筑的颜色也比砖石的颜色要浅一点，但可惜的是这幅画遭到了相当严重的损坏。画中的这座建筑的结构十分复杂，很难被划分到普通的类型里：建筑的下半部分是一面有大楼梯的矮墙，这座楼梯在用透视画法画出的两个侧面之间上升，在其中一个侧面上方有一个柱廊。柱廊位于上一层，其中靠近画面的用来支撑屋顶（暗示着花格平顶）的两根柱子似乎位于画面中央。建筑物中央也许增加了一个屋顶用来增大室内平台的采光。

也许是君士坦丁建造大教堂期间的工程使得碑文和小窗户上的大理石表面丢失并损坏了建筑物的嵌板。当时，工人们为了建造教堂的基座掩埋了下方的古墓。

在坟墓内部，原先的地板只有一部分得以保存。地板由黑白色的马赛克组成，并且拼接成黑色的植物图案，沿着地板的长边位置有许多嵌入的白色大理石板。大理石板中间有一个小洞，这个洞用于在死者周年祭时向死者的墓穴里倒入液体祭品。

和人们惯用的方式一样，墙壁被拱形墓穴划分开来，上方用于安置土葬用的壁龛，下方用于安置装有骨灰的骨灰罐。

墙壁上的区域划分十分清楚，装饰很多，使用的颜色十分鲜艳，摒弃了其他坟墓中使用的浅色背景。每面墙壁上较长的一边都有两个半圆形的双层壁龛，壁龛上的半圆形顶用贝壳装饰，壁龛两侧则是灰泥材质的小柱子。壁龛不再位于上方有一个三角面的柱顶横檐梁中。壁龛中较小一些的长方形壁龛以双层放置。后墙上只有一个较大的壁龛，也就是这座墓中最重要的那个壁龛。这个壁龛周围是一个三角面，嵌入饰以壁画的环形殿的拱门中，这种做法增强了建筑的效果并吸引了游客的注意力。

环形殿上的壁画场景最近被修复了，以前十分模糊的图像如今也可以分辨出来了。可惜的是场景左上部分缺失了，但剩下的部分也足以表达画面的主题：这幅画展示了女神维纳斯的诞生。女神坐在紫色地幔上从海中升起（上半身已经消失了），两侧有两个从水中探出半个身子的半人半鱼的海神（左边的一个海神几乎已经看不清楚了）。这个场景应该有十分壮观的效果，从这幅画所处的位置也能看出建造者十分看重它。在以维纳斯诞生为主题的绘画中，这幅画可能是年代最久远的（之后的石棺浮雕创作中经常以维纳斯的诞生为主题）。

而坟墓西侧的壁龛上方是一幅田园场景，场景中央低矮的乔木以及灌木丛中的一只公羊和一头公牛十分醒目。入口处墙壁上的绘画场景可能也与田园相关，这一部分的装饰不是很丰富，但仍然可以辨认出一只山鹑和栖息着鸟的一些树。

在君士坦丁建造大教堂期间，这个穹顶被损毁，但是保留下来的部分穹顶也足以让人理解它的整体设计：用花格平顶装饰的十字形穹顶。

侧面的拱形墓穴的底色是白色，用花鸟装饰，而从外部围住墓穴的墙的颜色却是深紫色调的，拱形墓穴上对称摆放着枝形大烛台和精致的白色天鹅，天鹅上挂着细小的花环。然而，这个装饰物的西面部分和底部都不见了。人们为了发掘新的墓葬又沿着拱形墓穴前面的墙壁建造了砌石柜台。坟墓西侧的墓穴是这座墓中年代最晚的，建造这个墓穴所用的砖石上有公元 4 世纪初的印戳。不久后，君士坦丁就要在这座坟墓上方建造大教堂，这座墓也将被掩埋。

在墓室的中央，我们发现了一份可以追溯到建造这座墓的那一代人的文件：墓室里放置的实际上是为马库斯·卡艾敦尼乌斯·安提贡乌斯和他的妻子图利亚·塞康达准备的葬礼祭坛。图利亚·塞康达是卢修斯·图利乌斯·宙图斯的女儿，我们在讨论墓C的情况时已经得知了这一点。正如我们在讨论墓C时所讲的那样，墓C中有一个预留给图利亚·塞康达的祭坛，但最后这个祭坛给了她的某位亲戚。墓F原本属于卡艾登尼奥家族，但这里保存的许多碑文却和这个家族的成员没有关系。坟墓后墙的左侧壁龛里是这个家族一个重获自由的奴隶马库斯·卡特尼纽斯·特尔蒂乌斯的骨灰罐，东墙的壁龛里是另一个获得自由的奴隶马库斯·卡特尼纽斯·甘琳麦迪斯的骨灰罐；而北墙的右侧壁龛里是第三个获得自由的奴隶马库斯·卡特尼纽斯·克莱塞罗斯的骨灰罐。

38. 墓F，正面的细节中有饰以山鹑的砖板。

显而易见的是，尽管图利亚家族已经是墓C的主人，但凭借图利亚·塞康达的婚姻，图利亚家族的人也得到了被埋在墓F中的权利。实际上，在靠着后墙的大桌子中央位置上标记的也许是后侧墓穴的碑文，这处碑文告诉人们这处墓穴属于19岁的卢修斯·图利乌斯·赫玛迪昂，被他的父亲卢修斯·图利乌斯·宙图斯埋葬。卢修斯·图利乌斯·宙图斯在这座墓中也为自己预留了一个骨灰罐。在这个骨灰罐上，两个长翅膀的裸体小孩举起了两端有把手的白板，这个骨灰罐位于后墙的中央壁龛里。观察一代代人丧葬习俗的变化过程很有意思：3世纪左右，卢修斯·图利乌斯·宙图斯为自己选择了火葬的旧仪式，而他替儿子卢修斯·图利乌斯·赫玛迪昂选择了当时盛行的土葬仪式。

这座坟墓中还有两个人不是这两个家庭的成员，但我们无法推测出这两个人和其余死者的亲属关系。年轻的赫玛迪昂的墓穴里又加了另外一具石棺，原来的石板上剩下的右侧空白处写下了新加的这具石棺的碑文（用拉丁语写成的，还有很多拼写错误）：这是25岁的西里修的墓穴，他大约死于3世纪末4世纪初，被妻子埋葬。在靠着后墙的大桌子上的西端，有一块盖住一具陶棺的薄

40. 墓 F 的内部。

39. 墓 F 的正面。

41. 维纳斯的诞生，墓 F 北侧墙壁的环形殿上的壁画。

42. 田园场景，墓 F 西侧墙壁。

43. 墓 F，基督徒艾米莉亚·哥尔贡妮娅的墓中碑文。

板，这块薄板上记录了这具棺材里是一个6岁的孩子，马库斯·奥勒里斯·希伦，是马可·奥勒留皇帝的一名服长期兵役的士兵的儿子。在右侧墙壁上，在最北端的拱形墓穴里是奥里莉亚·犹他伊阿内献给丈夫阿乌莱留斯·内梅西斯的一长段碑文，碑文里奥里莉亚自豪地赞扬丈夫的音乐才能和他作为合唱队和哑剧的老师的职务，也就是伴有杂技舞蹈和哑剧的合唱团的负责人。

我们最后来看看这里发现的一个基督徒的墓穴（大约在公元4世纪初）：这是从地面往下挖出的一个墓穴，墓穴上方盖着一块薄石板，石板上刻着一段描述艾米莉亚·哥尔贡妮娅的碑文。艾米莉亚·哥尔贡妮娅在28岁时去世，她的丈夫将她埋葬。

除了文中出现的术语（迷人的灵魂，安静地睡去），墓中的抽象画也让人相信这位女性是一位基督教徒：在左侧，实际上我们可以辨认出一位正在从井里打水的女性，井象征着永生。但这不是福音书中撒马利亚妇女在井旁的场景——尽管福音书中的这个场景可能从人物塑造的角度对这幅画中的场景有影响——而是画的逝者本身，正如画面上方的解说词里讲到的那样：迷人的灵魂/哥尔贡妮娅。在主要的碑文下，我们发现了两只面对面的鸽子，在这两只鸽子中间是用极小的字写下的一句话，这是丈夫用第一人称给妻子留下的最后问候："我为我极温柔的妻子所做。"

从年代学的观点来看，根据坟墓里的砖石上留下的不同印戳，可以确定建造坟墓的时间是在140—150年之间，墓中壁画中人物形象和壁画主要色彩的变化反映了哈德良时期和安东尼·庇护时期壁画风格的转变。

墓Z，埃及人家族墓

在墓E和墓F的前面，在下方一排墓室中有一个墓室因为它描绘人物形象的独特方法（在罗马的范围内只有这一个例子）而格外引人注意。这个墓室位于梵蒂冈山丘原本的斜坡上，和那条东西走向穿过整个古墓区域的道路比起来要稍低一些，但是这座墓面向梵蒂冈山谷。墓室入口处的墙壁没有了，因为在建造圣彼得大教堂主殿里南面的柱子时，工人们向下打的地基损坏了这面墙。不过，正是因为工人们打地基时建造了一个古老的通道，如今游客才得以进入古墓内部。

坟墓的结构非常简单，因为坟墓是在2世纪末建造的，这一时期土葬仪式盛行，不需要提前将墙壁密集划分来安放小的壁龛，壁龛是用于容纳火葬后的骨灰盒。在三面墙壁中，每面墙上都有上下两个拱形墓穴，上层的用于容纳石棺，就像我们曾在墓X和墓Φ中看到的一样。穹顶是方形半圆拱，每面墙的顶部都有一扇敞开的小窗户，地板是大理石薄板，但只有北边的一小部分地板被保存了下来，地板的装饰和墓Φ相似。墙壁上唯一一个凸出的部分是后墙上两个拱形墓穴之间的一根栏杆柱，我们并不能确定它的功能。

墙壁上涂了一层红橙色的灰泥，这和哈德良时代传统的浅色墙壁以及安东尼时代（墓 F）色彩对比强烈的墙壁相比，有着明显的差异。经过了最近的壁画修复工作，人们终于能对这些壁画做出进一步的解读。也许只有在考古发掘现场的人才有机会仔细观察这些壁画。墓中上升的水蒸气附着到壁画上，随后这些水蒸气又蒸发了，盐分沉积在壁画表面，日积月累，壁画上的白沙越来越厚。几十年来，人们一直无法解读壁画上的这些图像轮廓。

上层拱形墓穴上方的一条红线将墙壁水平分隔开。这条颜色极浅的红线从大窗户的底部位置穿过，而一些竖线则围住了几个主要的人物形象。中间的是埃及的一个神，他侧身向左前进，右手握着长长的沃斯权杖，而左手拿着一个十字架——象征着生命的安可架。躯干被紧紧包裹在类似于男西服背心的蓝色衣服里，上面饰以鳞状图案，而相同颜色的贴身小短裙则用三角形和玫瑰花形状的图案装饰。因为这个人头部有极具特色的喙和鹰眼，所以我们能轻易认出这个人是荷鲁斯。荷鲁斯的头部周围绕着太阳光环。壁画中的这个人仿佛一尊雕像，似乎是从一个低矮的底座上升起来的。浅色的线绘出的一个大长方形将这个人围在内部，两个倾斜的半圆分别穿过长方形上面的两个角。在这幅画两边还有被另外两个被稍小一点的长方形围住的人像。尽管这幅画现在只剩一个轮廓，但通过朝向荷鲁斯的牛角之间的太阳光环，我们还是能够辨认出左边的神牛埃皮斯。右边，我们猜测是位于一个高基座上的一只飞禽（也许是一只白鹮）。最后，在墙壁的两端，是蛇发女妖的两个头，这在帝国时期的罗马是很常见的装饰图案。

侧面墙壁的划分也是类似的：左侧，根据发掘时拍摄的照片底部来看，人们猜测这里可能是一个带翼的狮身女怪，但是考虑到与这里出现的其他人物形象保持连贯，这个地方的人物形象可能是阿努比斯，因为这个形象有点类似于蹲着的胡狼；人们很容易就能认出右边的人物是托特神，他是狒狒头人形神，也是蹲着的，头上围绕着光环，身体面向如今已经消失了的坟墓入口。至于对坟墓所属年代的探究，尽管缺少对照，我们仍该将坟墓的建造和装饰时间推算到塞维鲁时代早期，也就是在公元 3 世纪初。因为相关的年代学原因，这座坟墓比同类型的墓 Φ 也要早一点。

使最初的评论家们印象深刻的是，这座墓里主要人物的肖像尽管带有一些独创性和不自然的感觉，但重复了埃及使用的人物形象。这些形象并没有因为希腊化或罗马化的重新诠释而被滤除。这就使得人们认为建造这座墓的家族可能和埃及以及埃及文化有很密切的联系；也正因如此，这个家族在建造墓时向绘制壁画的作坊提供了一些模型。但最近的一些研究却不支持这种看法，因为和庞贝的绘画或晚些时候朱尼奥·巴索大教堂的大理石镶嵌细工做对比，这座墓中的人物肖像十分少见。因此，人们可以说订做这些壁画的人对埃及世界有一定的兴趣，并且可能信奉来自埃及的宗教，这种说法就解释了为什么墓中没有火葬留下来的痕迹，但超过这个范围后的探讨就不够谨慎了。

这也意味着，我们不能过分强调此处发现的壁画和大理石棺材之间存在的装饰风格的差异，但完全可以用罗马时期的作品解释这些问题，就像石棺的使用标志着家族的宗教思想的转变。最简单不过的情况是罗马根本就不存在埃及风格的石棺，某个信奉埃及宗教的例子并不能排除其他更为传统的仪式的存在，尤其是在涉及选择绘制何种人物时，这是由其他因素决定的。宗教选择的兼收并蓄实际上在罗马得到了印证，从另一个角度来看，用一具高水平的石棺来含蓄地表示死者以及死者的家族享有的高社会地位是有必要的。从广为人知的神话传说中选择表现的场景和人物，一方面展示了精英阶层的文化，另一方面允许人们用传统方法倾诉哀思，从而让人们可以将自己的家族经历的世俗事件和神以及英雄的事迹进行超越时间的类比。换句话说，这是给生命的批判性的过渡（也就是指家人的消失）赋予意义的一种方式，从人物类型的角度重新看待人们选择的这些人物形象，即使是在现代意义上的宗教信仰之前，这些人物形象也因为古老传统而使人放心。

实际上，在这座坟墓的拱形墓穴中有大量用波浪纹装饰的石棺，也就是 3 世纪广泛使用的对称的波浪形豆荚装饰，这种装饰往往与放置在石棺前端和中央的花纹板交替出现。棺盖的前面是神话中的海洋生物。

最具代表性的石棺肯定是用阿里阿德涅的神话场景装饰的石棺。阿里阿德涅是克里特的国王米诺斯的女儿，她在英雄忒修斯杀掉克里特岛上人身牛头的怪物后帮助他离开岛上的迷宫。阿里阿德涅为爱追随忒修斯，却被忒修斯抛弃在纳克索斯岛的海滩上。阿里阿德涅陷入沉睡，她被酒神狄俄尼索斯找到，并成为他的妻子。这幅场景描绘得十分细致，保存状态也非常好，我们甚至可以看到画中原本的彩色痕迹，特别是阿里阿德涅红色披风的颜色格外鲜艳。场景的构图十分巧妙，最左端是一个半人半马的怪物拉着狄俄尼索斯的马车。四周笼罩着酒醉的欣喜，酒神的所有随从都陶醉在喝醉了的狂喜中，并且在音乐和舞蹈中尽情享受。但这种兴奋因为场景中央半裸的阿里阿德涅而稍稍中断了。阿里阿德涅的姿势是经典的入睡了的姿势，右胳膊置于头上，像船帆一样打开的披风则放大了她的姿势并作为背景突出了她的美。酒神的女祭司、森林之神和长着翅膀裸着身子的小孩子都停了下来，转向正走过来的酒神，向酒神指着阿里阿德涅。在棺盖的前面还有一些女祭司、森林之神和长着翅膀裸着身子的小孩子，不过这些形象是稍浅一点的浮雕。这里出现的酒神的形象毫无疑问是流传最广的那种，我们不知道这只是带着比喻和诗歌的意味或者说是带

44. 墓 Z，埃及人家族墓，后墙。

45. 墓 Z，蛇发女妖的头。

46. 荷鲁斯神，墓 Z，后墙。

47. 墓 Z，左侧墙壁，狒狒头人形神托特。

着宗教的意味，酒神的形象传达出一种重生的希望，一种参与神的生活的希望，和发生在阿里阿德涅身上的事情一样。这件作品的年代要追溯到塞维鲁时代中期：最近的一些说法认为它的时间要略晚于一开始提出的时间。

在这座坟墓里，宗教导向的真正变化只在公元3世纪下半叶的一具女性棺材中得到反映。这具棺材位于左侧墙壁的拱形墓穴下方，是陶制的。在拱形墓穴底部有用红色颜料写的碑文，但在发现时就已经残缺并且难以辨认，现在已经完全看不清了。碑文中提到的这位女性的名字现在已经认不出来了，碑文旁是棕榈树和鸽子的图案，这是基督徒坟墓的典型标志。

墓G，教师的墓

当这座墓建造起来的时候，它还是孤零零的。直到后来，墓G的右边建起了墓F，而再晚些时候又在墓G的左边和背面建起了墓H。墓G也是少数几座顶部是双层斜屋顶而不是露台的坟墓。瓦片屋顶的一部分在发掘的时候被找到了，瓦片上有哈德良皇帝在位时期的不同印戳，这些印戳使得人们能够准确判断整座坟墓的建造时间。

目前人们只能通过十分困难的方法才能看到这座坟墓正面和内部的一部分，这要归因于后续工作打下的地基：君士坦丁建立大教堂时，为加固而建造的大拱门遮住了墓G正面的大部分区域。墓G的正面围绕着一排大的玫瑰花饰，玫瑰花饰又围绕着中央的圆形花饰，这些装饰和砖石的不同颜色相映成趣。16世纪建造上方建筑时打下的地基以及在1948年人们为了获得数据而进行的发掘期间，人们为了加固而增加的水泥柱占据了墓G内部的一部分空间。尽管如此，这座墓中仍有相当大一部分绘有壁画的穹顶得以保存。但南面区域的穹顶并没有被保存下来，因为君士坦丁在建造大教堂时打穿了这里的穹顶并用泥土填上了这片区域。

和别的墓一样，这座墓内部的墙壁都被划分成上下两个区域：下方区域的拱形墓穴是用于放置土葬的石棺的，而上方区域半圆形交替放置的壁龛则用于存放火葬后的骨灰。在每面墙的中央都有一个双层壁龛，旁边是小柱子，壁龛上方被饰以贝壳的半圆形顶盖住。壁龛两侧是双层的小壁龛，其中一些壁龛在第二阶段被重新粉饰了，可能是在很晚的时候，但要早于这座墓被封起来的时候。在重新封闭的壁龛上绘有许多装满了鲜花的花瓶和鸟，风格很像印象派，画面并不精细。墓中的墙壁，可能还有穹顶都经过二次装饰，比如说，北面墙壁中央的壁龛上画了一只正面示人的孔雀，但人们在发掘后进行修复时，墙壁上后来绘上的大部分场景脱落了，人们只能根据当时拍摄的黑白照片来修复墙上的场景。

然而，第一个阶段的图画更为精致：穹顶用垂花饰装饰，上方的一些动物、花瓶和水果形状的装饰使其更加生动。正面墙壁中

48. 有狄俄尼索斯和阿里阿德涅形象的石棺，墓 Z。

49. 有狄俄尼索斯和阿里阿德涅形象的石棺的细节，红色痕迹。

央的三角面上绘制的一幅图像格外引人注意，让人一进入坟墓就能看到它。画里描绘了一个长着胡子的人，他穿着一件宽大的紫色长袍坐在凳子上，占据了四分之三的位置。他又将一幅卷轴在面前的小桌上展开，而他面前一个身材矮小的人正等着他，画出这个身材矮小的人是为了强调他在等级上服从那位穿长袍的人。身材矮小的人身上穿着的棕色长袍则表示这是一件日常工作时候穿的衣服。在发掘坟墓的时候，这幅图像被理解成一位老师正在向一名学生授课，这座墓也因此而得名教师的墓，但是更可信的解读是一位行政官员正在向他的仆人核实账单。

墓H，瓦列里家族墓

墓H或瓦列里家族墓无疑是整个梵蒂冈古墓区里最大、最豪华的墓。在这座墓入口处的围墙里有用于存放火化后骨灰的壁龛，这很显然是留给家族里的仆人和获得了自由的奴隶的。人们从围墙进入主墓室，在门楣上有墓主人盖由斯·瓦列里留斯·赫尔玛的碑文。盖由斯·瓦列里留斯·赫尔玛为自己，为妻子弗拉维亚·奥林皮娅，为孩子瓦莱里亚·玛克西玛和盖由斯·瓦列里留斯·奥林皮亚努斯，还为他们家族那些获得了自由的奴隶以及奴隶的后代建造了这座墓。

从赫尔玛并没有像妻子一样指出自己源于父名的姓名的事实可以推断出，赫尔玛应该是一名获得了自由的奴隶。他应该具有很高的地位，因为他能够建造一座受人尊敬的家族坟墓；除此之外，赫尔玛应该还有一定的文化水平，因为墓中的装饰有力地显示了墓主人的文化水平，也许这说明他在行政领域有所建树。

墓的内部是一个十分宽敞的房间，右边有一个梯子，可以通往上面一层的露台，露台是用于举办葬礼仪式和宴会的地方。这座墓介于两座墓——左边的墓I（四马双轮战车墓）和右边的墓G（教师的墓）——之间，因此它是L形，在墓G后还延伸出了一部分。

由于建造坟墓所用的砖石上的印戳被保存了下来，所以这座坟墓建造的年代确定在155—161年间，在这一时期使用大量灰泥和肖像的创作风格很流行。墓室的装饰类型十分复杂，也十分丰富，在罗马甚至是意大利都找不到其他墓室能与之相比。在墓室入口的墙壁处也发掘出类似于围墙里找到的那些用于存放火化后骨灰的壁龛，其他几面墙壁的区域划分则十分灵活。地面上覆盖着大理石板，墙壁的下半部分是用彩色大理石拼接而成的图案，里面是用于存放最早一批石棺的拱形墓穴。上方墙壁涂上了一层白色的灰泥，交替分布着半圆形和方形的壁龛，这些壁龛是一家高水准作坊根据精心绘制的设计图制作的。

存放石棺的墙壁下部和涂了白色灰泥的墙壁上部的划分十分清楚，这种划分并非仅仅借助不同的装饰物，还采用了不同的等级和组织标准，我们会在后面更深入地探究这一点。

在下层，放置在后墙（北面墙壁）的拱形墓穴里的石棺是留给墓主人的家人的。在位于中央位置的拱形墓穴里放置的应该是墓的订做者盖由斯·瓦列里留斯·赫尔玛和妻子弗拉维亚·奥林皮娅的石棺。在左侧的拱形墓穴里存放的是四岁时就夭折的儿子盖由斯·瓦列里留斯·奥林皮亚努斯的石棺。右侧的拱形墓穴里放置的则是女儿瓦莱里亚·玛克西玛的石棺，她比她的兄弟要幸运一点，因为她活到了12岁。在罗马时代，死亡率很高，孩童夭折的现象十分常见。我们可以猜测或许正是因为家人的离世，赫尔玛才着手建造这座坟墓。因为孩子在这座墓建造时就已经死去，所以大大缩减了这座墓里拱形墓穴原本具有的规模——如果事实不是这个样子的话，那么留给他们存放石棺的拱形墓穴的大小应该能够容纳一个成年人。更有可能的是，赫尔玛的妻子也没有活到坟墓建成，因为在墓中大门的题词里，赫尔玛是唯一的一个致辞人。这种情形使人猜测这个家族可能是166年一场席卷整个罗马帝国的瘟疫的受害者，但是关于坟墓所属年代的一种转变可能会带来一系列的后果，可能会使得人们对周围几座坟墓的考古研究变得复杂，因为周围几座坟墓的年代判断或多或少都离不开墓H确定的年代。因此，我们需要十分小心地考虑，并且最好不改变我们一开始确定的墓H所属的年代。

毫无疑问，人们一进入坟墓内部，首先注意到的一定是墙壁上方的装饰。主要的壁龛上有灰泥制的雕像，每个雕像都有一个小底座，这些雕像是用来替换更为昂贵的大理石雕像的。在正面墙壁的中央壁龛上的人物雕像应该是最重要的，壁龛所处的位置和其自身的高度就能反映这一点。但我们对这座雕像知之甚少，只知道雕像底部有一个印记：实际上，这座雕像由于君士坦丁时期进行的工程被毁坏了。君士坦丁将古墓的地平面提高到这些坟墓的屋顶的位置，君士坦丁在这个高度建造了露台并在4世纪20年代在露台上建造起了圣彼得大教堂。为了进行这些工程，工人们将这些坟墓的顶部打穿，并在掩埋这些坟墓之前建造了一些横向隔断墙。以这种方式，工人们得到了一种能够固定地面的模具，避免了地面倾斜或塌陷的可能，因为这可能会危害到上方建筑的稳定性。其中的一面隔断墙（在考古发掘中被移除了）横穿了墓室并通过墓的大门（门上的门框被移除了，修复时用现代的砖石替代），并且正好靠在壁龛的中央。我们能够重新构建的是一个裸体男性英雄的形象，身上披着一件短披风，披风甩向肩后，经过前臂，最后垂到身体两侧。他的左手应该是撑着一根杆，用来将杆子固定到墙上的一排金属支撑孔可以作为佐证。我们立刻就能明白，这个人物指的是一位神，他可能是阿波罗，也可能是墨丘利，这两位神的形象一般都是年轻男子，身材瘦长，裸体，但我们不能排除别的可能性。

在方形后殿中的壁龛左侧是密涅瓦雕像

50. 墓 G，教师的墓中壁画的细节图。

51. 墓 H，瓦列里家族墓，后墙。

52. 墓 H，瓦列里家族墓，左墙。

的遗迹，这座雕像类似于所谓的韦莱特里类型，因为雕像的头部戴了头盔，所以人们仍然可以辨认出这座雕像。但人们无法确定壁龛右侧的人物。右侧人物雕像上的头是神话中的塞勒涅（因为雕像的额头上有一轮新月，所以人们能轻松确定雕像的身份），但可惜的是这座雕像的头部是发掘坟墓时考古人员随意组合上去的。最近的修复工作已经澄清了雕像上的这个头部不是雕像原本的头部，因为这个要比雕像原本的头部小一点。而雕像原本的头部应该是被面纱遮住的，雕像的底部仍能找到相关线索。因此，在这种情况下，由于没有足够的特征性元素，我们仍然不能确定这座雕像到底指的是谁。

不管怎样，密涅瓦的存在以及中央壁龛所处的较高位置都让我们确定这座雕像一定不只一位神，人们猜测还有墨丘利或者希腊神话中的赫尔墨斯。赫尔墨斯应该是最重要的一位神，因为他是亡灵的接引神，他的职务符合丧葬建筑的主题。此外，赫尔墨斯还有可能是赫尔玛的保护神，因为他们的名字很相似。在这座雕像两边的壁龛中，人们却发现了十分不同的人物：两个穿着希腊服装的成年男人，披着披风，露出了一部分胸部。他们的目光交会，朝向房间内中央位置的某个点。左边的人看上去要年轻一些，胡子和头发都很短，并且都经过精心打理。而右边的人年纪显得更大一些，头发和胡子要稍长一点，很软、很飘逸。我们可以把这两个人看成两位哲学家，或者右边是一位哲学家而左边是一位演说家。我们之后将会讨论哲学家和神之间的联系。然而，应当注意的是，这两个壁龛的装饰是对称的浅浮雕：实际上，在左侧的哲学家上方是一位半躺的女性形象，她腰部以下的部分裹在一件披风里，腰部以上的部分裸露在外，她的头发上缠绕着麦穗和水果，左手则握着一个丰饶羊角。在背景中，一块岩石和一棵树通过极浅的浮雕展示出来。在右边哲学家一旁的壁龛上，是和左边半躺的女性构成对称的一个半躺的男性形象，他的胡子很长、很柔顺，头上的皇冠像爪子一样围绕着长发。他右手撑着一支桨，一个锚挂在过左手肘上。很容易看出这两个半躺着的人是大地和海洋的拟人化表示，也就是说，这两个人就像一个括号一样将北面墙壁上出现的人物囊括进来，给人一种完整感，指出一种普遍的现实，一种不受墓室内的家庭空间限制的现实。

这些壁龛被雕有人头的柱子（一般是用灰泥制作的）隔开，不过这些柱子十分脆弱，所以大部分都损坏或遗失了。西面墙壁上能够被重建的那些壁龛的保存状态最好。北面墙壁两端各有两个小型壁龛，一个在另一个上面。这两个壁龛并不是只用于装饰，每个壁龛底部都放置了一个骨灰坛。壁龛的底部用浅浮雕进行装饰，壁龛上层是两个对着奔跑的森林之神（毁坏得十分严重），还有一个沉醉在酒神的舞蹈中的女祭司，女祭司左手拿着一个手鼓，右手握着一根顶端是松果形的酒神杖。然而，下方壁龛上的场景对称性和上方相反，左侧是一位奔跑的女祭司，肩膀上扛着一根顶端是松果形的酒神杖，而右侧是跳舞的潘神，右手紧紧握着他的排箫（由许多管构成的吹奏乐器），左手像握棍子一样握着一个装葡萄酒的双耳细颈酒杯。

为了结束这些描述，我们有必要简单提及墓H在墓G后方延伸出的那一小片区域。

下层拱形墓穴里是瓦莱里亚·阿斯亚的石棺，可能还有瓦列里留斯·普林赛普斯的石棺，瓦列里留斯·普林赛普斯是瓦列里留斯·赫尔玛的兄弟。然而上层的壁龛里许普诺斯的图像只有部分保存了下来，许普诺斯暗示着死亡的梦，或许也暗示着觉醒的承诺。上方区域用两个丘比特装饰，丘比特的翅膀不是常见的羽毛翅膀，而是蝙蝠那双适合夜间飞行的翅膀。丘比特握着一个丰饶羊角，这种情况在罗马风格的灰泥装饰中很少见。丰饶羊角是用金色的混合物制成的，下方的罂粟暗指人最后的安息，也就是死亡。在这里，在主要的壁龛两侧有两个叠加的小型壁龛，壁龛上是交错排列的两个森林之神和两个女祭司的形象。

东面和西面的墙壁有一个十分不同的特点，尽管这两部分的装饰方案是相同的。在东面的墙壁上，也就是入口处的右侧有为一个高至房间顶部的壁龛留下的空间，在这个壁龛旁边放置着通常用来安放骨灰罐的双层壁龛。较大的那个壁龛上的人物是一个穿着长袍的男子，年纪稍长，并且已经有秃顶的迹象，目光有神，嘴巴半闭。在壁龛上方的半圆形顶上，工作器具的浅浮雕表明了这个男子的职业。这些工具里有用于记笔记和做学校练习的蜡制书写板，在蜡板上有写字用的尖笔，一个可能用来融化墨水的小碗，还有一根可能是供老师用的棍子。男子的表情符合这个场景，半闭的嘴巴暗示着他正在背诵诗句、听写或着是正在上课。在男子的左手边有一块板，上面写着三个字母“MAE”；现在板上的字迹已经不清楚了，人们认为这三个字母是姓名“HERMAE”的一种表示方式。这个男子很有可能指的就是这座坟墓的主人盖由斯·瓦列里留斯·赫尔玛的保护主。

在这个基础上，我们还应该加上一个细节使得这种推断显得更有道理：男子身上穿的长袍很特别，我们很难找到其他类似的长袍做比较，这里出现的长袍比马可·奥勒留皇帝在位时期使用的长袍款式要短一些，而衣服在右腿膝盖下方有一道长长的褶痕，这和公元2世纪衣服款式相似。衣服折边横向穿过胸部，在腰部有一条柔软的褶皱，这是公元1世纪流行的衣服样式。这件衣服给人这样的一种感觉：这个男子并不追求服饰的新潮，但也不至于落到复古的地步。这种做法是为了表明这个男子属于老一代，或许也为他增加了一些权威感。当然，赫尔玛的保护主不应该被埋在这个坟墓里，实际上入口处的铭文中也没有提到他的名字。但是，下层拱形墓穴中埋葬着迪纳特，盖由斯·瓦列里留斯·埃乌提查斯的妻子，她以赫尔玛的保护主的身份埋在这座坟墓里的。

我们接下来讨论西侧的情况，西侧是入口处的左边。我们在这一部分发现了三个主要的壁龛：一如往常，中间的壁龛是留给最重要的人的，壁龛上是一个穿着长袍的男子，因为正在进行祭祀仪式，男子的头部被遮住了，他的右手里拿着用来进行浇祭的奠酒器。男子的面部只有一部分被保存了下来，但根据剩下的部分我们可以认出这是一个有胡子的男人。在壁龛上方的半圆形顶部，有一个用浅浮雕刻画的小匣子，小匣子旁边是向左边展开了一部分的一个纸卷和装着笔和内置砚台的盒子，这暗指这个男人所受的教育。这个郑重地穿上罗马公民的长袍的男子应该就是坟墓的主人盖由斯・瓦列里留斯・赫尔玛。可以补充一点，与对面墙上画着的他的保护主的肖像不同，赫尔玛的长袍是当时普遍使用的款式。值得一提的是，根据一些不确定的判断将某些肖像认为是马可・奥勒留皇帝的肖像的做法如今已经无法得到人们的认可了，不管是从社会背景的角度，还是从更严格的肖像学研究方法的角度。在这些情况下，相比于把这些肖像看成和皇帝长得相似的人的肖像，我们更倾向于认为皇帝的肖像代表着一种“时代面孔”，使用皇帝的面孔是为了勾勒出某些时期那些极其幸运的人的面部特点。

在旁边的壁龛里，左侧是一位年轻女性的形象。壁龛的半圆形顶部描绘的物品能帮助我们了解这个女性的身份：一个装着洗漱用品的箱子、散发香味的香脂、一面镜子，这些东西都和女性有关，也很符合一个期待着婚礼的适龄女性的身份。这位女性指的应该是赫尔玛的女儿瓦莱里亚・玛克西玛。另一个壁龛里是一位年纪稍大一点的女性的肖像，壁龛顶部描绘的物品符合一位贵妇人的身份：一个装羊毛的篮子、织机的梭、纺锤和一个辨认不出的圆形物体。在这种情况下，我们可以认出这个妇人是赫尔玛的妻子弗拉维亚・奥林皮娅。

几个主要的壁龛像往常一样被成对的双层小壁龛分隔开，这些小壁龛是用来存放骨灰罐的，上面用交替排列的森林之神和女祭司的形象装饰。需要注意的是这面墙壁上雕有人头的柱子被保存得很好，这些柱子有序排列着，分割了空间，做工精细，最近几年仔细的修复工作也修复了部分柱子。

我们试着总结一下：后墙和侧墙的上部空间都进行了清晰的区域划分。后墙用于放置家神壁龛，在保护神旁边是两个对瓦列里留斯・赫尔玛有着不一般意义的人：也许是两位老师，也许是两个知识分子典范，他们的作品曾深深影响了赫尔玛的文学发展。如果我们考虑到那一时期的宗教情况的话，对于将神和人类混在一起的做法就不会感到惊讶。那个时候宗教和哲学教义混合在一起，而不是保持宗教的抽象和学术性质，宗教开始围绕人们生活方式发生变化。这是在古罗马后期充分发展起来的一种趋势，使得宗教具有世俗性，使得哲学具有神秘性。在这种发展状态下，文学和哲学文化不仅在精神领域占据了越来越重要的地位，还能代表一个人的社会地位，也是精神贵族的证明，能让那些不是贵族家庭出身的人实现社会地位一定程度的上升。像赫尔玛这样的人，也许还有像赫尔玛的保护主这样的人，看重一个人对传统文化的掌握，也重视文学创作和发表演讲时所需的各种技巧。通过文化学习，像赫尔玛这样的人物不仅能够倾听精英阶层的言论，自己也能够得到管理国家的机会，因为越来越多的官员是在学校接受教育，而不是在家接受私人老师的教育。这是传统的家庭教育转变成公共学校教育的结果。

因此，对文化符号的坚持不应该被理解为知识分子自以为优越的态度，也不应该被局限在个人的精神领域。我们应该从当时的社会价值体系着手研究，不应该被马可·奥勒留皇帝的观念影响。马可·奥勒留十分痴迷一种严格的哲学体系，他将这种哲学体系看成他政治行为的基石。

正如我们所看到的那样，侧墙是为了坟墓的主人建造的：建造这座墓的家族成员位于西面墙壁的壁龛中，妻子和长女在父亲两侧，而这里并没有表明小儿子的位置，因为他去世时年纪太小了。在对面的墙壁上，我们发现了一个人的肖像，这个人很有可能是赫尔玛的保护主。至少我们能猜测出的这个人的职业，赫尔玛很有可能是以他为榜样并取得成功的。

如果继续讨论在开始描述坟墓时谈到的问题，我们现在更能理解空间的等级划分意味着什么。简而言之，之所以产生空间的等级划分，是因为墙壁上方灰泥制作的人物雕像和墙壁下方拱形墓穴里埋葬的死者没有任何直接关系。事实上，瓦列里留斯·赫尔玛和他的家人在西面墙壁上有对应的肖像，但他们却被埋在北面墙壁的拱形墓穴里。这是因为这座坟墓采用了所有罗马时期建筑都普遍使用的准则，根据这种准则，任何建筑中正对入口的墙壁，也就是最显眼的一面墙，应该是最重要的。在遵循这个准则的基础上，我们还需要考虑到空间划分上的对称性。因此，坟墓主人的石棺应该位于后墙中央的拱形墓穴里，但当我们考虑墓穴上方的装饰时，我们又要遵循其他的规定：家族中父亲身份的人应该把最重要的位置留给担任家族保护主的人，或者是对家族的道德和文化发展起到了极大作用的人。

还要注意的是，西面墙壁上的灰泥雕像勾勒了瓦列里家族第一代人的形象，入口处的碑文也提到了他们，当然，拱形墓穴中也埋葬着他们的尸体。实际上，我们在墓室里找到了两个大理石的头部雕像。第一个雕像是男性，有胡子。这个男性浓密的头发被雕刻成一绺绺的样子，根据安东尼时代的审美习惯，这个人面部深深的皱纹形成的阴影使他的面部变得更加立体。第二个雕像是一位女性，左手握住头上垂下的纱巾，她的头发从额头中央位置分开，上面缠着发带，发型复杂，头的上部分缠绕着一根辫状物，上方是穆斯林式头巾，她的发型模仿了哈德良时代晚期和安东尼时代早期之间曾短暂流行过的发型。她的表情有着贵妇人的严肃庄重。这令人想到这两座雕像可能是瓦列里留斯·赫尔玛和妻子弗拉维亚·奥林皮娅，这种猜测也考虑到了它们和之前见过的灰泥肖像的相似度：这两座雕像原本应该位于坟墓入口处的浅浮雕上。如果我们在墓中发现的雕像脚部的碎片也是这两座雕像一部分的话，那么我们就有可能得到一尊完整的人物浮雕，而不是简单的两座半身像。还应该注意的是，奥林皮娅的发型看起来有些复古，这符合之前所做的这座墓是在她死后建的这一假设。我们在墓中又找到了一座女性雕像，这次是一座灰泥半身像，和刚刚讨论的大理石像十分相像，因此我们可以判断这座雕像也是奥林皮娅的，只不过它刻画的奥林皮娅的年龄要稍微大一点。人们猜测这座雕像可能位于奥林皮娅的石棺附近，就是在北面墙壁中央的拱形墓穴附近。

比成年人的尺寸稍小一点的一尊年轻女性半身像可能是女儿瓦莱里亚·玛克西玛的，这座半身像做工精细，能够告诉我们她的一些面部特征。此外，还有一座小孩子的半身像，经过考证，这是小时候去世的盖由斯·瓦列里留斯·奥林皮亚努斯。尽管这座雕像缺少右半边脸，但雕刻的水平还是很高的，我们在这里可以指出两个细节：一个是，尽管孩子的头发很短，但我们在雕像头部的右后半部分可以明显看出一绺从后颈伸长到耳朵后的头发。这是人们在区分其他孩童形象时经常使用的方法。根据传统做法，人们会照着缩小版的荷鲁斯雕刻小孩子的形象，这是向荷鲁斯的母亲伊西斯进行祭礼仪式的一个开始。然而，最近更系统化的研究表明，盖由斯·瓦列里留斯·奥林皮亚努斯的雕像上的发型只限十岁以下的孩童使用，女孩的雕像中也有使用这种发型的例子，虽然这样的情况不多。对于这些女孩来说，将她们的面部雕刻成荷鲁斯的样子并不是一个上乘之选。此外，在雕刻孩童的脸时，加上极具特色的这一绺头发的做法也和供奉其他神，比如狄俄尼索斯或者谷物女神德墨忒尔，以及希腊埃莱夫西斯地方为供奉德墨忒尔而举行的神秘仪式有关，因此将孩童的脸雕刻成荷鲁斯的样子是为了供奉神的说法似乎更能被大众接受。但是，人们的这种做法不应该被看成某种祭祀仪式的开场，而应该被理解成人们对上面提到的神的一种托付行为。人们将孩子的脸雕刻成荷鲁斯的做法体现了人们期望神灵能够在阴间善待这个孩子，这一点可以在雕像面部的大量镀金装饰上得到反映，镀金装饰使得这座雕像显得华贵，暗示这个人来自较高的社会阶层。

灰泥雕像并不普遍，也许因为灰泥不利于保存，所以留下来的例子很少，因此这座坟墓里保存下来的东西十分珍贵。除了灰泥雕像，墓中还有描绘人物的另一种相近方法，就是石膏制成的面具。这种面具是直接用死

53. 墓 H，瓦列里家族墓，右墙。

54. 用大理石制成的女性—弗拉维亚・奥林皮娅的头部。

55. 用大理石制成的男性—盖由斯・瓦列里留斯・赫尔玛的头部。

者的脸部当模板制造的。我们发现的第一个面具是一个几岁孩子的，这副面具可能是在建造盖由斯·瓦列里留斯·奥林皮亚努斯的镀金雕像时用作模板。除了这副根据模板制成的面具，坟墓中还有另外两个面具模板的碎片：一副面具是以一个有胡子的男人的脸为模板的，只剩下了左半部分。就算是在这种情况下，人们依旧能根据面具辨认出瓦列里留斯·赫尔玛的面部特征。另一副面具是由两部分组成的，是以一个不满一岁小孩的脸为模板制作的。我们没有其他有关这个小孩子的肖像的信息，所以不知道他是谁。

在罗马和罗马帝国的其他地区（法国的里昂，埃及的亚历山大和赫尔墨波利斯，突尼斯的杰姆和苏塞，葡萄牙的亚卡蒙塞度萨尔，可能还有雅典和列伯提斯马格那）都发现了类似的面具，在梵蒂冈发现的一副面具十分有名，但可惜的是这副面具已经遗失了。庇护四世教皇在位时著名的建筑师和文物研究者皮罗·利戈里奥曾回忆道，在1543年对梵蒂冈一部分城墙的地基进行发掘的过程中，在瞭望台的地基处发现了一些罗马时期的墓葬建筑：在其中一座墓里，“死者的头部不在原位，而是在双腿之间；上方石膏的物体应该是他的雕像，这座雕像被放在教皇的储藏室里”。

如前所述，在瓦列里家族墓中，我们发现当时的人们特别在意将死者的面貌特征保存下来。我们还应该记住，在坟墓发掘期间人们发现一些尸体经过了类似木乃伊的简化处理，这是为了保持尸体的完整性。这种情况很普遍，因为在这座墓里还被证实有大量火葬的痕迹，火葬仪式看上去是适用于家族中不受喜欢的一些人的仪式，比如奴隶和那些不太重要的获得自由的奴隶。

这一观察促使人们在考虑到这座坟墓被使用了很长时间的前提下，进一步探究墓中死者的精神理念。实际上，这座坟墓并不只是用来埋葬赫尔玛最亲近的亲人的，它的用途更广：这座墓可以容纳下170个墓穴，事实上，直到被掩埋时，墓里已经容纳了250个墓穴。我们已经说明了赫尔玛家族的精神观念和文化追求：一些人还想要在这座墓找到一些带有埃及文化特点的东西，因为墓中有木乃伊式的尸体和上文提到的面具（这种东西在埃及很常见），有刻了一绺头发的小孩雕像，后墙上有曾被认成塞勒涅的雕像，墓中有密涅瓦和伊西斯之间可能的同化现象，酒神的女祭司和森林之神的形象，还有人们对伊西斯的祭祀行为。但是所有这些证据看起来都不可靠，正如上文提到的，一些所谓的“证据”要以进一步的观察为基础，而另一些则不够有意义。因此，我们仍然很难准确判断这个家族使用上面提到的这些东西的宗教和哲学动机是什么。研究一些线索和迹象更有意思，它们使人思考一些家族成员可能在这座坟墓被使用的后期成为基督徒。在这种情况下，这座坟墓将具有特殊的价值，因为它离使徒彼得的坟墓非常近。这是三种不同的推测，但我们只

56. 用灰泥制成的男性头部，有镀金的痕迹，盖由斯・瓦列里留斯・奥林皮亚努斯（？）。
57. 用灰泥制成的女性头部，瓦莱里亚・玛克西玛（？）。
58. 婴儿使用的丧葬面具。
59. 婴儿使用的丧葬面具，盖由斯•瓦列里留斯•奥林皮亚努斯（？）。

有在进行批判性的讨论后才能做出正确的解释。

墓室里——拱形墓穴里原本留下的空间已经被用光了——居中放置着几具石棺。在这几具石棺中，有一具的做工十分精致，如今位于坟墓入口的围墙处。根据这具石棺的类型和装饰风格，我们可以确定它的时间大概是在270年：在那时制作石棺上的那个场景需要花一大笔钱。石棺上描绘了狩猎狮子的场景，一个长着短胡子的年轻猎人是场景中的主角，位于场景中央。这个猎人应该指的是死者，他本人并不一定是一位狩猎爱好者：在罗马时期使用的图像语言中，狩猎代表着身体健康和富有勇气。棺盖上也有一块浅浮雕，里面的场景不够细致，有些人怀疑它可能从属于狩猎的场景：棺盖中央是两个有翅膀的裸体小孩子举起的带把手的薄板，薄板上写着碑文；棺盖左侧是一辆牛拉的车子，车上装满了狩猎得到的猎物，车子左边是两位神和一根点燃的火炬（象征着生命），两位神举着一块布，充当一个面部没有完成的半身像的背景布。棺盖最右侧是一只孔雀，象征着不死。

在这一时期的石棺上经常会出现人物肖像的草图，因为这些草图会根据最终使用这具石棺的人的肖像做出完善。在这种情况下，这具石棺的棺盖上的人物肖像并不是已经完成的，不管怎么说，这些肖像都需要进一步的加工，因为这具石棺原本是为一位女性准备的，并不适合安放一位男性的尸体。工匠在不改变人物主要结构的基础上，对人物的头部进行重新加工，把他塑造成一位骑士的形象。棺盖上还刻下了铭文：“献给亡灵。瓦列里乌斯·瓦斯图罗斯活了31年3个月10天3小时。他的妻子瓦莱里亚·弗罗伦蒂亚为值得称赞的丈夫建造了这具石棺。瓦列里乌斯·瓦斯图罗斯在9月7日下葬。”总的来说，没有明显的迹象能够表明死者信奉何种宗教。这具石棺的年代大概是在3世纪末，基督教在这一时期才刚刚起步，还没有成型。石棺上的铭文和描绘的人物完全符合罗马时期的社会要求，比如精确地记录下死者活了多久（这可能有对死者进行占卜预测的意思），还有对亡灵（死者的灵魂）的提及。提到亡灵的做法似乎是非基督教式的做法。如果提到亡灵不是当时是约定俗成的做法的话，那么这个词有可能是建造石棺的工匠刻意加上去的，因为在石棺上刻上亡灵这个词使得石棺能够被用来存放死者的尸体，也让石棺受到法律和风俗的保护。事实上，在超过一百具年代久远的基督徒石棺上都发现了亡灵这个词。在死者主格和与格的名字的前面发现了DM的情况（也就是名字和名字之前的内容被分隔开了），这在研究基督徒的石棺时很重要。如果这个名字是指所有格，献给亡灵这句话可以被理解成献给死者自己的灵魂，这就不符合基督教的要求。因此，在目前的情况下，不能用基督教的观点或非基督教的观点断章取义地分析DM的含义，我们必须全面看待句子的意思。

60. 瓦列里家族墓中有狩猎狮子场景的石棺。

第 114—115 页：61. 墓 H 前方区域，中央位置有一处是水井口，用于供应丧葬仪式必需的用水。

正如我们分析的，乍看之下，石棺似乎符合非基督教石棺的所有要求，更确切地说，这具石棺应该没有任何的宗教含义。但一些小细节让人怀疑瓦列里乌斯可能是一位基督徒：石棺棺盖上带把手的薄板上刻有两棵小棕榈树，铭文里出现了“值得尊敬”这个词，特别是还提到了“下葬”，也就是死者被埋葬的时候，下葬对于基督徒而言意味着新生命的开始。

前两个证据确实非常不可靠，也没有经过人们仔细的研究，我们在研究时更看重下葬的日期。然而，在这种情况下，一份系统的研究表明在君士坦丁在位之前，基督徒和不信教的人的碑文中都提到了下葬的日期，只是不信教的人的碑文中出现下葬日期的例子要更多一些。直到后来，这种情况才集中在罗马地区，并成为基督徒的碑文的典型特点。因此，我们仍然不确定埋在这具石棺里的人的基督徒身份。

瓦列里家族墓中出现的另一份碑文更清楚，但也需要在一定的范围内研究。这份碑文更清晰，但也有一些限制，是瓦列里墓的第二份铭文：这份碑文是弗拉维斯·伊斯塔提留斯·奥林皮尤斯的，他 35 岁时去世，因为乐观的品质和不与人争吵的性格而受到人们的赞扬。在碑文的第一行，在死者的名字旁边出现了一个基督符号，也就是由希腊字母 X 和 P 重叠组成的一个图案，X 和 P 是基督名字的前两个字母。对此，人们并不关心奥林皮尤斯的宗教信仰，相反，人们怀疑

CHARITE
SQVINQVE
D F B
RELIVS
P SITTACVS
PARENTES FIL

这份碑文和这座墓葬的关系。事实上，人们并不知道发现这份碑文的确切背景，只知道是在1953—1954年间进行修复工作时发掘出的。此外，基督符号在君士坦丁时代之前只出现过几次，这个符号只作为一个缩写形式，不具有任何象征意义。这种现象出现的时间极短，大概是从米尔维安大桥战役发生时，也就是312年，到建造圣彼得大教堂的时候，也就是上文提到的4世纪20年代。因此，我们怀疑这份碑文是否真的属于这座坟墓，或者是不是也应该考虑到这份碑文也有可能属于这片区域晚些时候的坟墓。

我们最后讨论的这份碑文是最引人注目的，但我们在解读时也遇到了不少困难。在后墙的中央位置上描绘的图画和铭文左侧是我们之前讨论过的墨丘利神的灰泥雕像。这份碑文上有一上一下两个简单的头部形象，旁边是炭笔写的文字。我们在讨论彼得墓时提到的著名的碑文研究家加尔古奇女士把下面的那个头理解成彼得的头，而将上面的那个头理解成基督的头。在上方的头旁边是许多难以辨认的符号，我们似乎可以把这些符号看成基督的名字的缩写；加尔古奇在头部两边又发现了一些互相重叠的细小符号，她认为这些符号指的是基督，还具有复杂的神学意义。在彼得的脸旁边，我们发现了一些较为简单的文字，文字中有一些语法错误。我们在对这些文字进行分析后，得到了下面一句话："彼得为埋葬在基督附近的基督徒向基督祷告！"

两个头部如今仍然可以辨认出来，因为它们是用添加了有机黏合剂的颜料画在石碑上的，最近人们利用多光谱摄影进行的研究也证实了这一点。相反，没有使用添加剂，只用炭笔写下的文字暴露在空气后不久就消失了，如今只能根据发掘时拍摄的照片进行研究。显然，研究这些照片不能代替直接研究碑文，尤其是考虑到解读这些文字有一定难度。因此，之后没有人能够解读出这些文字的意思，这一份碑文仍然是研究的盲区。

加尔古奇对这份碑文也发表了自己的看法，她认为这份碑文的年代久远，是3世纪末人们经常来访的证据，但她的观点也遭到了人们的质疑：实际上，更为简单的说法是将这份碑文看成君士坦丁建造大教堂期间，某个工人在掩埋这座坟墓几个月前在里面留下了这些东西。否则，在墨丘利或一位非基督教的神的雕像下方留下和基督教有关的一段话的做法是非常奇怪的。因此，我们应该在这座坟墓里的其他地方寻找和基督教有关的更重要的痕迹。

墓I，四马双轮战车墓

四马双轮战车墓位于这片墓区地势较高的地方，人们通过1946年在墓中东南角开辟的一个拱门才能进入并清理墓中的淤积物。事实上，这座墓的正面已经和大教堂的地基合为一体了，大教堂的地基还重新利用了这座墓原来门上的门框。如果和附近的坟墓做比较的话，这座坟墓里的墓室面积不大，但墓室的保存状态特别好，特别是最近进行了修复工作后。需要特别注意的是，墓室里几乎完整保存了镶嵌式地板，这座墓因为这块地板而得名。因为之后在最北端发掘出了一个露天墓穴，地板才北端受到了一点损坏。

地板是由黑色和白色的马赛克组成的，马赛克拼接成的场景的主题在丧葬建筑里经常出现：普鲁托，阴间的神，他绑架了珀尔塞福涅，把她带到自己的四马双轮战车上，战车前面是赫尔墨斯——在他众多能力中还有陪伴灵魂到达阴间的能力。根据神话传说，在珀尔塞福涅被绑架后，她的母亲德墨忒尔——掌管大地、土壤肥沃和农业收成的女神离开了奥林匹斯山，土地干裂，没有生产力。于是众神决定把女儿还给德墨忒尔，但珀尔塞福涅已经吃了普鲁托给她的石榴籽。这些石榴籽虽不足以把她永远留在阴间，但她的身体里已经留下了阴间的一些东西。一个公平的解决方法是珀尔塞福涅 6 个月和母亲待在一起，6 个月和丈夫待在一起，于是有了季节更替。

这个场景位于地板中央，入口处的地板上装饰着两只家族徽章样式的老虎，老虎对称地放在一个双耳大口酒坛两侧。地板的长边一侧是狮子狩猎羚羊的场景，场景中间分布着花篮，侧面墙壁中央绘制的花篮与之呼应。直到很晚的时候，珀尔塞福涅被绑架都是丧葬艺术里广泛使用的主题：这里出现的场景是由图案组成的，中间使用白色的线条来突出场景中人物的一些细节，但这些线条并不连贯，创作时也没有过多注意人物的大小。此外，赫尔墨斯的形象似乎不能完美融入这个场景，他的大小不符合这个场景，他侧身面对战车的姿势也与战车前进的动态感产生了矛盾。考虑到这件作品的特点，再结合其他作品（特别是波图恩斯大道上类似主题的马赛克作品）的情况，这件作品可以追溯到安东尼时代晚期，并且在这期间还进行了坟墓中壁画的二次装饰。

墓中的墙壁也进行了普遍的空间划分，但是这座坟墓的大小只允许人们挖出两个拱形墓穴，侧面的墙壁上各有一个。后墙中央有一个半圆形的壁龛，上方的半圆形顶部用贝壳装饰，周围还饰有一圈蓝色的带子：灰泥制的螺旋形柱子构成的框架强调了壁龛的位置，这些柱子支撑着上方的三角形楣饰。壁龛底部因为被涂成了鲜红色，所以看上去十分显眼；在这个壁龛旁边是两个小一点的长方形壁龛，壁龛上是红色背景的壁画。这些壁画中的神话场景都符合环境的要求：由于绘制壁画时人们在红色背景上又增加了一层蛋彩画，所以这些画看起来很清楚，而最近的修复工作则恢复了画中丢失的部分细节。在画面右侧，我们可以认出赫拉克勒斯和阿尔刻提斯，阿尔刻提斯死后又复活了，他们是一个神话传说中的主角：阿德墨托斯因为忘了向阿尔忒弥斯祭祀而即将死去，阿波罗为了帮助他便让一个人替他去死。阿德墨托斯的妻子阿尔刻提斯主动提出要替丈夫赴死，但是阿德墨托斯的客人赫拉克勒斯打败了死神塔纳托斯，从他手中夺回了阿尔刻提斯，并把她重新带到丈夫身边。画面左侧是一对夫妇，夫妇右边是一个孤单的人，他披着披风，身后是另一个人正对画面。关于这个场景的解释有很多种，一开始人们根据壁画场景的连贯性把这幅场景解释成阿尔刻提斯之死，但最近的修复工作证明这个低下头的人是一位男性，因此我们可以对这个场景提出另一种解释，也就是阿多尼斯在阿弗洛狄忒旁边死去的场景。

侧墙的区域划分和后墙类似，但由于入口处左面墙和右面墙（只有这两面墙经过装饰）上的壁画的保存情况不好，画中也没有一些明确的特征，人们更难辨认出画中的人物轮廓。实际上，我们在入口处左面的墙上通过飘逸的衣服、一条丝带和人物手中拿着的花环可以判断这是一位女性，她代表着一个季节，她可能遇到了一些困难所以和同伴分散了，还有人认为这位女性是拉俄达弥亚。在经过了修复之后，我们从画面左侧的一片阴影里辨认出一个男性的形象。对面墙上有另外一个裸着的男性，那个人的姿势和这面墙上的男性的姿势是对称的。对面墙上的男性只披了一件披风，披风垂在左边肩膀上，他靠在一根长矛上。很明显，这个男人的形象是一位英雄，但人们对这一点仍然有异议：考虑到墓中壁画场景的连贯性，这个男人可能是阿德墨托斯，阿尔刻提斯的丈夫。他还可能是拉俄达弥亚的丈夫普洛忒西拉俄斯，普洛忒西拉俄斯死在特洛伊的城墙下，众神可怜他，给他一天的时间重返人间。

在侧面壁龛上方，白色墙壁上画着开满花的草地，草地上有一只孔雀和一只鸭子；在后墙上，一幅以红色为背景色的画上是一个烛台，烛台两边是两只天鹅。后墙下半部分是浅色的，上面布满了各种鸟。人们可能会认为这些鸟具有象征意味，它们可能暗示着不同的神：天鹅可能和阿波罗有关系，孔雀可能指的是朱诺，鸭子则可能代表维纳斯。花格平顶的颜色十分鲜艳，上面装饰着浅浮雕，浅浮雕上的每个人物都象征着不同的季节。

如前所述，坟墓中的壁画可以分成两个不同的时期。这两个时期可能间隔不长。第一个时期绘制的壁画没有留下很多痕迹，这一时期应该指的是坟墓建成时，也就是公元160年左右。不管怎么说，墓I的年代一定晚于墓H，因为墓I是倚着墓H建造的。我们现在看到的墓内装饰——地面上的马赛克砖，是之后才铺设的，时间大概是在坟墓建成十年后。

墓L，小卡艾登尼奥家族墓

墓L是用砖石建造的，晚于墓I，但早于墓M，墓M在建造时利用了墓L的西墙。墓L可能是在公元2世纪50年代至70年代中期内建造起来的。这座墓之所以被叫作小

62. 劫持珀尔塞福涅的场景的马赛克图。

63. 墓 I，四马双轮战车墓，左墙，有女性人物形象的细节图。

64. 墓 I，四马双轮战车墓，后墙。

65. 墓 I，描绘了孔雀的壁画。

卡艾登尼奥家族墓，是因为这座墓的主人和墓F中的卡艾登尼奥家族有亲戚关系，但是这座墓的规模比墓F要小一点。在发掘这座墓的时候，它的正面完全被君士坦丁时期建造大教堂时建造的一堵墙遮住了，这堵墙从中间截断了一条连接所有古墓的东西走向的道路。直到三年后，也就是1946年，人们才能打开一条通道，并将这座墓的正面发掘出来。最重要的一段碑文刻在这座墓的正面，它位于两扇用于通风的小窗户之间，碑文四周的框架上有凸圆线脚装饰：碑文是死者的父亲马库斯·卡艾敦尼乌斯·海姆努斯和死者的兄弟马库斯·卡艾敦尼乌斯·普罗库罗斯献给21岁时去世的卡艾登尼亚·海吉亚的亡灵的。碑文上方是一座斧头的小浮雕，两侧是两个小双耳细颈酒罐。墓L正面的右边是一块君士坦丁时期建造的封闭的镶板：它应该是一扇小窗户，这扇窗户能增加楼梯平台的采光，和墓F内的结构类似，人们通过这段楼梯可以到达上面一层的露台。这块板也有可能是君士坦丁建造教堂期间从建筑工地上脱落的大理石浮雕。这块板现在已经看不到了，因为人们为了维持这座坟墓的稳定性建造的一个现代拱门遮住了它。石灰华材质的门框还反映了这座墓的大小：坟墓正面长13英尺，（地面下方）高19英尺。

坟墓内部只发掘出了一部分，因为坟墓超过一半的面积都被一堵厚墙占据了，这堵墙是上方大教堂地基的一部分，在这堵墙上建造起了大教堂所谓的凯旋大拱门。这道拱门使得人们可以从教堂的主殿到达教堂的十字形耳堂，而十字形耳堂里存放着君士坦丁时期为纪念彼得而保存的纪念物。在这座坟墓后面，北面方向有一段地基和一段半圆形回廊，我们并不清楚这些意味着什么。只要我们沿着西侧的墙壁发掘，肯定能大概了解这座墓内部的构造理念。这座墓没有地板，但墙壁是按照传统做法进行划分的：墙壁下方是拱形墓穴，墙壁上方存放着壁龛。壁龛是交替放置的，上方是用贝壳装饰的半圆形顶部，两侧装饰着灰泥柱子和双层小壁龛。高处是一根柱顶横檐梁，梁的四周交替排列着三角形山墙装饰和拱形山墙装饰。在北面的山墙装饰里发掘出了一块盖有142年印戳的砖，这使得我们在确定这座墓的年代时能有一个大致的范围，但这种判断方法并不是特别有用，因为这座墓的建造时间要晚于四马双轮战车墓，也就是比印戳上出现的142年要晚至少20年。

1942年，人们终于在墓C发现了一座不在原来位置的石碑，上面的碑文是丈夫马库斯·奥勒里斯·菲列图斯献给在20岁时去世的妻子卡艾登尼亚·普罗克拉的。根据卡艾登尼亚·普罗克拉这个名字，我们可以推测她和卡艾敦尼乌斯·普罗库罗斯可能有亲戚关系，她的墓穴可能是卡艾敦尼乌斯·普罗库罗斯和父亲马库斯·卡艾敦尼乌斯·海姆努斯为她建造的，但考虑到这座墓的保存情况，我们没办法找到确切的证据来证明这个观点。

墓M，伊乌留家族墓或太阳基督墓

墓M是这片古墓中规模最小但是在基督教艺术史上最著名的一座坟墓，众多手册都会介绍这座墓的马赛克拱顶。和其他大部分古墓不同，文艺复兴时期，人们在建造大教堂内部建筑时就已经发现了这座坟墓：实际上，在1574年，人们想要在教宗西斯笃一世的祭坛前面建造一个小柱廊，也就是在通往内殿的入口的右方。人们为了固定两根柱子而打地基的过程中，发现了“一座精美的坟墓，里面布满了古代的马赛克，马赛克拼成的图案看上去像匹马。这座墓的大窗户上有一块大理石板，石板打磨得很光滑，这也许是为了增加室内的采光，石板中央还有一些文字”。以上所引资料中，随后就是这座墓的主要碑文的一部分摘录。这座墓是母亲伊乌里亚·帕拉蒂娜和父亲玛克西姆斯给儿子伊乌留斯·塔佩阿努斯建造的，伊乌留斯·塔佩阿努斯在不到两岁的时候就去世了。因为孩子的名字是按照母亲的名字取的，而孩子的父亲没有父系姓氏，所以我们可以猜测帕拉蒂娜可能是一名获得了自由的奴隶，而她的丈夫可能是一名奴隶。

墓M建造在墓L和墓N之间留下的一条过道里，这座坟墓用两堵砖墙和一个低矮的十字形屋顶将另外两座坟墓的外墙连接起来。后墙上的壁龛证明了这座坟墓不是基督徒的。壁龛里装着两个骨灰罐，后期装饰时在壁龛处砌了一堵墙。此外，人们只在墓中地面下发现了土葬的痕迹。事实上，地面的中间位置是一个地下拱形墓穴，长约半米，旁边是另外两个墓穴，每一个墓穴上方都有两个墓坑，墓坑被中间的砖石分隔开。东面墙壁靠近地面的位置有另一个箱状墓穴。

66. 墓M，伊乌留家族墓，用马赛克拼成的穹顶，上有基督—太阳神的形象。

67. 墓 M，伊乌留家族墓，北墙上模仿大理石制成的底座以及描绘一名渔夫的马赛克图的草图。

68. 墓 M，伊乌留家族墓，右墙上模仿大理石制成的底座以及描绘被鱼吞下的约拿的马赛克图的草图。

人们很难确定坟墓是在什么时候建造的，因为之后进行的装饰已经完全抹去了坟墓建造时的痕迹；不过附近其他坟墓为研究这座坟墓提供了一些时间线索，因为墓 L 和墓 N 建造的时间明显要早于墓 M，但这种判断仍然有不确定性。墓 M 中出现的骨灰罐又让人把这座墓建造的时间确定到公元 2 世纪下半叶。我们在重新分析墓中的装饰时又得到了更多的信息，这些信息反映了这座墓中家族的宗教信仰的转变。

墙壁底部的装饰十分朴素庄重，类似一块大理石板。石板是浅色的，上面有深色或红色的边饰，但是中央位置的镶板或圆环是黄色的，有可能是努米底亚大理石。最有趣的装饰是墙壁上部和拱顶。穹顶的保存状态是最好的，尽管中央有一个孔（文艺复兴时期人们就是通过这个孔来观察墓中的情况），西北角又塌陷了三分之一。墙壁上的装饰几乎已经完全脱落了，但幸运的是因为当时人们在画壁画时会先画草图，所以现在仍然可以辨认出墙上的图像。穹顶上有一个年轻人的形象，年轻人的头上笼罩着光环，身上穿着一件长袍，腰部系着腰带，外面的披风飘飘起舞，左手拿着一个球状物；他坐在一辆由白马拉着的从东向西奔驰的马车上，身子稍微向他的左侧倾斜。黄色的马赛克拼成了场景的背景，茂密的植物用它的枝条布满了整个场景，只在中央留下了战车空间。组成驾车者头上的光环和衣服的一部分马赛克是镀了金的。如果只有这一个场景，我们可以立即确定这个形象就是太阳神的传统形象，这位神穿过代表着天空的穹顶。墙上的场景仍然清晰可见，特别是现在的修复工作已经除去了成盐作用留在墙上的盐渍，这些场景给我们解读穹顶上的场景提供了新的思路。实际上，我们在墙上可以辨认出三个场景的轮廓，这三个场景似乎都被无处不在的枝条围绕着：左侧可以辨认出一个牧人的形象，但可惜的是牧人身体的下半部分缺失了，牧人的身后有一只羊，另一只刚刚能被辨认出形象的羊位于牧人的脚下；后墙上图像的保存状态要好一些，在这幅图中，我们可以辨认出一个渔夫的形象，这个渔夫刚刚用鱼钩钓起一条大鱼，而另一条逃脱了；最后，在右边的墙上，是一幅更复杂，含义也更深的图像，在一条船头朝向右侧的船上，两个海员举起了胳膊，另一个人掉到水里，落入一个海怪的口中——这是约拿被鱼吞食的场景，根据《圣经》的记载，约拿将在鱼腹中度过三天，这象征着基督的死亡和重生。

把另外两个场景中的任何一个场景拿出来单独分析都无法从中看到基督教的影响。实际上，在公元 3 世纪，石棺浮雕的图像不再使用之前提到的神话场景，普遍使用的是牧人把羊扛在肩膀上的场景，渔夫在田园背景中。尽管人们又使用了传统的创作方法表现约拿，但这个人物的特殊性足以让人把这些场景归结到以基督教为主题的创作中。这一发现使得人们重新审视之前对图像做出的解读：在非基督教的范围里，牧人和渔夫可以被看成暗指着大地和海洋，这可以在《新约》中找到明确的联系。因此，我们可以把这幅图中的牧人看成福音书的寓言故事里提到的善良的牧人，而《新约》中有很多地方都提到了善良的渔夫的形象，更不用提鱼还被人看作圣体和圣餐的象征。因此，我们也要从基督教的角度对太阳神的马车重新进行分析，这里的太阳神应该被理解成基督，因为早期的有关基督教的领袖的著作中，人们将基督看成太阳。

这种创作主题大概出现在公元3世纪下半叶：在这一时期，基督教艺术正在形成自己独特的创作题材。这显然要从古典传统中已存在的题材中寻找最合适的抽象主题，而且这些主题从宗教的角度来看也要有一定的中立性质，或者至少能够根据新的背景进行新的创作。各位教皇聪明地选择一些古典人物形象，利用这些形象来构建一个具有象征意义的理想世界，表达一种新的思想观念，从而向人们布道，辩护基督教的教义，讲授宗教的教理。

这座墓内的马赛克图有非凡的价值，因为它是以基督教为主题的第一幅马赛克图，是我们理解这种艺术的初期发展的重要环节。之后，在公元4世纪，一个人乘着车升到天空中的场景既在石棺上得到使用（先知以利亚被召唤到空中的场景经常被使用），也在大型马赛克作品中被使用（至少有一个例子）：在解读米兰的圣洛伦佐大教堂中的圣安奎力诺小教堂里的图像时人们有一些争议，但一些人认为这幅图指的正是顽强的基督。

最后，这座墓之所以选择画出这些人物，可能是因为这个家族信奉基督教：和我们在东面其他墓地里发现的情况一样，有基督教属性的墓葬非常少，很不起眼，所属的时期也要晚一些。为了理解这个家庭的选择，我们提出了两种猜测，但我们无法确定哪种猜测是正确的：人们可能会认为建造这座墓的家族的成员已经信奉了基督教，并且决定改变墓内的装饰，使得这些装饰更符合自己的信仰；另外一种可能是另外一个家族接替原先的主人使用了这座墓，后来的家族可能信奉基督教，而他们出于对自己的信仰的考虑，选择了离彼得墓很近的这座坟墓。

墓N，阿艾布提家族和沃鲁斯家族墓

20世纪40年代进行的一场考古发掘只能让人们看到这座墓的正面。这座墓的内部实际上有一根用来支撑庇护六世大型雕像的柱子。庇护六世的这座雕像是安东尼奥·卡诺瓦为教皇雕刻的，位于大教堂的忏悔室的中央，在教皇祭坛前面。直到1979年，当庇护六世的这尊雕像被移到教堂地下室的最东端时，墓N中的这根柱子才被拆除，人们才得以窥见墓N的内部。

墓正面雕刻的碑文十分有趣，因为这份碑文里可以看到两篇属于同一时代的文章，其中一篇盖住了另一篇。被盖住的那篇文章是献给马库斯·阿艾布提乌斯·查利多的。根据碑文我们可以知道，马库斯·阿艾布提乌斯·查利多在自己活着的时候建造了这座墓。墓中除了安放自己的遗体，按照惯例也被用来安放马库斯·阿艾布提乌斯·查利多的那些获得了自由的奴隶的遗体。但碑文中没有提及他的其他家族成员，这表明他当时还没有结婚。可以确定的是，这座墓还没有修建好就被转让给了另外一个家庭。事实上，后来写上去的那篇文章是父亲卢修斯·沃鲁斯乌斯·苏切苏斯和母亲沃鲁斯娅·麦吉斯特献给19岁的盖由斯·克洛迪乌斯·罗玛努斯的亡灵的。这篇文章提到卢修斯·沃鲁斯乌斯·苏切苏斯和沃鲁斯娅·麦吉斯特购买了这座坟墓的一半（坟墓被分成了两半）。

当这座墓的内部被发掘出来时，人们在右侧墙壁中央位置的壁龛处发现了罗玛努斯的骨灰盒。这个骨灰盒是正方形的，正面刻下了之前出现在墓室正面父母写给他的碑文。骨灰盒的左侧是两个用塞子塞住的细颈瓶，右侧是一个精致的杯状香炉和一盏油灯。这些物品的形象很少用在墓葬装饰中。除了在墓H的瓦莱里亚·玛克西玛的壁龛上的灰泥装饰里出现过细颈瓶的形象，人们还可以在位于卢卡的一个公元1世纪下半叶的骨灰盒上发现过细颈瓶的形象。而香炉的形象可能和位于罗马的一个公元2世纪早期的骨灰盒上的支柱的形象类似。十分有趣的是人们在罗玛努斯的骨灰盒里发现了可以追溯到图拉真时代和哈德良时代之间的一枚硬币。从高度来看，这座墓明显要高于周围的其他坟墓，所以之前的考古人员根据这一微弱的联系确定了这座墓所属的年代。但如今人们发现的这枚硬币可能会将这座墓所属的年代提前。如果这座墓是在较早时期建造的话，很多事情就能说得通了：一是墓葬装饰中使用了细颈瓶和香炉的形象，这和上文提到的相关例子出现的时间吻合；二是可以解释墓室内部的壁画里使用的元素是哈德良时代的墓葬装饰元素的问题（尽管壁画损毁了，人们还是可以辨认出壁画的白色背景上画出了许多花环和花朵，门上还有一个植物形状的烛台，这些全是哈德良时期的墓葬装饰元素）；最后，后墙中只有一个用于土葬的拱形墓穴的情况也可以得到解释——这说明在这座墓建造时火葬仪式仍然盛行。

这座墓的侧墙里有双层壁龛，这些壁龛的顶部是半圆形或方形。而后墙上，在拱形墓穴上方有一个大壁龛，壁龛顶部雕刻着贝状装饰，壁龛上方的壁画上则是两只孔雀——象征着不死。我们已经在这片古墓区域的很多壁画中都见到孔雀的形象了。半圆形拱顶只有一小部分被保存了下来。墓室的地面由黑色和白色的马赛克组成，上面装饰着植物花环的形状。

在发掘这座墓的过程中，人们在正面碑文同等高度处发现了一具早期基督教装饰

69. 墓 N，盖由斯·克洛迪乌斯·罗玛努斯的骨灰盒，右侧细节。

70. 墓 N，盖由斯·克洛迪乌斯·罗玛努斯的骨灰盒，左侧细节。

风格的石棺，这具石棺可以追溯到公元 4 世纪前四分之一时期。很显然，这具石棺是从圣彼得大教堂下方的一座坟墓里挖掘出来的。石棺旁边的石刻装饰描绘了三幅著名的基督场景（给看守基督的狱吏洗礼的场景、预言基督将被背叛的场景、基督被捕的场景）、《新约》中的场景（治愈生来就是盲人的人和患失血症的人的场景、拉撒路复活的场景），以及《旧约》中的场景（摩西接受上帝授予的法律的场景、但以理毒死巴比伦人的龙的场景和以撒被献祭的场景）。在石棺的中央位置，一个女性祷告者的形象格外突出。因为这位女性的面部被仔细描绘了出来，所以可以判断她就是这具石棺的所有者。棺盖上的碑文里没有提及这位女性的名字，碑文的一侧是约拿被人投到海里的场景，另一侧是三个小孩子在火窑中的场景。

71. 墓 N，盖由斯·克洛迪乌斯·罗玛努斯的骨灰盒，正面。

墓V和墓N前方的区域

在墓 L 和墓 M 的前面，我们可以看到墓 V 的西北角。我们没有办法研究墓 V 的内部情况，因为墓 V 里面有凯旋大拱门（在墓 L 中已经讨论过了）的地基的横向墙壁。和位于较低位置的所有坟墓一样，墓 V 的入口也朝向南方，墓 V 所属的年代也应该不早于公元 2 世纪下半叶。

古墓区域中有一条东西走向的小路，这条小路将其分成两部分。沿着这条路修建的坟墓被一些横着贯穿小路的石砌坟墓堵住了。这些石砌坟墓没有被保存下来，但其一侧紧靠着墓 L，也就是小卡艾登尼奥家族墓。在古墓区域中的小路的一侧还留有这些石砌坟墓的痕迹。墓 V 的小院子的北面也能发现这些坟墓的痕迹，因为墓 V 曾紧靠着这些坟墓。墓 V 是在墓 L 建成后建的，所以我们判断墓 V 的年代大概是在公元 2 世纪末。因此，在那一时期，如果有人沿着古墓区域中那条东西走向的小路走的话，他为了到达小广场不得不往南走绕过墓 V。小广场的地面上铺了砖石，北面朝着墓 M、墓 N 和墓 O，

72. 墓 N，入口大门。

73. 君士坦丁时代一座早期基督教装饰风格的石棺，上面有源自《新约》的场景。

第 134—135 页：74. 墓 N、墓 M 和墓 L 前面的小广场以及君士坦丁时期建造的地基中的一堵墙。

西面则是墓 U。还有一些多层石砌坟墓紧靠着墓 U，侵占了墓 U 的小院子的一部分空间，在院子里还能发现这些石砌坟墓留下的痕迹。

在君士坦丁建造大教堂的工程中，这个小广场最终被工人们建起的几堵墙给封住了。工人们通过建造的这几堵墙将地面提高，而在升高的平面上将建造起圣彼得大教堂：人们如今仍然可以看见沿着东西方向，将墓 L 的西南角和墓 O 围墙的东南角连起来的一部分墙壁。

墓O，马图丘家族墓

早在 1822 年，在建造地基来支撑上方位于大教堂忏悔室中央，在教皇祭坛前由卡诺瓦建造的庇护六世的雕像时，人们就已经偶然发现墓 O 了。和附近的墓 N 一样，因为墓 O 中有用来支撑庇护六世雕像的地基，因此人们在 20 世纪 40 年代进行的考古发掘时只能对墓 O 进行很小范围的研究。直到 1979 年，庇护六世的雕像被移走，人们才能对墓 O 进行彻底的研究。

如果将这座坟墓和这片古墓区域中的其他坟墓进行对比的话，就能发现这座坟墓十分原始：实际上，这座墓的正面和两侧都被一堵墙围住了。这堵墙形成了一个外围的回廊，围墙的东南角有一个向外的通道，西侧有一个石制楼梯，人们能够通过楼梯到达上方的露台。这座墓在建造时使用了陶土和砖瓦，围墙则使用了凝灰岩构成的网状结构（将大块规则的凝灰岩以与地面呈 45 度角的方式进行棋盘状排列）和砖石材质的齿形待接插口（这是图拉真时代和哈德良时代里典型的建筑技术）。其他可以表明这座坟墓年代悠久的迹象是：里面有专门用来进行火化仪式的区域；此外，在对这座墓的平面图经过简单分析后，人们能明显发现其南面围墙和东面区域里一些年代较早的坟墓（墓 A—G）的正面是在同一条线上的。这就意味着，当墓 O 在哈德良时期被建造时，这一片古墓区域南边的竞技场还没有被弃置，于是在竞技场周围建造起来的坟墓还不能越过竞技场所属的范围。人们在墓室入口上方的碑文左侧的小窗上找到一块两尺长的砖，这块砖上留下的印戳也证实了这座墓室所属的年代。墓室入口上方的碑文是获得了自由的奴隶提图斯・马图丘斯・恩提姆斯和提图斯・马图丘斯・兹玛拉格都斯献给他们的保护主提图斯・马图丘斯・帕拉斯的，这两个获得了自由的奴隶可能是织布工人，或者是贩卖亚麻布的商人。

墓室内部十分简单：地板（只有一部分被保存下来）是砖石铺成的；拱形圆屋顶（也只有一小部分被保存了下来）是十字形结构。墙壁被划分成黄色和绿色的方形区域，这些区域被紫红色的色带分隔开，墙上缀以白色的简单植物形状的图案。侧面墙壁上是用于存放骨灰盒的双层壁龛，但是东面墙壁上的两个壁龛里却在晚些时候放了一个用于存放孩子遗体的石棺。右侧墙壁上有通往楼梯下小房间的一扇门。楼梯下的小房间的墙壁也被划分成绿色和黄色的方形区域，但有门的那一面墙上绘上了壁画——白色背景上的玫瑰花。后来一具由陶土制成的大棺材占据了这座小房间，小房间的门也被拆掉，并砌上了墙。从上方掉下来的坟墓砖石（为了建造圣彼得大教堂的地基损坏了下方的众多坟墓）也损坏了楼梯。主墓室的后墙也被高处掉下来的砖石掩埋了，如今人们为了恢复后墙已经将这些砖石清理掉了。主墓室的后墙上实际是一个不深的大壁龛，壁龛顶部装饰着蓝色背景的壁画，可惜的是这些壁画已经完全看不清了。墓 F 中的壁画也有类似的蓝色背景，人们设想墓 O 中的这幅壁画可能和墓 F 中的一样，描绘的也是海洋场景。墙壁下的部分则是由两块黄色的方形区域和两块中央有绿色花环的方形区域交替排列着；再往下的部分有一个很低的平台，这个平台应该是用来放置保护主提图斯·马图丘斯·帕拉斯的骨灰罐的，因为保护主的骨灰罐应该放在墓中最重要的位置。

人们在楼梯下的小房间里发现了一些残存的碑文，其中有一篇碑文应该是属于墓 O 的，因为这篇碑文上有一份题词是献给在 24 岁时死去的提图斯·马图丘斯·德米特里厄斯的。提图斯·马图丘斯·德米特里厄斯是一名获得了自由的奴隶，而他的这份题词则是他的同伴，同为获得了自由的奴隶提图斯·马图丘斯·赫玛伊斯库斯献给他的。

墓T，德莱贝莱拉·弗拉琪拉的墓

墓 T 是与邻近的墓 U 一起建造的，大小、类型和装饰风格都与墓 U 一致。这两座墓都紧靠着墓 O 的南面围墙。墓 T 和墓 U 的建造时期要晚于墓 S，因为在墓 S 一旁经过的一条污水管道因为墓 T 和墓 U 的建造而中断了。

墓 T 的外部是用砖建造的，内部则混合使用了砖和凝灰岩，墓 T 的地面则用了大理石板。墓 T 的这个名字来源于人们在入口处左侧的壁龛里发现的一个骨灰盒（由于展览的原因，这个骨灰盒如今被放在更显眼的位置）。实际上，这个骨灰盒的女主人并不出名，骨灰盒也是用曾经使用过的大理石重新雕刻而成的。骨灰盒的形状非常简单，正面是一块两侧有把手的石板，上面写着“献给德莱贝莱拉·弗拉琪拉的亡灵”，这是她的母亲瓦莱里亚·德齐娜为她准备的。瓦莱里亚·德齐娜的名字让人怀疑她可能和墓 H 的瓦列里家族有血缘关系，但瓦列里这个家族姓氏很常见，而且这个骨灰盒所属的年代要远远晚于墓 H 的年代。人们之所以对这个骨灰盒感兴趣，是因为人们在这个骨灰盒的骨灰中间发现了一枚在莱昂纳造币所铸造的君士坦丁时期的硬币，这枚硬币可以追溯到公元 317 年到 318 年之间：这意味着这座坟墓是在圣彼得大教堂建造前，是这片古墓区域里最晚

75. 墓 O 后墙上的壁龛。

建造的一座坟墓（人们可以通过硬币确定这座坟墓建造的具体时间），还意味着这座坟墓是罗马地区墓葬中留有火葬仪式痕迹的年代最晚的一座坟墓。为了解释清楚火葬这种丧葬仪式，我们必须明白，如果罗马人在罗马以外的地方死亡的话，为了把他们的遗体带回并葬到家族的墓中，火化遗体是一个可行的方式。

我们不知道这座墓一开始是谁建造的，因为坟墓外墙上的主要碑文已经遗失了。人们找到的唯一一份可能属于这座坟墓的碑文，是在一个拱形墓穴上找到的一段题词。这段题词是萨米雅丽亚·赫尔摩克拉提亚给她的丈夫德契姆斯·拉艾留斯·亚历山大和20岁的儿子德契姆斯·拉艾留斯·鲁契拉努斯准备的。

在墓室内部，各面墙壁里都有拱形墓穴，拱形墓穴下方也有底座，但是侧面墙壁的拱形墓穴上方有一个位于中央位置的壁龛，这个壁龛两侧围绕着灰泥制成的小柱子，壁龛的顶部用贝状饰进行装饰，这个壁龛两边又各有一个双层方形壁龛。墙壁的颜色鲜艳：主要是红色和黄色。中央壁龛两边绘制了壁画，右侧画了一个狄俄尼索斯的头，草环从他的头上掉下来，这些草环一直延伸到墙壁两侧，墙壁两侧的草环上各停着一只鸟。在方形壁龛上，我们可以看到由植物形状构成的一个高脚酒杯，上面有一只鸟，还有玫瑰枝条。在西面的拱形墓穴处的壁画里，我们可以看到一头豹正在跟着一头长着大角的鹿，但可惜的是现在这幅画只剩下了大致轮廓。从考古人员发掘时拍摄的照片中，我们隐约可以辨认出构成了这个场景背景的树木的形状。对应的东面的拱形墓穴则是封闭的，里面有一个平台，这个平台的正面图像已经辨认不出来了。后墙的上部分则是一群小爱神，但我们只能认出这一群爱神中的一个；爱神的右侧则是一只海豚，这只海豚用身体将海神的三叉戟卷了起来。

最后到了确定这座墓所属年代的问题，我们可以根据这座墓的结构和其他邻近墓的结构之间的关系确定它所属的年代。除此之外，这座墓在装饰时填充大面积的鲜艳颜色作为背景，绘画又带有印象主义风格，这让人猜测这座墓可能是属于安东尼时代后期，或许是在公元2世纪末。

墓U

从坟墓的结构、大小和建造坟墓所使用的技术来看，墓U和墓T十分相似。墓T中壁龛的分布方式和墓U是相同的，墓U中使用的颜色也和墓T相同。但墓U中壁画的保存状态更好，壁画上的场景也更清楚，特别是在人们最近对这些壁画进行了修复后：拱形墓穴上的壁画是在浅色的背景上绘制的动物形象。在正对入口的拱形墓穴处有两只相对着飞翔的斑鸠，入口右侧的拱形墓穴处有一只位于两棵树中间朝着左侧前进的孔雀，左边的图像有一部分看不清了，上面有一只猛地扑向蛇的鹰。

76. 德莱贝莱拉・弗拉琪拉的骨灰盒。

77. 墓 T 西面拱形墓穴上的壁画。

和墙壁的上部分相比，墙壁的下部分因为文艺复兴时期建造地基的工程而严重受损。我们只能从墙壁的下部分认出一条朝着左侧移动的马的腿。这座墓里有意思的是侧墙中央位置壁龛的装饰：西面壁画上是一个只穿着一件披风的青年（披风随风飘动）骑在一匹白马上，白马向左边跃起，只用后腿支撑身体。这幅画的线条精准利落。这个青年的手中握着一支火炬，头部被光环围绕，光环上还有一颗星星：通过他头顶上的那颗星星，也就是晨星，人们可以很容易认出这个青年是谁。在这幅画对面，也就是在正对着的壁龛上，壁画的保存状态没有刚刚那幅的保存状态好，但人们还是能很容易还原这幅壁画。

这幅壁画里描绘了晨星相对应的同伴，晚星。晚星骑着马，马头朝向右下方。唯一让人疑惑的是这幅画中人物的位置似乎应该和之前那幅画中人物的位置颠倒过来：晨星被画在了落日的那一侧墙壁上（西面墙壁），而晚星则被画在了日出的那一侧墙壁上（东面墙壁）。但这样考虑的话或许太为难画家了，因为画家创作就是为了装饰坟墓，使得早晨和夜晚的场景变得更丰富，比如在拱形墓穴上抓着一条蛇的鹰暗指宙斯，而孔雀则暗示宙斯的伴侣朱诺。两侧较小一些的方形壁龛上的壁画则是我们已经在墓 T 中看到的：白色背景上的玫瑰枝条和由植物形状构成的一只高脚酒杯。所以说墓 U 所属的年代和墓 T 相同。

墓S，弗拉维斯・阿格里科拉墓

正如前文所说的那样，我们从南面绕过墓 T 和墓 U 就能发现墓 S。我们也就接近了这片古墓区里最重要的区域，因为我们已经讨论过的“盖乌斯的纪念碑”（也就是使徒彼得的坟墓）就在这一区域的中央。但也因为这片区域离“盖乌斯的纪念碑”很近，所

第 142—143 页：79. 墓 U。
第 144 页：80. 左侧墙壁：拱形墓穴上是抓着一条蛇的一头鹰，上层壁龛上是晨星。

78. 墓 U，后墙的拱形墓穴上飞翔着的斑鸠。

以墓 S 和这一区域里其他坟墓也是整片古墓区中因为之后建造的墓葬建筑而受损情况最严重的。实际上在古代后期和中世纪时期，人们能够被埋葬在使徒墓附近是一种特权。在之后的建造期间对墓 S 和这片区域的坟墓造成损坏的建筑有：圣彼得大教堂的忏悔室、大教堂的半环形通道、大教堂内互相连通的小教堂和 1626 年教皇乌尔班八世巴尔贝里尼根据吉安洛伦索·贝尔里尼的设计而建造的青铜华盖。青铜华盖如今仍是圣彼得大教堂最具特色的景点之一。

贝尔里尼的青铜华盖的建造历史值得我们在这里简单谈一下：首先，人们在建造青铜华盖时破坏了罗马时期的坟墓的结构，这一点我们已经提了很多次了；其次，在建造青铜华盖时，人们在大教堂地下偶然发现了许多坟墓。因此，我们在研究对这一片古墓区域进行的考古发掘活动时，也不能忽略这一时期偶然得到的考古发现。

人们早在 16 世纪和 17 世纪初就在这个重要的区域发现了一些碑文和墓葬。但是，当人们为了建造青铜华盖的四根巨大的柱子而向教堂的地下打地基时，人们就这项接近使徒的坟墓的工程带来的风险进行了激烈的讨论。梵蒂冈使徒图书馆的档案记录了这些争论：反对的信件，支持这项工程的报告，历史性的报告。但其中最令人感兴趣的文件是和地基发掘过程有关的记录，这些记录精确地写下了每一个细节。这表现了罗马教廷的所有成员对这一发掘过程的极大兴趣（也可以说是一种恐惧）。在这些文件中有罗马的公证员乔万尼·巴蒂斯塔·纳尔多内写的一份拉丁文报告和乌戈·乌巴迪写的一份意大利语报告，除此之外还有一些更为精练的记录，比如托里嘉的日记。这些工程由教廷专门指派的牧师跟进，只有他们能够触碰圣彼得的遗体。连牧师安东尼·玛利亚·阿尔多布拉迪

第 145 页：81. 右面墙壁：拱形墓穴上是一只孔雀，上层壁龛上是晚星。

82. 有晨星的左侧墙壁壁龛上的细节。

尼也需要提出书面申请才能前去参观发掘现场。

人们施工的小心谨慎和激烈的讨论使得贝尔里尼不得不对自己的设计做出一些调整，这也就解释了为什么华盖的顶部是方形的。从考古学的观点来看，更有意思的一点是：记录施工过程的文件中描述的在墓 S 里找到的一些文物。人们在墓 S 里找到了一个躺在宴会椅子上的人物雕像。这种类型的雕像在帝国时代中期的墓葬建筑中很常见。这个人的身上披着一件披风，但上半身是裸露的。他的左手拿着一个用来进行浇祭的杯子，右手扶着头上的一顶花冠。这个人的脸上长满了胡子，面部是安东尼·庇护时期典型的形象，因此这座雕像的年代可以追溯到公元 160 年左右。这座坟墓和同时期的其他坟墓不同的一点在于，它的碑文不仅告诉了我们墓中的死者是谁，而且上面以死者的口吻写了一段话。这里的死者是之前提到过的弗拉维斯·阿格里科拉，而碑文上的一段话则通过一段挽歌体的诗句直接展现在读者面前：

“提沃利是我的家乡，我是阿格里科拉，别人都叫我弗拉维奥：正如你们看到的那样，这里躺着的人正是我；虽然我知道自己注定

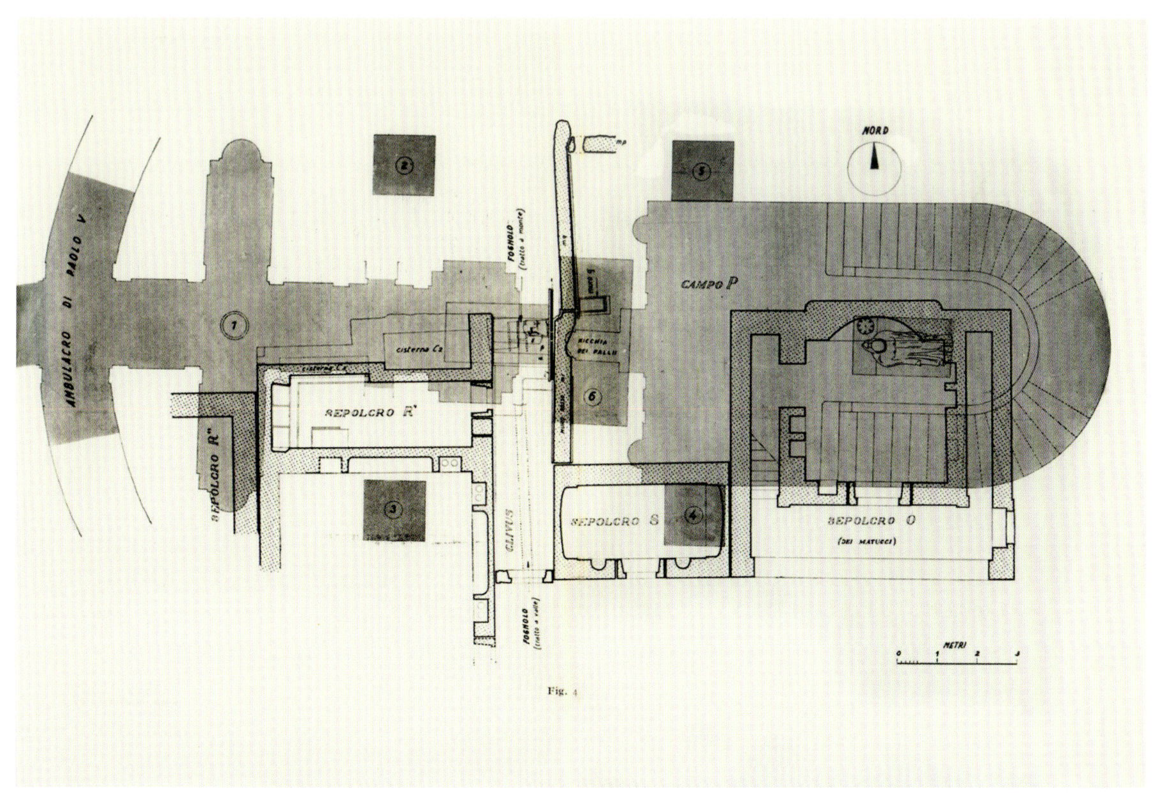

83. 重叠的古墓以及忏悔室结构的平面图（来自普兰迪，1963 年）。

要死，但在上天赐予的这些岁月中，我悉心照料我自己的灵魂，从未醉过酒。

“此前，我心爱的妻子普里米蒂瓦先我而去，她是弗拉维亚，是女神伊西斯虔诚的信徒，她为人热心，长相也非常端庄，我和她度过了非常幸福的三十年。她因为血统而离开了奥勒留·普里米蒂沃家族和我结合，她全身心地准备着祭祀仪式，她从容地，永远离开了家。

”读到这些话的朋友，我劝你：倒上酒开怀畅饮，戴上花冠去寻找维纳斯，不要拒绝美丽的女子；而你死后，大地和火焰会磨掉你的所有痕迹。”

该首诗既使用了非常直接浅显的语言，也在文字方面动了一点小心思，比如说，他在诗句的第一行对自己的家族姓氏进行了调侃，第一句诗其实也可以翻译成“提沃利是我的家乡，我是一位农民，别人都叫我弗拉维奥”；之后，他又使用妻子的姓氏，通过押头韵的方法（带有卖弄学问的感觉）来强调妻子死于自己之前的事实。最后，他在对活着的朋友的建议中，劝他们要多喝一点酒，还要戴上花冠。他通过自己的经历告诉朋友要这么做，所以在他的雕像中，他手里拿着酒杯，头上戴着花冠。因为这首诗里处处可以发现的享乐主义思想引起了罗马教廷的注意。这首诗劝人们要尽可能地享受生活，歌颂美丽的女孩带给自己的快乐。这种想法显然不符合彼得坟墓附近区域神圣的宗教氛围。直到20世纪初，通过购买从意大利出口的文物，这座雕像最终成为巴尔贝里尼家族的藏品。这座雕像在被找到后，碑文已经摧毁了，但幸运的是人们之前曾将碑文抄了下来。此外，人们在发掘时也将雕像的形状记录了下来，这也可以帮助人们确定这座雕像是不是真的。

17世纪进行的考古发掘发现了一座容纳了多具尸体的墓穴。这座墓穴容纳了人们在建造青铜华盖的地基时发掘出的所有人类遗体。考古学家在20世纪40年代进行的考古发掘中对这些人类遗体进行了重新研究。尽管20世纪40年代进行的考古发掘活动遭到了贝尔里尼基金会的诸多阻碍，但人们还是证实了墓S建造时既有用于火葬的区域，也有用于土葬的区域：西侧和北侧的墙壁中有用于土葬的拱形墓穴，而人们在铺了马赛克的地面上发现了许多带孔的大理石板，这些孔可以让人把浇祭的液体倒入下方死者的骨灰罐中。另外，墙壁上部的痕迹可以让人推测出这里曾经建造过壁龛，这些壁龛顶部是方形和半圆形的壁龛交替排列着的。但是西墙上的那些壁龛之后却被拆除，取而代之的是用于土葬的拱形墓穴。

根据墓S与位于上方的其他邻近墓葬的关系，以及阿格里科拉的肖像的艺术风格，我们可以确定这座坟墓所属的年代大概是在公元2世纪中叶。

墓R

墓S的西侧有一条狭窄的上坡路（考古

84—85. 墓 S 的纱状外形的婴儿石棺。

发掘人员将这条小路叫作“斜坡”），这条路将墓S和墓R分隔开。墓R保存下来的部分并不多：中世纪时期，上方教堂在建造地下室时打下的地基就已经将墓R分成两半了，而人们在1615年建造忏悔室时才偶然发现了这座墓室。而为了建造贝尔里尼的青铜华盖的西南方向的柱子而打下的地基则占据了墓R的大部分空间。

不管怎么说，人们证实了这座坟墓的墙壁划分方式是惯用的方式：墙壁下方是拱形墓穴，上方是置于小型灰泥柱中间的壁龛，墙壁上用植物形状的壁画进行装饰。之后，人们在原先的地板下方挖了深2.3米的坑，这个坑被用来当作埋葬遗体的墓穴。在了解了这一点后，20世纪的发掘者既惊奇又害怕，因为上方的青铜穹顶下方是一个空洞。

当地面下方坑的空间被全部用完后，这座墓的主人在墓中的地面上又放置了另外三具石棺。第一具被放置的石棺非常重要：不仅因为这具石棺本身的重要性，还因为这具石棺可以确定这座坟墓所属的年代。这具石棺的前面装饰着波纹饰，中间是一个弓形结构，这个弓形结构下方是位于一个底座的两个人物的形象（模仿人物雕像群）。这两个人是墨勒阿革洛斯和阿塔兰忒：神话传说中，狩猎卡吕冬野猪的活动中最著名的两位猎人。他们在这里呈现出的形象并不是人们通常看到的那种。石棺正面的装饰也是人们经常使用的：在用于写碑文的石板（石板上面没有留下碑文，要么是人们从没在石板上留下过碑文，要么就是这些碑文因为年代久远而分辨不出来了）两边是一群海洋生物。石板左边是一条海蛇，右边是一只蝾螈。石棺里放置着一个成年人的遗体和一个婴儿的遗体。遗体旁是许多不同时期的硬币，其中年代最久远的一枚硬币能追溯到图密善在位时期，年代最晚的两枚硬币是塞普蒂米乌斯·塞维鲁时期的，可以追溯到公元193—194年。但是，考虑到这两位英雄的雕像的眼部、墨勒阿革洛斯的头发以及阿塔兰忒的衣服的处理方式，这具石棺的年代应该稍早于公元180—190年。这具石棺里放了两个人，我们必须要弄明白这两个人是同一时期放进去的，还是一前一后分两次放进去的。如果是分两次的话，硬币很有可能是第二次才放到石棺里面去的。

第二具石棺也用来存放孩子的遗体。这具石棺是椭圆形的，用波纹饰进行装饰，正面两端有两幅画，画上都是被一位女仆搀扶着的一个小孩子的形象，这个小孩子也就是死者。左侧的画里有放置着一把七弦竖琴的一个讲台，右侧的画里则有放在一个日晷旁的一个凳子。剩下的第三具石棺上几乎一点装饰都没有，石棺上用于写碑文的石板是空的，只在棺盖上有葡萄藤形状的装饰。考虑墓R北侧紧邻的坟墓、墓S西侧的那条小道以及北面的围墙Q和场地P所属的年代，墓R应该是在公元2世纪下半叶后建造的。人们在墓R的西侧可以看到一些建筑物的遗迹。这些建筑物的遗迹可以被理解成另一间墓室留下的痕迹。这间如今已经完全损毁的墓室被叫作墓 R'。

墓 R'

墓 R'和墓 R 位于同一排，在墓 R 的北面，但因为地势的原因而稍高于墓 R。为了建造忏悔室中部的走廊而打下的地基以及君士坦丁时期抬高地面（为了在新抬高的平面上建造大教堂）而修建的墙壁几乎将墓 R' 完全损毁。

墓 R' 几乎只有入口处的那面墙被保存了下来。虽然墓 R' 留下的部分很少，但我们还是可以分辨出这是一间形状不规则的墓室。墓 R' 的入口处的那面墙在"斜坡"一侧，入口处的这面墙比后墙要短。墓 R' 的后墙上应该有一个拱形墓穴，这个拱形墓穴应该被瓦片分成了不同区域，可以存放多具遗体。在拱形墓穴里第一个被划分出来的，也是最深的一块区域里，人们发现了可以追溯到公元 146—161 年之间的一块瓦片（人们在墓 R' 前方的"斜坡"下方的下水管道里找到了和这块瓦片属于一个类型的 5 块瓦片），这也就可以确定这座坟墓所属的年代。人们在这一区域上方晚些时候建造起来的其他区域里发现了另外一些留有印戳的瓦片，其中一块瓦片的时代可以追溯到马可·奥勒留和塞维鲁时期之间，另一块瓦片的时代则可以追溯到马可·奥勒留时期（公元 161—180 年）。墓 R' 旁是一个蓄水池，这座坟墓本身也是在之前这里的一座坟墓的基础上建造起来的。我们并不了解之前的建筑的用途，那里还有另外一些墓穴。人们根据其中一个墓穴中发现的瓦片上的印戳，可以将这些墓穴的年代追溯到公元 138—141 年。

在君士坦丁时期修建大教堂时，墓 R' 上方许多晚些时候建造的坟墓都坍塌了。如今我们还能在这里看到一具从上方掉下来的石棺：这具石棺是早期基督教风格，插到了分割墓 R 和墓 R' 的墙内，也碰到了墓 R' 前方的"斜坡"。这具石棺的正面朝向南面，也就是说从墓 R 处可以看到这具石棺的正面。石棺正面用波纹饰进行装饰，中央位置是一对夫妇的肖像，肖像嵌在一块盾牌形状的石板里（这种盾牌形状的石板在古代被看成尊贵身份的象征），石板上是一小幅田园场景：一个牧羊人在挤羊奶。石棺正面的两端则是使徒彼得和保罗的形象。这具石棺里也放置着两个人的遗体。根据石棺的装饰风格，我们可以确定它的年代大概是在公元 4 世纪的第 25 年到第 50 年，但这具石棺也有可能在之后的年代被人们再次使用了，因为棺盖和石棺并不能很好地匹配。

围墙Q

墓 R' 的北面稍远处是一堵露天围墙。因为人们的艰苦发掘，这堵围墙才得以重见天日。围墙发掘出来后，人们才知道它的大部分都被上方建筑（忏悔室中间的走廊、克

86—88. 墓 R 和墓 R’之间带波纹饰的早期基督教风格的石棺。

莱门特的小教堂以及贝尔里尼的青铜华盖西北角的柱子）向下打的地基损毁了，我们称它为围墙 Q。围墙 Q 用砖砌成，地面上铺着马赛克（马赛克使用的材料是一种大块打火石），这里是专门用来进行土葬的，有许多拱形墓穴沿着围墙放置。围墙 Q 的顶部没有遮盖物，人们需要通过围墙位于“斜坡”最北端的大门进入围墙内部。围墙 Q 的东侧和场地 P 中红墙的北侧部分重合了。围墙 Q 的年代似乎可以追溯到公元 3 世纪中叶。

和墓 R’一样，围墙 Q 也是在之前建筑的基础上建造起来的：围墙 Q 所在区域以前可能是和“斜坡”、红墙及墓 R’同时代建造的一个蓄水池。

场地 P

我们终于回到了本章开始的地方。场地 P 的西面是“斜坡”和围墙 Q，南面是墓 S。我们在这里就不谈之前已经讨论过的彼得墓了。我们会仔细描述这一区域在不同时期发掘出的建筑，但我们不会像讨论彼得墓一样做过于深入的分析。不考虑场地 P 里一些单独的坟墓，我们只需要说明在短短几年时间里，从南面和西面修建的坟墓就迅速占据了这片区域。正如我们所看到的，事实上，在哈德良时期建造的蓄水池的一部分区域上建造起了墓 R’。

于是墓 S 被建造起来，之后是墓 R，最后是在公元 160 年，“斜坡”被建造起来。“斜坡”的东面是红墙，“斜坡”的西侧通向新的墓 R’，北侧可以通到一个蓄水池，在稍晚些的时候蓄水池的上方建起了围墙 Q。在这些建筑中，我们自然要考虑到基督教徒为了表达自己对彼得的坟墓的敬意而建造的一些建筑。这种情况出现的原因是彼得作为罗马宗教团体的信仰的确保者和基督教导的直接传播者的地位越来越重要。通过扩展彼得墓所在区域的墓葬建筑来强调彼得墓的重要性（并影响经常来这些墓地的异教徒），并避免彼得墓遭到毁坏的做法也逐渐得到人们的认可。

不管人们是通过这片古墓区域的一条东西走向的小道，还是通过结束在围墙 Q 处的“斜坡”，都无法进入场地 P。人们必须通过这片古墓区域北侧的墓穴中的一条小道才能进入场地 P。我们没有证据证明这片墓地北侧区域中的坟墓也是密集排列的，但无论如何，场地 P 内的空间不允许有很多信徒在这里进行宗教纪念活动。或许在 6 月 29 日为圣彼得和圣保罗举行的纪念仪式上，场地 P 可利用的空间也应该成为人们讨论的一个主题。如前所述，从公元 258 年开始，人们就在奥斯蒂亚路上的圣彼得墓附近举行纪念仪式，而圣保罗的纪念仪式则是在阿皮亚大道上举行，也就是在如今被称为“圣塞巴斯蒂安”的地下墓穴附近。

89. 斜坡：围墙 Q 入口处大门的细节图，以及红墙的后面。

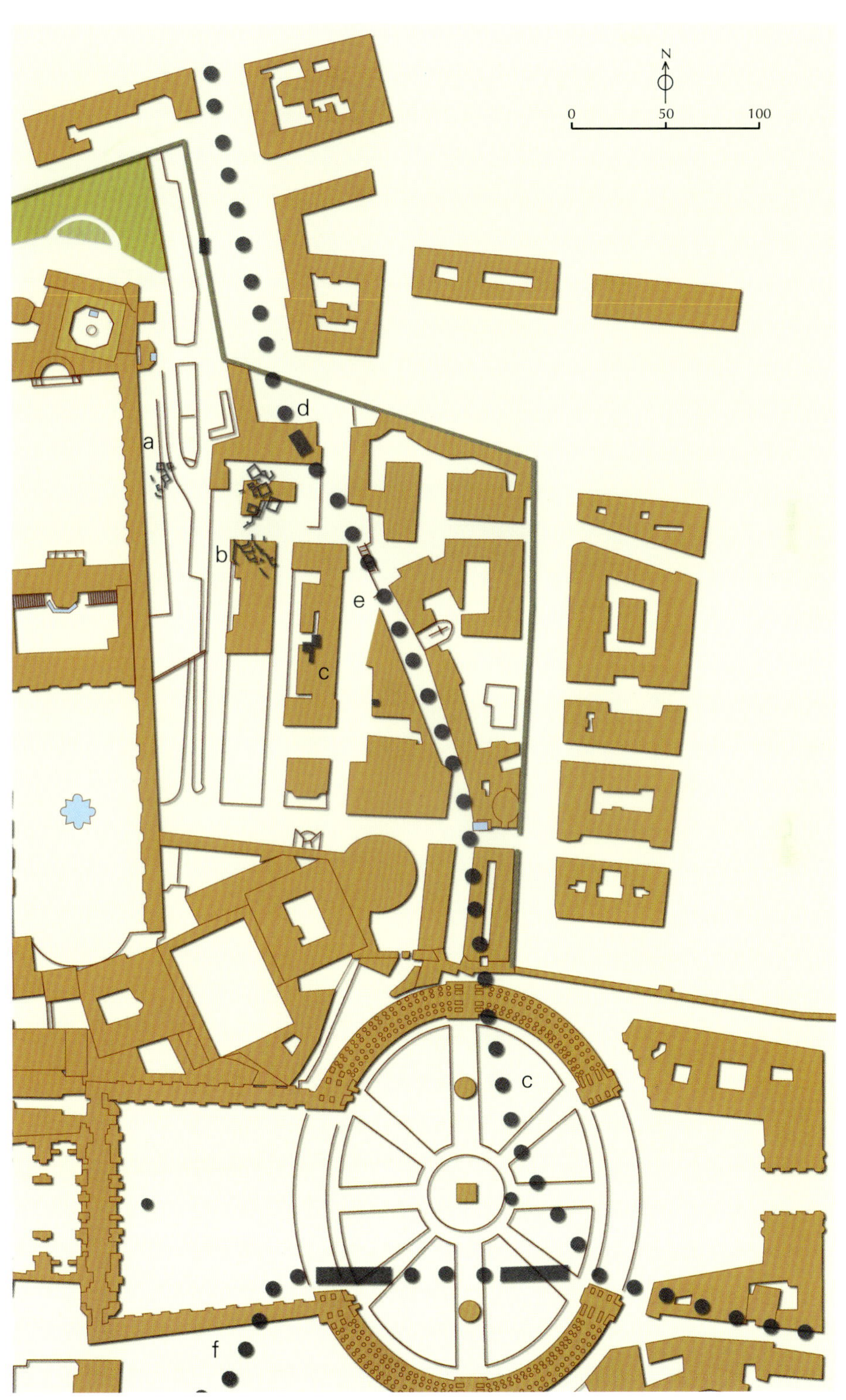

1. 凯旋大道和古墓：a. 加莱亚；b. 停车场；c. 安诺纳；d. 圣罗莎；e. 凯旋大道；f. 科妮莉娅大道。

第四章
凯旋大道沿线的古墓

地形简介

在城外地区，古老的凯旋大道起源于台伯河北岸。人们沿着凯旋大道，先经过尼禄桥，再经过圣天使桥，就可以到达哈德良墓附近。可能在现今圣彼得广场区域的某一个位置（这个位置并不确定），道路从凯旋大道变成了科妮莉娅大道，人们朝北面的路走，经过梵蒂冈山丘下的山谷，就可以到达马里奥山；在朱斯蒂尼亚纳大道附近（6英里处），凯旋大道穿过卡斯亚—克劳迪亚路，卡斯亚—克劳迪亚路朝向西方经过韦约。因此，凯旋大道原来的路线大致相当于古时候的维伊恩塔纳大道，但是人们推测，可能是富尼·卡米洛在公元前396年进行的工程破坏了韦约这座伊特鲁里亚时期的城市，所以维伊恩塔纳大道更名为“凯旋大道”。人们通过台伯河上的桥或从台伯河的浅水处涉水而过，就可以从城外到达罗马城内，准确地说，是到达一条有拱廊的路。这条路的尽头正好是共和国时期卡比托利欧山下的凯旋门。

在帝国时代，凯旋大道主要服务于罗马城内的交通，卡斯亚—克劳迪亚路在罗马城外的部分（也就是经过米尔维奥桥跨过台伯河的那条路）也降低了凯旋大道的重要性。但是，在波伊廷格绘制的古地图（这幅地图的原件可以追溯到公元325—362年之间，地图上描绘了罗马的道路和圣彼得大教堂的位置）里，我们还是能发现凯旋大道的踪迹。

为了更好地了解人们在梵蒂冈山丘周围地区居住的现象，我们有必要知道梵蒂冈山以及罗马的其他地区都是因为火山爆发而形成的。土壤深层是无菌黏土和凝灰岩层，表层则是台伯河史前时期的洪水堆积而成的沙子和砾石，因此梵蒂冈山上的土壤层并不稳定，有山体滑坡的危险。因为梵蒂冈山的这种地质特点，所以这一地区不适合建造过于密集的郊区建筑，更适合被开垦成菜园和葡萄园，或建造墓地。但这并没有阻止人们在这一地区建造私人住宅和皇家的郊区别院，这些建筑应该采用了一些特别的结构才能维持地基的稳定。

在整个共和时代，凯旋大道的起始处应该还是一片未经开发的地区；梵蒂冈山也是一幅未开垦的原始景象，山丘上遍布树林。梵蒂冈山丘的谷底和周边则是平坦的地区。但由于台伯河的周期性泛滥，这片地区沼泽遍布。人们在位于台伯河左岸的罗马城的中央位置可以看到台伯河另一侧的特拉斯泰韦雷区域。特拉斯泰韦雷区在贾尼科罗山的南面，这一区域分布着众多桥梁，这些桥梁是为了方便建筑活动的开展和人口的迁入。特拉斯泰韦雷区域（位于台伯河有梵蒂冈山的那一侧，如今这一区域属于普拉蒂区）之后建造起了许多墓地，其中一些墓地十分宏伟，最著名的当然是中世纪时期建造的一座称为“罗慕路斯金字塔”的锥状宏伟墓葬。这座墓位于如今的协和大道入口处，在教皇亚历山大六世在位时（1492—1503年）被拆除。

不过这些坟墓中最引人注目的则是哈德良皇帝的坟墓，这座坟墓就是之后的圣天使城堡。在之后的几个世纪里，这片地区建起了许多坟墓，许多新的坟墓都建在旧的坟墓上面。

在这片区域中，要属如今的教皇国里建造的墓最多。16 世纪以来，人们在教皇国这片区域多次发现大型的墓葬区，这些墓葬区域并不是有规律地分布的：沿着梵蒂冈山的东北坡，从山顶一直到谷底（也就是凯旋大道初始的那一段路）都发现了墓葬区。从梵蒂冈山的山顶到谷底的一段路的通行状况不大好，小路蜿蜒曲折又十分偏僻，经常会出现许多小而陡的斜坡。这些小路互相连接，很密集，使得人们能够经常来到墓地区域。据我们所知，在这一区域最初建造的坟墓能追溯到奥古斯都时代。有可靠的证据来证明这些坟墓的所属年代。这些坟墓杂乱地分布在梵蒂冈山上，没有具体的建造计划。最古老的一批坟墓都是个人墓。人们会根据火葬仪式和土葬仪式的不同需求选择合适的场地来建造坟墓：山坡上的一小块平地，一片空地，树林中一块植被稀疏的地方。人们在建造墓地时不会进行规划，这些在山上建造的墓地也不是城市规划的一部分。

因此，这一时期的墓葬建筑并没有给梵蒂冈山的地形带来很大的变化，这些墓葬建筑似乎也很好地融入了梵蒂冈山的环境，几乎是按照梵蒂冈山的等高线分布的。有时会出现某个坟墓偏离墓葬区域的情况，这可能是之后建造的凯旋大道导致的。分布在凯旋大道两侧的坟墓应该是年代最久远的，这些坟墓成排分布在凯旋大道附近的区域。于是，人们就更倾向于在一些“能看到城市全貌的地方”建造坟墓，比如梵蒂冈山丘的山顶下方的一些奥古斯都时期的坟墓就被证实离 17 世纪的加莱亚喷泉很近。一些资料记载了从 16 世纪开始到 20 世纪初，梵蒂冈〔15 世纪时，被称为教皇英诺森八世（1484—1492 在位）小广场的观景平台〕进行的多次考古活动的零星发现，但可惜的是人们无法将文件上的情况和这一区域的地形准确对应起来。在这片区域的考古活动中，人们曾于 1840 年在这一地区（一般被称为“观景平台的草地”）发掘出了一座古墓区的一部分。而这座古墓区的其他部分则在人们对别的区域进行地下施工时被发现，这些区域有梵蒂冈邮局、瑞士在罗马建造的圣佩莱格里诺教堂、圣达马索教堂的院子、电力车间，还有紧邻梵蒂冈城的利昂四世大道。

一些地下施工活动使人们发现了一些大规模的墓葬。这些大型墓葬能给学者提供更多的研究机会，人们也可以将这些发掘出的区域建成博物馆。我们沿着从梵蒂冈山顶到山谷的路径来研究沿线坟墓的分布情况：恩里科・乔西在 20 世纪 30 年代发现了加莱亚区域的墓葬，1994 年进行的发掘活动又扩大了这片墓葬区域；菲利波・麦基在 1956—1958 年间在停车场区的半地下区域里发现的墓葬；恩里科・乔西于 1930 年在如今的梵蒂冈食品管理部门下方区域发现的墓葬（现在人们只能通过一扇狭小的地板门才能到达这一墓葬区）；以及人们在2003年因建造圣罗莎停车场而发现的墓葬。接下来的几段文字将仔细讨论以上提到的这些位于凯旋大道沿线地区的梵蒂冈古墓区。通过这种方式，我想慢慢向大家展现这里涉及的墓葬建筑和丧葬活动的起源、发展和结束。

一般来说，虽然我们不能准确确定这片古墓区域的建造时间，但至少我们能够根据相关的文献资料知道这片墓地区域从公元前1世纪末到公元4世纪初的发展情况。在公元320年左右，在这一古墓区域南面几百米的位置，君士坦丁将会在彼得墓的上方建造起大教堂。因为君士坦丁建造了这座用于进行宗教活动的宏伟教堂（罗马的基督教团体的发源地），所以人们才不再将遗体安放在梵蒂冈的这一区域。直到这座教堂被重建时，人们才继续把遗体埋葬在这里。几百年以来，来自北方的基督徒总会长途跋涉到达罗马，通过凯旋大道到达使徒墓，因此凯旋大道一直很重要；一些追溯到中世纪早期的证据也表明距离凯旋大道较近的一些坟墓曾被改造成马厩和一些狭窄的休息所。随后，由于台伯河的泛滥，梵蒂冈山谷中的大部分地区变成了沼泽，而梵蒂冈山上经常发生的山体滑坡则掩埋了一些重新投入使用的坟墓，于是这片地区被彻底荒废了。在中世纪晚期，坟墓被掩埋的情况并没有得到改善：正如我们之前提到的，直到15世纪的最后几十年，随着英诺森八世的小广场上的观景平台的修建，梵蒂冈山的东北角才开始留下坟墓的建造痕迹，在随后的几个世纪里这里建起了许多大型墓葬建筑。考虑到人们在这一时期又在梵蒂冈山上建造新的坟墓，我们就可以对人们在年代久远的坟墓里找到的地道做出解释：为了建造自己的院子或梯田，当时的人们通过这些地道进入老旧的坟墓里寻找一些可用的建筑材料。

这些年代久远的墓葬之所以具有重要意义，不是因为这些坟墓以及墓中的其他建筑使用了十分珍贵的材料，而是因为它们的结构保存得非常好。人们在这些墓葬中发现了大量石碑、祭坛、骨灰罐、石棺和各种家具；而这些东西基本上都被完整地放在它们原来的位置上。这些坟墓（至少包括年代很久远的坟墓）因为山体滑坡而被掩埋，墓中隔绝了阳光和空气，墓中的装饰结构（马赛克装饰、壁画和灰泥结构）就被很好地保存了下来。虽然墓里的这些装饰品不是顶尖水平的艺术品，但在经历了300多年时间后，我们可以根据它们来研究当时人的生活情况和审美品位。从另一个角度来看，埋葬在凯旋大道这一侧区域的人并不是特别富有，我们只能说他们属于社会的中低阶层。奴隶和获得了自由的奴隶基本上会选择梵蒂冈山的这一侧作为修建坟墓的地点，这些人中很大一部分人都服务于势力雄厚的皇族。我们只发现了一个例外，就是位于圣罗莎区域的豪华的坟墓VIII（墓中放置的是石棺）。人们在对

13
19
5
12
A
15
16
1a
16
10
D
B
C
11
14
17
18
20
4
21
9
B
B'
3
6
7
8
28
27
24
26
25
28

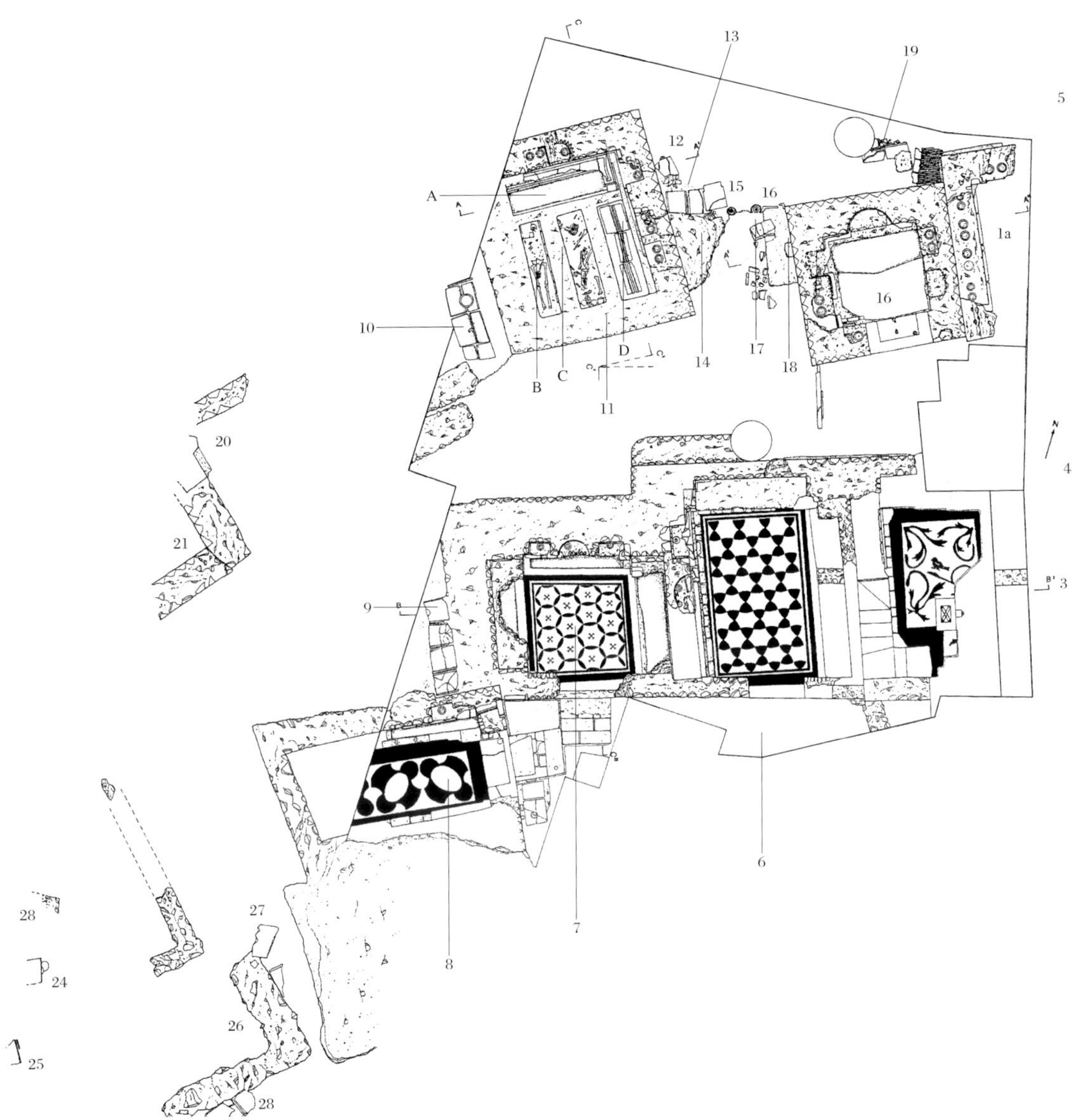

2. 加莱亚，平面图。

这座墓所属的家族进行研究的时候，发现这个家族中至少有一位属于骑士阶级。墓中的碑文、装饰品和其他丧葬物品告诉我们墓中的人是属于哪个社会阶层，又从事怎样的工作。我们也可以通过研究碑文、装饰品和其他丧葬物品来推测墓中的人信奉何种宗教，他们有怎样的思想观点，又遵循怎样的传统习俗。这些坟墓展现了人们的生活情况和他们的期望。因此，坟墓里丰富的内容能让人们重现当时复杂的社会历史场景。这些坟墓也使人们能够深入研究一些鲜有文献记录的丧葬习俗。

加莱亚墓葬区

凯旋大道古墓区因为位于这一区域的一座加莱亚喷泉也被称为“加莱亚区”。加莱亚喷泉位于英诺森八世在位时（1484—1492 年）建造的小广场上。在这座喷泉的大水池中央是教皇克莱门特九世在位期间（1667—1669 年）放置的一艘铅制青铜饰面的四桅大帆船模型。这个帆船模型是卡洛·马代尔诺设计，在教皇保罗五世在位期间（1605—1621 年）制作的。水流从船上的大炮、树木、旗杆和船尾城堡的一个号兵身上喷溅出来，这种奇妙的构思使得周围布满了篱笆和小树的区域变得十分有趣味性。事实上，17 世纪时，布拉曼长廊下的区域被人们布置成了一个花园，花园里建造了许多大阳台，一部分区域还被开发成一块菜地。人们从不同角度描绘了这里的场景，其中最著名的是马吉和马斯卡迪在 1615 年制作的版画上的场景。人们在这一时期并没有对这一区域下方的墓葬进行过多干预，我们已有的一些文献记录只是证实了人们曾在 16 世纪时期在这一区域下方挖了一些地道。人们挖这些地道是为了寻找可利用的建筑材料来修建新的教皇住处和梯田。因此，这一区域直到 20 世纪 30 年代（此时人们在这一区域施工）都保持着原来的样子，下方的墓葬也因为上方的花园而被完整地隔离起来。

在 1929 年《拉特朗条约》签订后，梵蒂冈国为了重新划分国内领土而开展了一系列建筑工程。花园所在区域也被纳入了政府的规划方案。首先，人们需要在这一区域开辟更多的通道；之后，为了在发现遗迹时能进行考古研究，人们还在新修建的通道中挖了一些坑。值得一提的是，人们在 1930 年 5 月至 9 月新修建了一条路以连接梵蒂冈东北部和位于山顶位置的观景台，之后就将这条路夷平，因为人们在加莱亚喷泉下方约 10 米处发现了一些墓室。加莱亚喷泉下方的墓室是最早被发掘出的墓室，这些墓室被发现后立即得到了广泛关注，乔西也开始了对加莱亚墓葬区域第一阶段的发掘。经过考古发掘，人们发现加莱亚喷泉下方的墓葬建筑没有顶部，上方花园在建造阳台时打下的部分地基也穿过了这些坟墓；这些坟墓沿着梵蒂冈山的山坡成排分布，山坡旁就是之后建造起布拉曼特楼梯的地方。古代梯田所在位置很难通行，梯田之间偶尔通过极陡的斜坡才能连接起来。可惜的是，人们为了建造现代道路，而将这一区域的三间墓室和另一间墓室的一部分夷平了；但是其中一座坟墓和另外两座坟墓的一侧都被保留在现代梯田下方很宽的弓形结构里。

1994—1995 年，人们对这个地方进行了第二次发掘，这一次发掘扩大了 20 世纪 30 年代发掘出的墓葬区域。人们发掘这个地方是为了建造梵蒂冈博物馆出版物和复制品销售处的储藏库。新发现的墓葬向人们证实了这些坟墓分为三个阶段，发展十分有规律。这些在空地上建造起来的坟墓分成三种：单人坟墓、举行火葬仪式的坟墓和举行土葬仪式的坟墓。人们为了建造储藏库不得不做出一些牺牲：拆除上层梯田中的部分遗迹，或者是拆除位于现代结构下的所有梯田。人们建造的这个储藏库也能将这一墓葬区域和其他地区隔离开来。通过这种方式，人们才能在更长的时间内，用更合适的工具仔细研究发掘场所，并对这些坟墓进行仔细修复，这些考古活动一直持续到 2005 年。

人们最近在梵蒂冈山顶附近的其他地区发现的墓葬也属于加莱亚墓地的一部分。1995 年，人们为了重新安置加莱亚喷泉前面的花坛而挖了一个小坑，但人们在挖掘过程中发现了一个骨灰盒的盖子，盖子上用鸟和棕榈树进行装饰。人们在 1998—2000 年间为了建造庆祝大赦年的建筑时，发现了和梵蒂冈山顶上的坟墓有关的其他坟墓。为了建造梵蒂冈博物馆的新入口和新的茶点室，人们需要将地面弄平，就在这之后发现了这些新的坟墓。

在加莱亚墓葬区的三层梯田上建造起来的坟墓的年代都很近；我们可以推测这一区域上方和下方肯定还有更多层坟墓。这一区域的坟墓似乎是从山顶开始建造的，之后这些坟墓慢慢在较低的位置出现，根据不规则的地形做出了一些调整。较高的一层坟墓（也就是单人墓）占据了一片狭窄的区域，这一区域大概是在贾拉蒙特陈列馆的地基处。此处发现的墓葬的年代能追溯到奥古斯都时期和公元 1 世纪的前几十年。因此，根据我们之前讨论过的内容，这些墓葬应该是这一地区中年代最久远的。在博物馆的地基处发掘出带骨灰罐的墓室的情况很少，因此，这些墓室应该是上方的坟墓向下挖出来的。在这些墓室旁边，人们发现了一些用于土葬的简单墓穴：有一个墓穴上方的遮盖物是砖块，其中两块砖上留下了公元 1 世纪初的印戳。

下层坟墓要比上层坟墓高约 1.5 米，年代也比上层坟墓晚约一个世纪。这一层的所有坟墓都是在公元 2 世纪上半叶建造的，其中大部分是在公元 120—150 年间建造的。人们在这一层坟墓中发现了 6 间墓室，2 个用来放置骨头的容器，4 座用于进行土葬的坟墓，这些坟墓有着半萬苣形的屋顶（一种小型屋顶，有一排靠在临近墙壁上的瓦片组成），以及 3 个用于进行火葬的地下墓穴，墓穴里是陶土制成的骨灰罐（这种骨灰罐是极具特色的椭圆形花瓶，是罗马时期的人最常使用的存放骨灰的容器）。

墓 5 位于格里高利十六世的喷泉后面，旁边是墓 1a，其中墓 1a 的西侧保存完好，但剩余部分因为修建道路的缘故被夷平了。墓 5 是用砖瓦建造成的。墓 5 的平面图是长方形。墓 5 里，在一面墙的下方位置有一个大桌子，桌子上放着 8 个骨灰坛。而墓北面角落的一个壁龛里存放着另两个骨灰坛。乔西进行考古发掘时拍摄的照片向我们透露了更多信息：北面墙壁上有另一个壁龛，壁龛里有两个骨灰坛，壁龛下方是一具用陶土制成的棺材；东面墙壁上留下的形状让人猜测这里是用来埋葬四到五具叠放在一起的遗体的。墓 5 位于骨灰安置所 1b（公元 125 年左右的）上。考虑到这座墓中火葬仪式留下的痕迹比土葬仪式留下来的痕迹多，我们可以推测这座坟墓大概是在公元 130—140 年建造的。

骨灰安置所 1b 似乎是中间一层坟墓中年代最久远的：形状几乎是方形的，两边各深 3 米左右。骨灰安置所 1b 的两侧墙壁上各有一个壁龛，壁龛分为三层，人们建造这个骨灰安置所就是为了容纳这些壁龛的。骨灰安置所 1b 的后墙中间有另一个壁龛，这个壁龛比另外两个壁龛都大，人们推测后墙的壁龛里放置的是这座墓的主人——夫妇二人的骨灰罐。入口处墙壁上的壁龛则要小一些。人们可以大概推算这座墓里一共有 28 个骨灰罐。墓室的内部装饰包括墙壁顶部的砖砌框架和许多灰泥制成的装饰图案，我们还可以在这些灰泥中发现一些颜色。虽然坟墓的保存状态不好，但我们仍然可以确定壁龛上画着人物形象，壁龛两侧是一些建筑花饰。

墓中的地面由黑色和白色的马赛克组成，只有石灰华材质的门槛处还保留着一些马赛克；公元 3 世纪下半叶挖的两个用于土葬的墓穴毁掉了地面。坟墓的门槛前插着一块薄板以避免可能发生的塌方或降雨损坏坟墓的大门。

在骨灰安置所的西北角，我们发现了一块砖，砖上印有帕艾蒂努斯和阿波罗尼亚努斯（他们是公元 123 年的执政官）时期的印戳：所以这座墓是在公元 123 年后修建的。但这座墓修建的时间要早于上方的石砌坟墓 17 和 18。这两座石砌坟墓可能是用来存放骨头的。这两座非常小的坟墓是用砖砌成的，砖上涂了红色的灰泥；一个彩绘的小壁龛里放着一块打了孔的大理石地板，人们可以通过这个孔将浇祭的液体倒入墓 17 内部。石砌坟墓内部里有一块留有印戳的砖，这块砖上的印戳和我们之前发现的印戳相同。

墓 18 紧靠墓 5，二者是同时代建造的。墓 18 中有一块石碑，石碑上有一幅用浅浮雕绘出的一个留着短刘海的小孩的肖像，这幅肖像画明显带有图拉真时代（98—117 年）的风格；肖像下方的文字解释了这个年轻死者的身份：13 岁的普布留斯·科尼留斯·普洛托忒图斯。这块石碑可能和小孩的第一次埋葬有关，这个小孩也许原来是埋在别的墓穴里的，几年后才被重新埋在这里。犹塔霍斯献给儿子普洛托忒图斯和妻子普洛托切尼娜的题词让我们猜测石砌墓穴 17 里安放的是他的妻子普洛托切尼娜。

在用于存放骨头的两个容器面前，在骨灰安置所 1b 和墓 11 之间，有一条小路。这条小路将一段斜坡和墓 11 后侧连接起来。墓 11 连接着位于上层的坟墓和位于中间位置的坟墓。在公元 2 世纪的第 25 年到第 50 年，也就是在墓 11 建造前，这条路就不存在了，这个地区也显得很空旷；许多火化仪式在这里举行，有 3 个被埋在这里的骨灰坛也因此被保存了下来。人们用小管子将浇祭的液体通过骨灰坛上预先留出的洞（骨灰坛 14、15 和 16 上都发现了洞）倒入骨灰坛里。

在公元 140—150 年间建造的墓 11 是长方形的，规格约为 3.5 米 ×4 米。墓 11 里既有用于举行火葬仪式的区域，也有用于举行土葬仪式的区域。在建造墓 11 的墙壁时，人们既使用了砖石也使用了凝灰岩。这些墙壁上有两或三排壁龛，地面下有用来埋葬尸体的四个墓穴，每个墓穴里埋了四或五人；入口处的区域纵向放着三个墓穴，第四个墓穴则横着位于后墙前方的区域，在其上方位置，有一具陶土材质的棺材位于一个石灰华材质的支架上。墓内所有空间都被涂上了一层白色的灰泥，我们还可以发现墓中用于装饰的壁画留下的痕迹：沿着下壁板的位置分布着许多红色方块，而壁龛之间和壁龛上方则缀满了红色和绿色花朵的枝条。

壁龛里的骨灰坛盖的上方放着一些小物件，比如小的两耳细颈酒罐、用于焚香的陶制高脚杯和玻璃材质的细颈瓶。而人们在地面下的墓穴里找到了一盏青铜壁灯和其他几件陶瓷制品。墓穴上方铺着一层砖块，这些砖块就是墓中的地面。在东面的地下墓穴中，人们发现了一个莴苣形状的盖子。据推测，这个盖子应该是用来封闭一具木制棺材的。这具棺材上嵌满了白色马赛克，马赛克中间还有一块黑色的薄板。这具棺材可能是这座墓中年代最久远的棺材之一，其年代可以追溯到公元 2 世纪下半叶，那时候墓中已经没有其他空间可用于埋葬遗体了。人们在一开始建造坟墓时就预留出了 52 个骨灰坛和 16 具棺材的位置。在埋葬了两代人后，也就是在公元 2 世纪末这座墓中可用的空间就用完了；尽管墓中没有碑文能够证实人们的推测，但这座墓看上去并不像是一座家族墓，而像是一座埋葬了不同的人的集体墓。来自中低社会阶层的人集资建造了这座集体墓，也因而购得了墓中的一个或几个埋葬遗体的地方。死者家属定期支付的其他钱则用于修缮坟墓和举行纪念死者的仪式。

墓 11 里有各种各样的棺材。除了有棺盖的半莴苣形棺材 19（位于墓 1a 和墓 1b 后方），还有位于东侧的同样是半莴苣形棺材盖的棺材 12 和 13。墓 10 则沿着墓 11 的西侧墙壁修建，上方铺着巨大的砖块，砖块水

3. 加莱亚，骨灰安置处 1b。

4. 加莱亚，孩童普布留斯・科尼留斯・普洛托忒图斯的石碑。

5. 加莱亚，墓 11。

平放置。墓穴的砖块上刻着死者的肖像，肖像的脸部位置放着一个“德雷斯尔 2-4”型号的两耳细颈酒罐，这个酒罐的形状几乎是完好的，只缺少了一个围在酒罐周围的金属箍；酒罐垂直着插入砖块里，人们用这个酒罐来向墓穴中倒入浇祭的液体。我们只能大致确定这个装葡萄酒的两耳细颈酒罐的年代：时间范围非常广，大概是在公元 1 世纪初至公元 2 世纪下半叶。人们发现这些砖块中有一块留下了印戳，印戳大概是公元 120 年，但这不足以确定这个墓穴的年代，因为这些砖有重复使用的迹象。因此，人们根据墓 10 在时间上要晚于墓地 11 便确定了这个坟墓所属的年代（墓 11 附近的其他坟墓在时间上都晚于墓 11）：公元 2 世纪下半叶。加莱亚墓葬区的中层坟墓中的土葬墓穴就只有这些，除此之外还有一些单人墓以及附近区域的一些其他墓室。在靠近发掘场所的西侧界限处，人们发现了这些分布不均的单人墓和其他一些墓室。尤其需要注意的是，这些坟墓中的墓 20 和墓 21（时间可以大致追溯到公元 2 世纪下半叶）里既有用于举行火葬仪式的区域，也有用于举行土葬仪式的区域。墓 22、23 和 26 的年代则属于帝国时代早期。而个人墓 24、25 和 27 的年代则确定在公元 1 世纪这个范围里。为了建造现代的储藏室，这片区域中比较靠近中间位置的坟墓如今已经被清除了。

加莱亚墓葬区的下层坟墓结构更清楚也更稳定。坟墓地基处有一堵很大的墙（墙上还有一个由铁块构成的斜面），这堵墙是用来保护下层坟墓免受中层坟墓可能会发生的山体滑坡的影响，同时还是至少五间成排排列的墓室的后墙。人们在 20 世纪 30 年代的发掘过程中发现了这批坟墓里位于最低位置的一座坟墓，也就是墓 4。如果人们可以部分复原地基处的那堵墙（用砖块砌成，中间有由铁块构成的一个斜面），那么人们会发现墓 4 中这堵墙的上部分有用砖石砌成的一个檐口，而墙壁下方是拱形墓穴，地面下方还有地下墓穴。人们通过分析墓 3 所占区域地面的形状，判断出墓 3 的结构应该和墓 4 类似。和墓 3 有关的信息很少，人们也只能通过 20 世纪 30 年代考古发掘留下的一些照片研究墓 3。墓 3 和之前几座墓的不同之处在于墓 3 后墙上一处拱形墓穴上留下的几块壁画，这些壁画是浅色背景上的花卉图案。

附近的墓 2、6 和 7 的位置与结构和墓 3、4 类似。墓 2、6 和 7 保存至今，这几座墓是公元 180—190 年左右有规划建造的。按照这个规划，人们先是连续建造了至少五座坟墓，最后又建造了完全不同的第六座坟墓，也就是墓 8。这些坟墓的地面原本铺着的是马赛克，白色和黑色的马赛克组成的几何图形。这些坟墓在建造时都利用了之前提到的地基处的那堵墙，也利用了彼此的墙壁。此外，这些坟墓全都位于同一条小路一侧，有的坟墓是直接位于小路旁，有的坟墓则是墙上有一小段突出的部分靠近小路。这些坟墓的正面都用雅致的砖制檐口进行了装饰，墙上有各式各样的装饰：连续的装饰线条、半圆饰，齿状的边饰以及爱奥尼亚柱形饰，这些装饰中间还有许多凹圆线脚和镶边。人们可以通过一段由三个高台阶组成的楼梯进入这些坟墓，坟墓旁的小道要比这些入口低1米左右。坟墓入口和小道之间的高度差异是有必要的，因为这样可以保护坟墓不被雨水和淤泥损坏。按照设计，这些坟墓中既有用于存放骨灰坛的位置（后墙角落和壁龛里放置着陶制骨灰坛），也有用于埋葬遗体的位置（在拱形墓穴下方地面处挖的地下墓穴）。建造这座坟墓时，人们更倾向于土葬，而不是火化。这些坟墓划分室内空间的特点更能证明这些墓室是集体墓，但由于缺少可靠的碑文，人们无法确定墓中死者之间的关系。

墓2的年代似乎早于墓3。我们通过分析乔西做的笔记和拍摄的照片可以判断墓3是之后靠着墓2修建的。墓2显然是分两个阶段建造的：第一阶段可以追溯到公元180—190年，此时这座坟墓所在的一排坟墓刚刚建成；第二时期则可以追溯到公元3世纪中叶。墓2呈矩形，一开始墓内侧墙上各有一个石台，石台上方则是两个拱形墓穴，墓内后墙上只有一个拱形墓穴。后墙下方地面处有地下墓穴，每个墓穴里都堆叠埋葬着五具遗体。这座墓中没有用于存放骨灰坛的区域，而其他墓里的骨灰坛是放在角落的墙壁中的。和这一批坟墓中的其他坟墓进行类比，第一阶段时，墓2应该是马赛克地面，黑色和白色的马赛克组成了几何图案。

第二阶段（大概是在公元3世纪中期）时，墓2的构造被完全改变了。人们将马赛克地面完全除去，向地下挖了一个约2.6米深的坑，地基的结构都清晰可见。坟墓入口左侧就是通向地下区域的楼梯，楼梯在两级台阶后转了90度，下方还有四级台阶，人们再在角落处转一个弯并向下走两级台阶就可以到达地下区域了。为了建造这个楼梯，人们不得不拆掉左侧墙壁地面处的墓穴和墙壁上的石台和拱形墓穴。在这个小的地下区域里，人们在后墙上挖了一个拱形墓穴，拱形墓穴下方的地面处又挖了一个地下墓穴。而在与后墙相对的墙壁上有一个顶部是莴苣形状的墓穴（不是挖掘出的），墙壁上留下了两个用砖石砌的斜面的痕迹。而楼梯面前是一个大的箱状墓穴，这个墓穴很特别，因为墓穴内部砌上了砖石。这一片地下区域的地面是马赛克拼成的，但由于之后人们要在地面下方再挖墓穴，所以这些马赛克也只有一部分被保存下来。

6. 加莱亚，墓2，饰有壁画的地下空间。

最后一段楼梯的壁画被很好地保存了下来。这面墙壁上的红色下壁板很高，下壁板上有一块镶板，镶板上绘满了玫瑰枝条。壁画装饰分成三部分。下壁板上方是用红色条纹划分的方形区域，方形区域里绘上了各种几何图案（用假大理石碎块拼接成的），中央是红色的圆盾形图案，而绿色的盾形图案则沿着对角线被嵌入方形区域的角落。墙壁和拱顶也是用相同的方法装饰的：这两处被红色和绿色的细条纹分割成了不同区域，这些区域中间有不同的人物和动物的形象，比如右侧区域有一只跃立着的羚羊，而在划分墙壁和拱顶的拱门所在的墙壁上有一位披着斗篷的女性。这个女性似乎正在飞行，这个女性可能是一位仙女。女性形象下方是一棵小植物，而女性形象的左侧区域，在两只飞翔的鸟中间有一块石碑，石碑上雕刻着人脸肖像，这可能是一个女魔脸形饰。

拱形墓穴的内部装饰和外部装饰不同。在后墙上，两个红色的花环斜着放置，像帷幕一样。在两个花环间有一幅这样的场景：一块不平整的地面上有一个祭坛，祭坛正在熊熊燃烧着。右侧是一根绿色的小柱子，柱子上挂着一件红色的披风，一个黄褐色的盾牌和一根长矛也靠在柱子上。左侧是一个棕黄色的物品，我们无法辨认出这件东西到底是什么。拱门下方的墙壁被红色、黄色和绿色的线条划分出多个方形区域，区域顶端有一个杏仁饰，内部有一只跃起的水鸟。拱门下方墙壁两侧则是两只绿色的海马。

关于这里出现的各种形象，我们可以在公元 2 世纪的壁画中找到许多类似的例子。但这里出现的形象在风格上更类似于“中等程度的印象主义”风格，这个风格从塞维鲁时代晚期开始流行，一直持续到公元 3 世纪末。和这一风格十分接近的例子有：位于凯旋大道较外围区域（现在属于罗马国家博物馆）的奥塔维家族墓（可以分析墓中的形象绘画和墓中区域的划分方式）和阿皮亚大道的圣塞巴斯蒂安下所谓的“彼科拉别墅”（坟墓的名字）中的两个墓室，“彼科拉别墅”的年代可以追溯到公元 3 世纪上半叶。其他一些可以追溯到公元 3 世纪下半叶到公元 4 世纪初的类似壁画可以在这些地区找到：西里欧山的圣乔万尼和圣保罗大教堂下的罗马时期的贵族住所，奥斯蒂亚路上称为“黄墙”的罗马时期建筑物中的房间 7 以及戴阿德涅家族大街上一处是古时饭馆的地方。

在墓 2 的地下墓室中靠近楼梯的区域里，一部分墙壁因为坟墓曾被私自打开而损坏，墙壁上壁画中飞翔的仙女形象缺少了头部。在仙女形象上方有一个方形的小壁龛，这里放置的应该是一块石碑或者是一件具有装饰意义或文化意义的物品。人们通过 16 世纪或 17 世纪发掘出的一条隧道已经把这件物品运走了。人们在发掘附近的坟墓和墓 2 的上层空间时又打破了墓 2 的地下墓室的拱顶。人们通过这条隧道进入墓室，并寻找可以重新利用的珍贵材料。20 世纪 30 年代，人们曾在这间墓室里发掘出一具婴儿用的

7. 加莱亚，墓 2，饰有壁画的地下空间，有拱形墓穴的后墙。

石棺，当时石棺已经遭到了损坏。人们推测是通过隧道进入墓室的那些人损坏了这具石棺。这具石棺上用浅浮雕雕刻着的是一般被称为“幸运岛”上的场景，展现了一个港口（大概是埃及的亚历山大港），港口停靠着许多船只，船上有许多小男孩正在从事海上活动，这些小男孩长着翅膀，赤裸着身体。场景中央是半躺姿势的年轻死者（面部肖像刻画得并不仔细）。这具公元300年左右的石棺证明了加莱亚墓葬区最后建造的一座坟墓的年代可以追溯到公元300年左右。

为了建造墓2的地下墓室，人们必须重新修缮地下墓室上方的地面。在修缮该处地面时，人们重新使用了原来的马赛克砖，将其拼成新的形状，并将许多大理石板围在马赛克周围。在将马赛克砖拼成新的形状时，人们先使用黑色的马赛克砖在外围拼出了一个条带，之后又用白色马赛克作为背景，用黑色马赛克拼成了许多图形。人们还在门槛处用马赛克做了一个踏脚板。马赛克上的装饰图案是沿着房间对角线从房间四角向中央汇聚的四个枝条形状的图案。其中一个枝条上有一只鸟，也许是乌鸦。和壁画的装饰图案相似，这间墓室里的马赛克装饰图案也是公元2世纪十分常见的装饰图案。但我们发现之后一个世纪的许多马赛克图案和这里出现的马赛克图案在风格上更具连续性，比如奥斯蒂亚路上被称为“阿奎拉”的罗马时期建筑物里的马赛克，图拉真学校里的马赛克以及“圣岛”古墓区中墓55里的马赛克和墓34的小柱廊处的马赛克。

没有证据证明公元3世纪时这间上层墓室里又有新埋入的遗体，于是人们推测它在公元3世纪时变成了一间候客室。人们可以在这里举行丧葬仪式，比如人们在死者下葬当天、葬礼后第九天以及葬礼的周年纪念日设置的纪念餐。这间墓室变成候客室大概经历了三代人的时间，但我们无法确定发生这种转变是原来家族墓或集体墓的所有者将这间墓室弃置后，新的主人重新利用了，还是之前的所有者们改变了墓室的用途又继续使用这间墓室。

墓2旁边是墓6，墓6的形状和规格与墓2类似。墓6和墓2共享一面侧墙，并且后墙都在同一个平面上。墓6前面有两面互相平行的矮墙，这两面墙分别位于墓6的两个外墙角处且与外墙垂直。这两面墙和墓6的外墙在一起似乎形成了一个极小的露天庭院，这个庭院朝着一条连接着加莱亚墓葬区各层坟墓的小路。我们在讨论墓2的情况时已经提到了一条于16世纪或17世纪修建的用于盗取建筑材料的隧道，人们通过这条隧道拆掉了墓6的门槛和入口处的门框，墓6的马赛克地面中靠近入口的区域以及侧墙都遭到了毁坏。但人们根据墓6剩下的部分努力复原了侧墙的构造，每面侧墙上都有两个拱形墓穴，而拱形墓穴上方则有三个壁龛：中间位置是一个半圆形壁龛，规格比较大，里面放了两个骨灰坛；两侧是两个长方形壁龛，规格稍小一点，每个壁龛里只放了一个

8. 加莱亚，墓 2，地下空间，拱形墓穴上的壁画的细节。

9. 加莱亚，主题为“幸运岛”的浮雕的婴儿石棺从墓 2 中发掘出。

骨灰坛。每个拱形墓穴下方都有一个地下墓穴，每个墓穴中都埋了5具遗体。墓6后墙上有一个规格很大的拱形墓穴，墓穴中的石台上用于放置石棺，墓穴下方地面处也有一个地下墓穴。这面墙上有装饰用的蓝色条纹留下的很浅的痕迹。

墓6的马赛克地面很有趣：马赛克地面外围是一圈砖块，黑色和白色的马赛克砖拼成具有视幻觉效果的几何图案。条纹弯曲交会形成了巨大的六边形花朵图案，这些花朵图案是白色的，每个花朵都有六片黑色花瓣。我们可以在很多地方找到这种图案，特别是在奥斯蒂亚地区的建筑里，比如佩西家族住宅门廊处的地面和图拉真学校的地面，这些地方的马赛克地面基本是在公元3世纪建造的。但人们在发掘过程中发现的两块留有印戳的砖似乎能够把墓6所属的年代往前再推一点。这两块砖在一个地下墓穴里被用来分隔埋葬在墓穴中的两具遗体：这些砖是用来覆盖住在墓室左侧的第二个地下墓穴下方的棺材，也就是年代最久的那具棺材的。砖上的印戳提到了艾米莉亚·塞维拉，她是一位出生在参议员家庭的女性，公元190—210年间在罗马生活：两块不同的砖上都有这个印戳，于是人们可以将这个印戳作为可靠的证据来判断这座坟墓最初建造的年代。墓中没有发掘出公元3世纪下半叶之前的物品，因此我们可以推测这座墓使用了半个多世纪（从公元180—190年之间的某个时候一直到公元250年）。

墓7是沿着同一面墙建造的一系列坟墓中的最后一座。这面墙在墓11入口处的对应位置有一个凹陷处，这个凹陷处的年代比墓11入口的年代还要久远，而且这个凹陷处仍然可以使用。而这面墙在墓7入口对应位置的凹陷处尺寸比较小，几乎是正方形。两面侧墙和后墙的下部分区域一共有三个拱形墓穴，侧墙的上部分区域有两个用于放置石棺的石台，而后墙的上部分区域有三个壁龛。按照惯例，中间的半圆形壁龛规格更大一点，里面放置了两个骨灰坛，而旁边的两个长方形壁龛里则分别放着一个骨灰坛。

墙壁上涂着一层白色的灰泥，一条红色细条纹勾勒出拱形墓穴的边缘，拱形墓穴的上方空间则装饰着灰绿色的植物图案，不幸的是这些图案的保存状况很不好。

因为上方拱顶塌陷落下，墓室中央的马赛克地面也塌陷了。墓室拱顶塌陷是因为16世纪或17世纪时人们打了一条通入墓中的隧道，我们已经在前面两次提到了这种现象：第一条隧道从东面穿过墓6和墓2，第二条沿西南方向挖掘的隧道贯穿了墓8。人们通过墓7中的这条隧道运走了墓7入口处的门槛和门框，马赛克地面靠近入口的那一部分也遭到了损坏。马赛克地面四周是一圈大理石板，大理石板内侧是黑色马赛克组成的两圈条纹。地面中央是白色和黑色的几何图案。和之前出现的情况一样，这里用作装饰的几何图案也具有视幻觉效果。多个相连的圆形互相贯穿产生了复杂的视觉效果：圆形重叠

10. 加莱亚，墓 2。

11. 加莱亚，墓 6。

12. 加莱亚，墓 7。

13. 加莱亚，墓 8。

形成的形状类似“橄榄叶”，这些黑色“橄榄叶”图案中凹下去的线条互相连接，构成了一个白色的六边形，六边形中间是十字形的花朵。这种装饰风格，就是通过叠加曲线形成几何图案来进行装饰，在公元2世纪的马赛克装饰品中很常见。我们可以在公元130—150年间的马赛克装饰品中找到这种装饰图案的前身，像哈德良别墅的会客室中位于里侧的餐室里，以及奥斯蒂亚区域中一条通向古罗马军营的道路一侧的小教堂里。在一些用大理石石块镶嵌拼接而成的地面上，比如最近奇斯泰尔纳迪拉蒂纳地区发掘出的一块地面上也有类似图案。

人们在墓室中发掘出了一些石碑，上面的碑文可能和墓中的死者有关系。根据这座墓中发掘出的物品的所属年代判断，在公元3世纪中叶左右，这座墓曾被早早弃置。可能是梵蒂冈山顶的一次滑坡导致了这座墓被弃置。

在已发掘出的加莱亚墓葬区的下层坟墓中，墓8是位于最西侧位置的坟墓。墓7的一系列坟墓都沿着同一面墙建造，墓8没有沿着这面墙建造，而是横过来建造，坟墓入口并不正对这面墙壁，而是朝向东面，和墙壁几乎成90度角。

因此，我们可以假设加莱亚墓葬区的这层坟墓间的小道在墓8处没有沿着原来的路径继续往前，而是转了90度的弯，沿着一条斜坡向下到达下层坟墓所在的位置。墓8的朝向和加莱亚墓葬区中层坟墓中年代最久远的一些坟墓（尤其是墓11、22和26）的朝向很相近。墓8的室内形状也不规则，因为墓8的形状要适应这一区域里剩下的空间。墓8的形状和结构与这一区域的其他坟墓都有很大差异，这可能与这一区域之前存在的一座坟墓有关系：墓8与墓7相接触的一些墙实际上属于之前建造在这里的一座坟墓的墙壁，而这座坟墓在公元180—190年间被彻底夷平，人们在它的位置上又建起了新的坟墓。墓8下方用巨大砖块建造的一个结构（可能是原来的坟墓的）或许可以证明之前这个位置上曾存在另一座坟墓。这个结构可能是一个用于举行丧葬宴会的平台，更有可能的一种情况是，这个结构是一种嵌入墙内的墓穴。这一结构上有两块砖上留有印戳，印戳可以追溯到公元80—100年间，因此，人们可以确定之前位于这一区域的那座坟墓的年代。

墓8的正面涂了一层红色的灰泥，入口处有三级台阶。如上所述，墓8内部空间狭长，平面图看上去像是一个不大明显的梯形。人们如今看不到墓室的后墙，因为这面墙在后来建造的现代储藏库的地面下。16或17世纪挖掘的隧道损坏了墓中左侧墙壁的一部分。尽管如此，人们还是设法重建了侧墙上的两个拱形墓穴，拱形墓穴下方有地下墓穴，上方有三个壁龛。关于墓中的后墙（只能在山脊中看到墙壁的一部分），人们可以推测这面墙里只有一个拱形墓穴，而拱形墓穴上方有一个壁龛，壁龛中放着两个骨灰坛。

墓8中的地面也是黑色和白色的马赛克砖拼接成的。墓8和附近的坟墓是于同一时期（180—190）建造的，或者稍晚于附近坟墓建造的时间。马赛克图案外围是一圈大理石板和黑色大理石砖组成的不规则宽条带。和附近的坟墓一样，墓8也是通过改变波浪形条纹相交叉区域中的颜色来设计出马赛克地面的装饰花纹的。

在墓8的马赛克地面上，有许多白色的椭圆形图案斜放着，这些椭圆形之间隔了一定的距离。椭圆形图案周围是由凹进去的线条组成的盾形和长方形。在和一些图案进行比较后，我们可以在公元3世纪上半叶的一些装饰图案中找到墓8中这种装饰图案的前身。拉努维奥一座罗马时期的别墅里的C区里的马赛克图案和墓8中的马赛克图案几乎完全相同，但C区内部有一些装饰元素（其中包括动物形象）。从画面布局和视觉效果来看，罗马有两个地方的马赛克图案和墓8中的马赛克图案类似，如圣保罗教堂附近的一座罗马时期住宅和多米提安宫殿中一些房间的地面，以及奥斯蒂亚区域中阿普列乌斯住宅中的走廊D上的马赛克图案。另一个类似的图案是阿奎莱亚地区大型浴场中的冷水浴室里的马赛克图案。这个浴场建于公元3世纪中叶，表明这个图案在很长一段时间内都被使用。人们通过对比马赛克图案得出的年代信息似乎不符合这样一件事实：墓7（180—190）是靠着墓8建造的，因此墓8的年代要久于墓7。如果把之前在墓8所在位置建造的坟墓看成墓8的第一阶段，之后建造的新坟墓看成墓8的第二阶段的话，那么墓8的第二阶段所属的时间段都稍早于之前介绍的一排坟墓。考虑到这个原因，再根据马赛克图案的年代，墓8的年代可以确定在公元170—180年之间。

坟墓似乎是逐渐被掩埋的：砂砾和黏土先慢慢覆盖台阶，然后进入坟墓内部。这座坟墓似乎在公元3世纪中叶之前就被弃置了。人们弃置这座坟墓也许是因为这座墓中再没有空间可供埋葬遗体，也有可能是因为坟墓被掩埋后，人们无法到达坟墓的位置。

人们在墓7和墓8的小楼梯前方的位置发现了一块十分有趣的石碑。石碑上有两段碑文：第一段碑文的文字从石碑的边缘开始，年代可能是公元1世纪中叶；第二段碑文却是将石碑上下颠倒后，从原来碑文的下边缘开始书写的。人们利用曾经使用过的石碑来雕刻第二段碑文，第二段碑文的年代要比第一段碑文的年代晚约一个世纪。年代较久的一段碑文上的语句典雅，使用了许多典故，这段碑文是用来纪念安东尼亚·提提阿尼亚的。碑文是用第一人称纪念逝者的，以“这是安东尼亚·提提阿尼亚的rogo”开始，这里的“rogo”指的并不是火葬仪式使用的柴堆，而是安东尼亚·提提阿尼亚的骨灰。之后文章使用充满诗意的句子表明这位死者来自罗马。文章在提到安东尼亚·提提阿尼亚“十分正直”的丈夫马库斯·诺尼乌斯·佩沙格拉之前，先提到她留下了一个年幼的儿子和一个弟弟。她的弟弟似乎是一位长笛演奏者，但也可能指的是其他的职业。这里描写的东西似乎可以让人想到这指的是死者的出殡仪式，哭丧妇（职业的哭丧人）也会参加这场哀悼仪式，长笛演奏者自然也会参加这些仪式。哈特利家族墓（公元1世纪末到公元2世纪初）中的一幅浅浮雕完美地描绘了这场仪式的场景。

正如我们所提到的那样，加莱亚墓葬区的中层坟墓和下层坟墓因为山体滑坡而被过早掩埋。事实上，人们在这些墓中没有发掘出晚于公元3世纪末的陶瓷制品。根据这一点，我们可以这样推测：大概需要经过两代人的时间，这些墓穴才能被填满，骨灰坛才能被用完，之后许多坟墓就被废弃了，而这些坟墓也因为一系列的山体滑坡而被慢慢掩埋了，自此也就无人问津了。最后，在公元3世纪的下半叶时，这片区域只剩下了墓1b和墓2（位于同一排，但所在区域的高度不同）。墓1b，也就是骨灰安置所1b被重新使用，用于埋葬死者遗体。为了有空间埋葬新的死者，人们在骨灰安置所1b里挖了许多拱形墓穴，因此也拆除了马赛克地面和墙壁上的各种壁龛。关于墓2，人们改变了墓2的用途，对墓2的内部进行重新装饰，并在墓2下方挖出一个新的地下墓室，地下墓室还用壁画进行了装饰。这一区域（至少包括加莱亚墓葬区的中层和下层坟墓之间的区域）在公元3世纪中叶左右经受的山体滑坡已经没有之前那么严重。也许位于内侧的坟墓仍被深深掩埋，人们无法到达，但也许人们已经可以到达位于外侧的坟墓了。因此，在公元4世纪初，位于外侧的坟墓能够被人们重新使用。

图1. 梵蒂冈博物馆，格里高利世俗博物馆，哈特利家族墓中描绘出殡场景的浮雕。

停车场墓葬区

加莱亚墓葬区东南方向约50米处是停车场区。停车场区低于加莱亚墓葬区，这里的坟墓比加莱亚墓葬区的坟墓要低15米左右（参见189页图15）。1956年至1958年期间，人们为了建造梵蒂冈停车场，在挖掘过程中发现了凯旋大道沿线的停车场墓葬区。

这一墓葬区广阔的面积和重要意义使得菲利波·麦基负责的考古发掘活动开展起来。菲利波·麦基在发掘活动接近尾声时，对墓葬区进行了初级的修复，整理了考古数据，并提出要在这一区域建立博物馆以保护这些

梵蒂冈城
停车场下方的古墓
总体平面图RAPP150
相关高度AS（0 00)=m2435A1m
灰泥
砖瓦碎片和黏合剂混合而成的混合物
石灰华
砖石呈网状排列的结构
砖瓦
各区域的草图
1-16 墓葬建筑
1-57 碑文
TC 屋顶呈莴苣形的坟墓
TF 埋葬墓穴的坟墓
C 半圆形的单人墓
S 石棺
A 双耳陶罐
支架
格拉齐亚工作室测量，1980年
TC 1
A 102
A 103
TC 2a
TC 2b
A 110
A 109
A 111
2
TC 5
TC 9
C 1
1
A 100
A 101
TC 60
TC 61
A 99
A 104
A 98
TC 59
A 97
TF 12
A 105
TC 56
TC 62
TC 66
2a
A 107
C 2
A 94
A 96
A 95
A 93
A 91
A 89
A 92
C 7
A 90
TC 63
TC 64
TC 67
10a
10
TC 46
A 83
TC 54
TC 53
A 86
A 87
A 88
S5
55
66
67
68

5c
A 57
A 57A
TF 4
5.1
5.2
5.3
TC 17
3
S1
5a
5b
TF 5
TF 3
TC 13
A 116
(TC 19)
45
51
A 117
A 58
A 119
A 118
4b
A 120
A 121
C 4
TO 16
12
13
C 3
11
9
4a
TC 31
A 67
7
TC 22
A 59
A 60
A 61
A 62
14
A 65
TC 29
TC 30
A 67A
52
TC 23
TC 26
39
A 68
A 64
A 63
8b
A 66
8a
TF 7
A 78
A 73
A 74
A 75
A 76
TF 8
C 5
A 81
A 80
TC 35
A 79
8
15
A 77
56
16
70

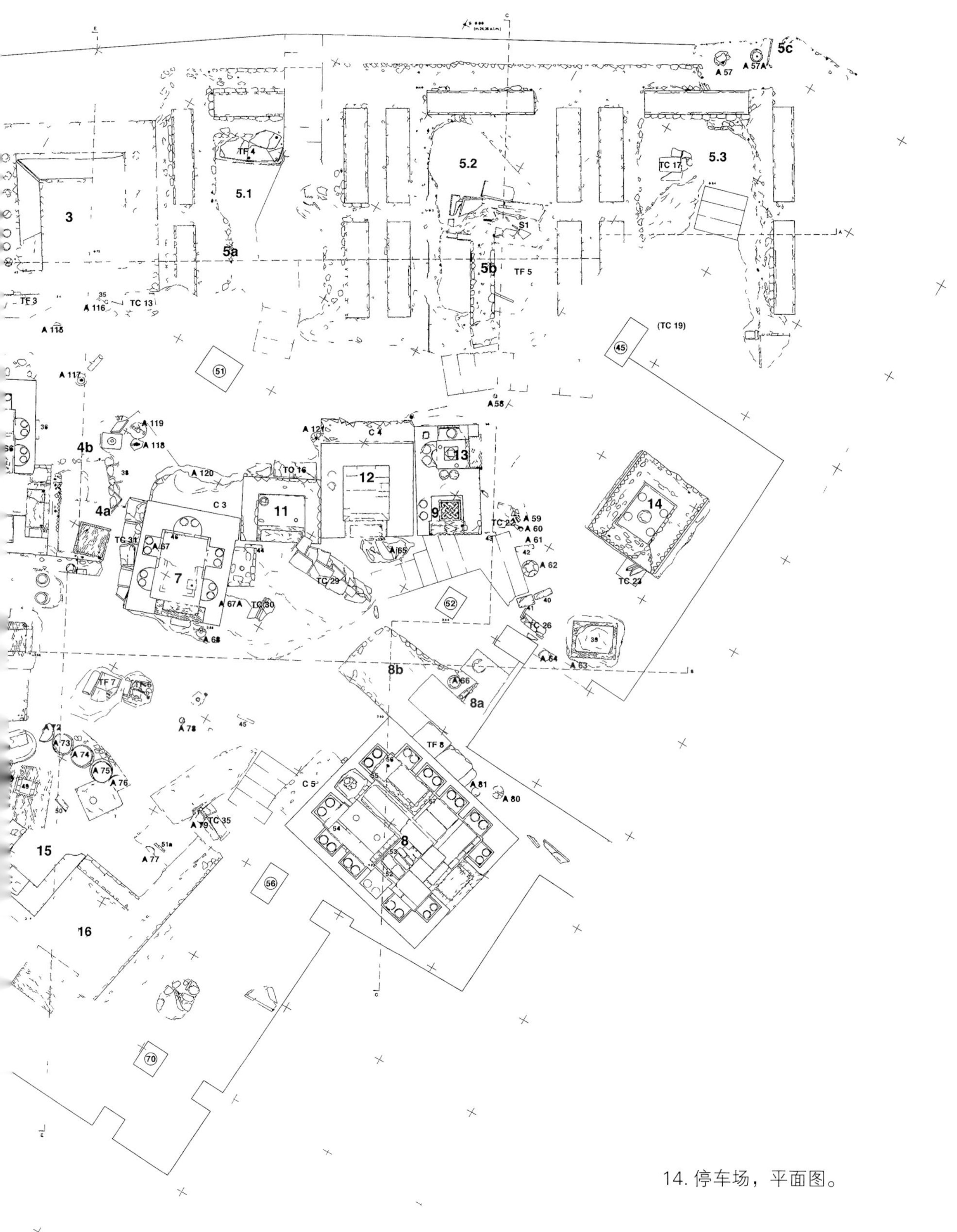

14. 停车场，平面图。

墓葬。和附近的墓葬区一样，停车场区的坟墓也分布在不同的梯级上，这些坟墓旁还有单人墓。根据已有的考古发现，这片区域有四个梯级，但各个梯级之间的界限并不清晰，因为每两个梯级之间相差的高度都是不等的：有些梯级似乎是连在一起的，某一时期这些梯级可能是上下重叠的。但不管怎么说，这片区域十分狭窄，我们必须要意识到这一点：水平距离不到 20 米的区域里，最高点和最低点的高度差超过 5 米，也就是说这一区域里至少有 30% 是位于斜坡上的。沿着陡峭的斜坡，在两个梯级之间的区域分布着许多单人墓，这些墓中有的埋葬的是死者的骨灰坛，有的埋葬的是死者的遗体。随着时间的流逝，这些单人墓互相覆盖。这片区域一共发掘出 20 座大型墓葬、68 座莴苣形坟墓（这些坟墓的屋顶似乎是双层斜面）、12 座顶部铺着平板的坟墓、6 具石棺、7 座半圆形的单人墓，人们还在这一区域发掘出了许多用石碑或石柱表明身份的骨灰坛，有的骨灰坛位于遗体火化区，有的则被直接埋在土里。

需要注意的一点是，这一区域里的一层层的坟墓是按照地形变化而修建的，坟墓区域是不规则的。实际上，停车场区的坟墓是从凯旋大道附近的区域开始修建的。这些区域在凯旋大道下方几十米处。随着时间的流逝，这些坟墓慢慢向上占据了这片区域，随着山势的起伏变化。此外，我们还需要注意一点，每当上层区域有一座坟墓建造起来，因为建造坟墓而挖掘出的泥土要么是被倾倒在坟墓的一侧，要么是被倾倒在下层区域里，但不管怎么说人们仍然在使用之前建造的坟墓。因此，这一墓葬区域里的坟墓建造缺乏规划，地面不稳定，地形和之前建造的坟墓给人们新修建坟墓都带来了限制；这些情况不仅造成了这一墓葬区域中坟墓的分布不规则，还使得坟墓朝向不统一，形状多样。梵蒂冈山不稳定的地形构造使得只有一部分斜坡是稳定的，但这一区域仍会定期发生山体滑坡。值得注意的是梵蒂冈山在弗拉维王朝时（69—96 年）发生的一场山体滑坡掩埋了当时还在使用的大部分坟墓。之后人们在这些被塌方掩埋起来的坟墓之上又建起了新的坟墓，这些新修建起来的坟墓也经历了相似的命运。

和附近的墓葬区相比，这一墓葬区的时间跨度似乎较短一点。人们将这一墓葬区的时间跨度确定在两个世纪左右，从公元 1 世纪中叶到公元 3 世纪中叶或下半叶。特别的是，人们把这个墓葬区的坟墓建造过程划分了 5 个主要的阶段：阶段一是从公元 1 世纪中叶到韦帕芗时期（69—79 年）；阶段二是韦帕芗时期后的整个弗拉维王朝时期（79—96 年）；阶段三包括涅尔瓦时期（96—98 年）、图拉真时期（98—117 年）和哈德良时期（117—138 年）；阶段四和安敦尼时期（138—192 年）有关；阶段五从塞维鲁时期（2 世纪末）开始，直到公元 3 世纪中叶。根据这一区域出土的硬币，人们把这片墓葬区的年代延长到公元3世纪下半叶。人们并没有发现在公元3世纪下半叶建造的一些新的墓葬建筑，只是发现了几个可以追溯到这一时期的墓穴。考虑到梵蒂冈山上建造坟墓的活动从未停止过，人们在修建坟墓时也缺乏规划，因此，我们也只是根据传统的时间划分方式将停车场区的坟墓划分成五个阶段。由于上述的所有原因，我们在利用插图解释这一墓葬区的情况时，也会从最靠近凯旋大道的坟墓出发，按照时间顺序介绍这些坟墓。

根据文献记录，这一墓葬区最早的坟墓的年代可以追溯到公元1世纪中叶之后的那几年。特别的一点是，这一墓葬区的下方区域比其他区域都要平坦，人们在下方区域发现了两个用于举行火化仪式的场所，这两个场所的年代可以追溯到公元1世纪中叶或之后的20年。举行火化仪式的场所中有个祭坛5，祭坛上留有献给马库斯·瓦列里留斯·阿曼笃斯的题词，他可能是一位获得了自由的奴隶，也许来自马尔齐·瓦列里·麦萨阿拉埃家族中的一个贵族家庭。祭坛5的外面有两个用于悬挂植物花环的小铁钉。另一个用于举行火化仪式的场所是祭坛4，这个祭坛是马库斯·奥匹乌斯·莱切普图斯的。祭坛4的内部是空的，用于存放骨灰。人们在祭坛4旁发现了一些大约是在同时期建造的石灰华材质的石碑。

这一区域上方稍高处是这片墓葬区的另一梯级，这一梯级的坟墓是在公元1世纪中叶或下半叶建造的。这一区域有几座砖石墓葬和许多单人墓穴。在尼禄在位时期（54—68年），墓10在祭坛4和5的上方建造起来。墓10是一座大型的露天墓地，四周是网状的砖砌围墙，这些外面都涂上了红色灰泥的围墙上没有入口，也没有窗户，人们只能从位于坟墓上方的一条小道上的一段木质楼梯到达墓10。墓10里有两排壁龛，每排有五个壁龛，每个壁龛里都放置着两个陶土制的骨灰坛，墓10中一共放置着20位死者的骨灰坛。然而，在公元2世纪初，这块墓地被弃置了。在之后几十年里，土壤逐渐填满了这片区域，而这片区域几乎变成了一块平地，之后人们又在这里建造起带有墓穴的坟墓（坟墓的顶部是半蒿苣形）。

还是在尼禄时期，人们在墓10区域稍西的位置（高度也比墓10区域稍高一点）建起了另一面围墙4a，不过这面围墙围起来的区域比墓10所占区域要小一点。围墙4a是网状的低矮墙壁，上面有凝灰岩材质的齿状待接插口，插口上涂了一层红色灰泥。围墙底部有3个用于放置骨灰坛的壁龛，这3个壁龛排成了一排。同时，这一排壁龛还被作为支柱来支撑上层区域。围墙内部有一个石灰华材质的基座，上面的石碑或祭坛刻着碑文。由于围墙不高，人们可以从围墙外面看到碑文。围墙4a在附近建造骨灰安置处6（60—80年）和7（110—120年）的时候得以保存下来，但因为人们之后修建骨灰安置处4（公元2世纪末），使围墙4a遭到了损坏，并被掩埋。因此，人们可以推断：至少到公元2世纪初的几十年，围墙4a仍被人们使用。

人们在尼禄时期建造的这两面围墙出现后立即建造了骨灰安置处6。因此，骨灰安置处6在建造时将围墙10的右墙作为自己的后墙，同时，骨灰安置处6的正面位于围墙4a的角落处。这就使得骨灰安置处6的形状变成了奇特的梯形，后墙比入口处的墙壁宽。骨灰安置处6在建造时使用了砖石并排列成网状，墙壁最初被覆上了一层红色灰泥。骨灰安置处6的入口处正对着一个小广场，其墙壁上有一扇石灰华材质的矮门和两扇小窗户，门上部区域有一块用于刻下题词的石板，但题词并没有被保存下来。骨灰安置处内部只有一排壁龛：侧墙上有三个壁龛，每个壁龛里放置着两个骨灰坛；入口处的墙上有两个壁龛，每个壁龛里放置着一个骨灰坛；后墙上，也就是在围墙10下方有一个拱形墓穴。碎瓦片铺成的地面上有一些切口，人们认为这些切口是用于排出渗入墓中的积水的。左侧墙壁下方的瓦片地面处有一个嵌入地面的陶制石棺，这具石棺是公元2世纪的款式：由此，人们可以推断出这处地面是坟墓建成后的第二个阶段内铺设的。

这间墓室里的壁画装饰也十分有趣：墙壁上和半圆形拱顶上描绘的场景都是小花园里面有一座亭子。人们利用了一个横向放置的框架、一些红色方块、一些互相缠绕着的下垂饰带完成了这个场景。下垂饰带的底部画着灌木丛，灌木丛里有长长的绿叶和红色的花朵。这些在公元2世纪下半叶到公元3世纪是十分常见的装饰图案，但人们不常在公元1世纪的墓室（比如这间墓室）中发现这些图案。在墓中发现的众多陶瓷制品中，人们发现了许多可以追溯到公元2世纪上半叶或中叶的灯，这使人想到人们可能长期在墓中使用灯，时间跨度可能在70年或80年。但不管怎么说，我们还是不能排除这间墓室在被弃置和掩埋后，又曾被人们重新使用的可能。

不管是在围栏10左侧的陡峭斜坡上，还是在墓室6下方的一小块平坦空地上，我们都发现了许多直接在地面上挖出的墓穴，这些墓穴是用来放置死者的骨灰坛的。墓穴里通常有一块大理石或石灰华材质的石碑，上面刻了献给死者的题词。这些墓穴的年代基本上可以追溯到公元1世纪下半叶，它们在几十年后被掩埋。墓穴被掩埋后，又有许多新的墓穴在原来墓穴上方建造起来，不过这一次的墓穴是用来埋葬死者的遗体的。根据这些新建的墓穴的土壤情况，我们可以判断它们的位置在公元1世纪中叶或下半叶时不断靠近附近的两片区域，也就是更为平坦的那一侧山坡上的两片区域：一是祭坛4和5所在区域，二是墓4a和6前面和旁边的呈“L”形的区域。

还是在尼禄时期，骨灰安置处6前方较低区域建造了骨灰安置处8。骨灰安置处8的保存状态很好，也是这片墓葬区中出土文物最丰富的一座坟墓。这座坟墓的小院子的

15. 停车场，轴测图。

16. 停车场，从高处看到的中央区域的全景。

17. 停车场，从下方看到的中央区域的全景。

18. 停车场，围墙状坟墓 10。

外墙是用砖石建造的，内墙在建造时既使用了砖石也使用了铁丝网。这座坟墓的一部分区域向北面延伸，就是之前描述过的坟墓的后方区域。同时，骨灰安置处 8 的朝向和之前描述过的坟墓都不同。因此，我们可以推断这座墓和另一条道路有关系，也就是停车场墓葬区和圣罗莎墓葬区之间的一段斜坡。人们在墓室里发掘出了两层壁龛，壁龛中一共有 38 个骨灰坛。但是，由于死者对骨灰坛放置的位置有不同要求，而且对这座坟墓也进行了一些修缮，所以这些骨灰坛看上去是杂乱放置的。人们将右侧墙壁中央的壁龛扩大了，扩大后的壁龛可以放入四个骨灰坛。壁龛上装饰着彩色马赛克，四周围着一排贝壳（鸟蛤壳的形状）。而在左侧墙壁上，人们之后加上了一个壁龛，这个壁龛里存放的是一个小孩子的骨灰坛。新加壁龛的垂直方向连接了两个位置重叠的壁龛。

墓中的四周都装饰着砖石，这些砖石像框架一样围住了灰泥材质的壁灯和壁画。我们可以观察到在墙上的壁画里，常春藤、茛苕枝条和一个水果篮旁有许多红色、黄色和绿色的几何图案。后墙中央是一个小壁龛，四周是小砖块制成的框架，壁龛的拱形顶部用灰泥材质的贝壳饰装饰着。壁龛内部是一尊无首的小雕像，也是灰泥材质的。这尊雕像刻画了一个坐着的人，这个人穿着一件厚重的长套衫，披着一件披风。他的手放在膝盖处支撑着一块双层蜡板和一支尖笔：这似乎是想告诉人们这是一位正在工作的抄书吏。这个人也许就是这座集体墓的一位主要订购者，或者是负责建集体墓的机构的行政官员。事实上，墓中六份被保存在原址的碑文表明埋在这座墓里的死者之间没有血缘关系，这座墓可能是一座集体墓。在这种情况下，我们可以认为，这座坟墓大概使用了半个世纪，而负责建造这座坟墓的机构也存在了半个世纪左右。直到公元 2 世纪初，这座坟墓才被弃置。值得一提的是，墓中有一位叫埃罗斯的死者，他是塞尔维利阿尼家族花园的看门人，这个花园是皇族的一部分地产，这一墓葬区中尼禄时期修建的坟墓的碑文中曾多次提到这个花园。因此，我们可以推测这座花园应该离凯旋大道不远。有两个箱状墓穴上有刻上了碑文的石板，这些墓穴是之后为了存放骨灰坛而建造的。特别的是，左侧墓穴上方盖着的一块雪花石膏材质的精美石板和雪花石膏材质的塞子仍得以保存。骨灰可以通过石板上的两个洞放入墓穴里。墓室中有一个雪花石膏材质的祭坛正对墓室入口处放置。坟墓建设的第二个阶段大概是在公元 2 世纪初。在这一时间段内，人们在墓中地面的大理石石板下方挖了许多用于存放骨灰的墓穴。

即便在停车场墓葬区的最高层，人们也发现了尼禄时期修建的坟墓的痕迹。这些坟墓所在区域是一小块高地。许多公元 1 世纪下半叶建造的墓穴都位于一个小广场旁边，墓穴之间由一条小道连接，墓穴后面又有一个小高坡。石碑 32，也就是刻着题词的一小

19. 停车场，骨灰安置处 6 的正面。

20. 停车场，骨灰安置处 6 的内部。

第 198—199 页：21. 停车场，骨灰安置处 8。

块大理石石碑指明了这些死者的身份：努尼乌斯献给妻子玛（这个名字来源于卡帕多西亚地区的一位女神的名字）和儿子克雷森斯。克雷森斯是尼禄皇帝地产的看管员。碑文刻在石碑的下部，石碑上部则装饰着精美的三角楣饰，三角楣饰旁是正在盆地里饮水的鸟，下方雕刻着两位死者的半身像：小孩子浓密的头发十分整齐，额头上有一层厚厚的刘海，这种发型在尼禄时期十分流行；女性死者的发型则是当时流行的小阿格里皮娜（尼禄的母亲）的发型。石碑前有两个深深插入地面的双耳细颈酒罐，这两个酒罐可能是用来装浇祭液体的。继续沿着这条道向前，东南方向是石碑 28，这块石碑的年代可以追溯到公元 50—60 年。石碑上是献给维莱昆达和她的丈夫撒图尼努斯的题词。维莱昆达是塞尔维利阿尼花园中一座供奉女神维纳斯的神庙中的一位侍女。撒图尼努斯是拉丁图书馆（可能也是塞尔维利阿尼花园中的一座建筑）中的一名奴隶。对塞尔维利阿尼花园的又一次提及——埋葬在骨灰安置处 8 的奴隶埃罗斯在塞尔维利阿尼花园工作——证实这一早期埋葬在墓地中的不同死者与皇室的一些地产有紧密的联系，这些皇室地产可能就在凯旋大道附近。尼禄在公元 68 年似乎正是从这里的花园离开罗马，并开始了他悲惨的逃亡。

石碑 28 旁略靠后的位置有一个底座，底座上放置着一排祭坛，一共有三个（24、25 和 26）。古时候这些祭坛曾被多次移动，而在 1958 年的考古发掘后，由于空间不足，这些祭坛又被重新移动。按照时间顺序，第一个祭坛，也就是最左侧的祭坛 24，是伊乌里亚・特瑞费拉在公元 60—70 年为自己和提比略・尤利乌斯・阿提麦图斯准备的。提比略・尤利乌斯・阿提麦图斯是伊乌里亚・特瑞费拉的保护主，也可能是她的丈夫。第二个祭坛，也就是最右侧的祭坛 26，是刚刚这对夫妇的女儿伊乌里亚・萨莱普特为她的第一任丈夫卡伊乌斯・瓦列里留斯・海姆努斯准备的。第三个祭坛，也就是位于中间位置的祭坛 25，是年轻的寡妇伊乌里亚・萨莱普特为他的第二任丈夫卢修斯・马艾丘斯・欧内西姆斯准备的。第三个祭坛没有第二个祭坛精致。这三个祭坛在 20 年间并排放置着。之后由于祭坛旁边修建了一些单人墓穴，留给祭坛的空间就减少了。如果伊乌里亚・萨莱普特一开始表明了自己想被埋在第一任丈夫旁，那么她在为第二任丈夫准备题词时移走了祭坛，她献给第二任丈夫的题词和献给第一任丈夫的题词存在差异：在献给第二任丈夫的题词中，她不再称她的丈夫为“十分可爱”的人，题词中也没有提到“为自己准备的”这个词，而伊乌里亚・萨莱普特本应该在碑文中指明自己也将被埋在这里。

儿年后，人们为了在这个狭小的空间里修建两间墓室，挖掉了这一区域的一部分山坡（下方的一部分）。在公元 70—90 年，在维莱昆达石碑的右侧，建造起了小的骨灰安置处 1，这是一座几乎是正方形的砖砌坟

DIS·MANIBVS
TI·CLAVDIO·MENOPHILI·LIB
ONESIMO·CLAVDIAE·PARENTIBVS·OPTIMIS
PRISCAE·PARENTIBVS·OPTIMIS
CLADIA·ILIAS·FIL·FECET·SIBI
LIBERT·LIBERTAB·POSTER·EORVM

MANES

22. 停车场，努尼乌斯石碑，儿子克雷森斯和妻子玛的半身像的细节图。

23. 停车场，小道和努尼乌斯石碑。

24. 停车场，伊乌里亚·特瑞费拉献给保护主和丈夫的祭坛，以及伊乌里亚·萨莱普特献给自己两任丈夫的祭坛。

25. 停车场，骨灰安置处 1 的内部。

墓。这座坟墓一开始只和火葬仪式有关，因此，人们在墙壁上建造了好几排壁龛来放置骨灰坛。后墙中央有一个凸起，这是由一个比其他壁龛的规格都要大的壁龛和下方的一个小壁龛组成的。大壁龛用于放置墓主夫妇的骨灰坛，小壁龛上有一根细管，浇祭的液体可以通过这根细管到达地面下方的墓穴。两侧墙壁上各有两个小的箱子，这个箱子只借助后面的一个开口和坟墓外部相连。壁龛所在位置有一些薄的大理石板，石板应该是用来写下死者的名字，但是这些写下的名字之后消失了。这些石板中只有一块（这块石板上的文字是刻上去的）仍然保存着一份献给昆塔斯·森提乌斯·菲勒图斯的题词，他在45岁时去世。壁龛的框架是用灰泥制成，以壁画上的花卉图案装饰。地面中原本的马赛克地面一点也没有保存下来，为了在地面下方挖两个墓穴来埋葬两个孩子，人们在公元3世纪上半叶拆掉了大理石地面。最近，在墓室门槛处，人们发现了这两个墓穴中的一个，这个墓穴中埋葬的孩子可能死于脑积水。人们在这个墓穴中发现了所谓的“卡戎硬币”，就是一枚放在死者口中的硬币，死者用这枚硬币向卡戎支付到达冥界的船费。这个墓穴是在公元211—222年之间建造的，人们证实这座坟墓在建成后曾立即被重修过。

与此同时，努尼乌斯石碑（石碑32）右侧不远处是骨灰安置处3。骨灰安置处3也是一座几乎是正方形的砖砌坟墓，坟墓外部曾被涂上了一层红色灰泥。这座坟墓起初只用于放置骨灰坛，但不久之后，里面也埋入了死者的遗体：在放置了骨灰坛的壁龛所在的墙壁下方区域，人们挖掘出了顶部为半莴苣形的墓穴。其他墓穴则在地面下方，地面上方起初铺满了马赛克和大理石板。墙壁上有许多红色条纹，条纹下方的植物图案和作为背景的白色灰泥对比格外显眼。

随后几年，许多简单墓穴在骨灰安置处3附近建造起来。这些墓穴中有用于掩埋骨灰坛的墓穴，如石碑35处的墓穴，也有“骰子形状”的骨灰安置区域，如阿乌费迪家族墓中石碑33和34指明的区域。整片区域布满了各种单人墓穴，有些墓穴会用石碑或石柱指明死者的身份，有些墓穴会有用于倾倒浇祭液体的细管和双耳细颈酒罐。在这些墓穴中，有一个墓穴里有一具形状类似水盆的陶制棺材。棺材边缘留下了一个印戳，这个印戳的时间是公元79年之前。一个多世纪以后，这座墓穴被掩埋了，在这个位置建造起了墓5的地基。稍下方区域是弗拉维王朝时期建造的一些用于掩埋骨灰坛的坟墓，这些坟墓中有一些双耳细颈酒罐，有一个顶部是半莴苣形的墓穴，有许多用石碑（40、41、42、43和95）表明死者身份的墓穴。在接近公元1世纪末时，人们在这里建造了骨灰安置处14，并在骨灰安置处14的入口前建造了祭坛39。祭坛39和骨灰安置处14的朝向不同。祭坛39是在一座顶部呈莴苣形的年代久远的坟墓上建造起来的，其外墙是网状砖石结构，上面有凝灰石齿形待接插口，内墙则被涂上了一层白色灰泥，还绘有一条红色条纹。骨灰坛被埋在墓室地面下方的四个角，地板中央有另一个坑，这个坑比在四个角埋骨灰坛的坑要大一点，人们推断这个坑被用来举行浇祭仪式。在停车场墓葬区附近，年代稍早一点的圣罗莎墓葬区的墓XXV、XXXV和XX（阿尔齐姆斯墓）里也对墓室空间进行了类似的划分。

在公元2世纪的最初几十年里，人们在墓4a和墓6西北方向的小广场建造了新的墓葬建筑。在此期间，人们建造了许多“骰子形”的骨灰安置处来放置骨灰坛。“骰子形”的骨灰安置区域的空间利用程度非常高：大约1平方米的墙壁上布满了壁龛，还有一些壁龛被埋在地面下方。

“骰子形”的骨灰安置处11、12和9朝向东面。其中位于最外侧位置的一个骨灰安置处，也就是骨灰安置处13朝向北面，北面有一个空旷的区域，这表明这一区域曾经有过一个宽斜坡。和年代稍晚的安提贡乌斯的骨灰安置处7相比，这里的入口处所在墙壁要稍靠后一点。

这一区域的骨灰安置处中年代最久远的是骨灰安置处12，创建于公元2世纪初。骨灰安置处12在建造时旁边没有其他坟墓，这座墓距离围墙4a约3米。之后，骨灰安置处11和7靠着骨灰安置处12的南面建造起来，而双层骨灰安置处9—13则靠着骨灰安置处12的北面建造起来。这些坟墓的正面是用一种质量极好的砖块建造的，这种砖是一种极薄的红砖，一层薄薄的砂浆将砖块砌起来。因为这面墙暴露在外，可以被人们看见，所以工人在砌的时候十分仔细，墙上的砖十分工整。但侧面墙壁却修建得不够精细，所以被涂上了一层厚厚的红色灰泥。

人们可以通过一个小门进入骨灰安置处12，这个小门上的石灰华门槛依然保存着。事实上，由于这个地方空间很小，人们只能匍匐着进入，室内也只能举行简单的纪念死者的活动。墙壁上有两排壁龛，一排有两个壁龛，每个壁龛里放置着一个或两个骨灰坛。后墙上有一上一下两个壁龛，这两个壁龛的尺寸要大一些，每个壁龛里都放着一个骨灰坛。还是在后墙上，我们看到了留下来的壁画装饰是多么精美：白色灰泥上绘制了许多红色和棕色的方块，壁画就在这些方块里。方块周围装饰着灰泥边饰和红色的细条纹，方块里则是两个红色的烛台形状的细枝条，上面停着两只鸟。安诺纳墓葬区（见下文）的骨灰安置处3里的壁画和这里十分相似。考虑到停车场区和安诺纳区的地理位置很接近，这两座坟墓所属的年代也接近，所以我们可以推测这两座坟墓中的壁画出自同一人之手。这里出现的烛台形状的壁画装饰由“烛台风格”演变而来，这种风格的产生时间可以追溯到这座墓建造时的前半个世纪，也就是庞贝式风格的第三阶段后期和第四阶段之间（公元1世纪中叶）。“烛台风格”壁画变化多样，直到公元2世纪上半叶，

26. 停车场，从高处看到的墓 12 和 9—13。

27. 停车场，墓 12 内部。

人们还能看到类似的壁画装饰。骨灰安置处12的地面铺上了大理石，入口处有一小块地面经过了碎块形工艺处理。人们在地面下方挖了新的墓穴后便利用碎块形工艺重新铺了地面。挖地下墓穴的时间也是在公元2世纪中叶。

双层骨灰安置处9—13是由两个非常小的墓室组成的一个墓葬建筑。这座墓葬建筑是由砖石建成的，呈“L”形两间墓室的隔墙（参见第206页的图26）是共用的。骨灰安置处9的构造和规模与较大的墓葬相似，只不过规格较小。和其他骨灰安置处相比，我们需要注意的是骨灰安置处9的地面上用黑白的马赛克砖拼成的图案是著名的“所罗门王结”。这个结看上去没有绳头，因此被人们看作不死的象征，这个迷宫式的绳结也被人们赋予了驱魔消灾的意义。中央的马赛克方砖的一角插入了一根细管，浇祭的液体可以通过这根细管到达地面下方的墓穴。

骨灰安置处11靠在骨灰安置处12的南面，二者的正面在同一条线上。由于空间有限，人们不得不利用骨灰安置处12南面的墙。人们在这面墙上挖出一个壁龛，这也是狭小的骨灰安置处11唯一的一个壁龛。壁龛里的骨灰坛不是被嵌入墙中的，壁龛里有一个隔板，隔板上放置着骨灰坛和一些墓葬装饰物。人们只能通过一些残存的痕迹猜测这座墓中的壁画：墙壁上涂了一层白色灰泥，上面有许多红色和绿色的植物图案，但这些图案几乎已经完全损毁了。这座墓的地面上没有任何装饰的痕迹，因为人们当时为了挖掘地面下方的小墓穴，已经将地板完全拆除了。我们可以根据一座石碑解释埋葬在这个墓穴里的人的身份，这座石碑如今保存在坟墓上方的古碑文博物馆中。石碑上刻着的碑文是献给昆塔斯·牧提艾努斯·阿提麦图斯，这个孩子在一岁多就去世了。这块石碑的底部有一段后来加上的碑文，这段碑文则是献给昆塔斯·牧提艾努斯·阿提麦图斯的小兄弟的。这个孩子的名字和兄长相同，也拥有和兄长相同的早逝的命运。我们可以猜测孩子的父母也想埋葬在自己不幸的孩子身边，于是他们将地面拆除，将自己的骨灰坛也埋在了地面下。在骨灰安置处9的前方几米处，人们发现了一尊未完成的小雕像。这尊雕像是一个裸着身体的小孩，小孩肩膀上扛着一个花瓶。人们在喷泉和花园的装饰中经常会看到这种人物形象。一般来说，这个形象不会出现在墓葬中，但人们认为它出现在这里可能有另一层含义。考虑到这座坟墓中埋葬了儿童，所以这尊雕像可能就属于这座坟墓。

不久后，这一区域中和其他骨灰安置处同属一个系列的最后一座坟墓，也就是骨

28. 停车场，墓12，壁画细节图。

灰安置处7也建造起来了。这座坟墓的外墙是用砖块砌成的，内墙是用铁丝网和砖砌成的。这座小坟墓位于骨灰安置处11的一侧，但是和骨灰安置处11相比距离小广场的中央更近一些。通过一块石碑上的一段碑文，人们可以确定墓主人的身份：提图斯·玛尼乌斯·安提贡乌斯为自己和自己的孩子们建造了这座墓。这座墓所在的位置之前曾有另一座坟墓，这座墓是在之前那座墓的基础上建造起来的。安提贡乌斯刻下碑文的石碑上也曾刻下之前那座坟墓的碑文。在建造骨灰安置处7时，这块石碑被嵌入后墙，上面的文字被涂去，刻上了新的文字。事实上，安提贡乌斯在自己在世时就写下了这段碑文，详细说明了早早离世的阿普莱亚·阿蒂琪拉和阿普莱尤斯·瓦伦斯，以及皇室奴隶犹塔霍斯和克劳迪亚·艾皮特乌西斯。因此，人们推测，石碑上之前刻上去的内容应该和这四个人有关。在后墙左侧角落处下方的一个壁龛里有一个双耳陶罐和一根细管，浇祭的液体可以通过陶罐和细管到达这四个人的墓穴中。安提贡乌斯为了建造自己的家族墓购买了这一片区域，为了在之前那座坟墓的基础上修建新的坟墓，他必须重新利用这块旧石碑，告知这里埋葬的四位死者：两位阿普莱家族的人（从名字来看可能是母亲和儿子）以及另两位死者。

小墓室的墙壁上覆盖着一层白色灰泥，上面绘有黄色和红色的条纹，这些条纹装饰分割了室内的不同区域，这些区域旁又装饰着灰泥。在发掘过程中，人们发现了许多带有绘画和镀金痕迹的灰泥碎片，于是得知这座坟墓的屋顶是花格平顶，平顶上还饰有浮雕图案。地板上黑色和白色的马赛克砖似乎并不是一开始铺上去的，因为墙壁上有之前

29. 停车场，扛着花瓶的裸体小孩的小雕像。

30. 停车场，提图斯 · 玛尼乌斯 · 安提贡乌斯的墓 7。

31. 停车场，从高处看到的骨灰安置处 1 和 2。

32. 停车场，石棉材质的布料。

33. 停车场，顶部为蔺苣形的坟墓。

铺的大理石板的痕迹。马赛克地面之后也被损坏，可能是因为人们不断在地面下方挖墓穴使得马赛克地面支离破碎。墙上有两排壁龛，顶部呈长方形和半圆形的壁龛交替排列。后墙顶部的壁龛比这座墓中的其他壁龛的规格都要大，因此人们推测后墙上的这个壁龛里放置的是墓主夫妇的骨灰坛。由于后墙顶部壁龛上壁画的保存状态不好，人们很难辨认出壁画描绘的场景：残存的壁画似乎和神话场景无关，但我们很容易就能猜测出这幅壁画描绘的场景一定和安提贡乌斯的职业有关。

公元 2 世纪初，在这些小型骨灰安置处建造时，前方的小广场仍然是空旷的，之后这个小广场的空间逐渐被一个个地下墓穴占据。一开始的地下墓穴里埋的是骨灰，骨灰被放在骨灰坛、陶土制容器或双耳陶罐里。在之后的几十年里，这些墓穴旁慢慢出现了许多用于埋葬尸体的墓葬建筑，比如简单的墓穴，有着莴笋形顶部的坟墓或陶土制成的棺材。从公元 2 世纪到 3 世纪中叶，这个小广场上的所有空间都慢慢被单人墓穴占据了：砖制坟墓里也出现了许多埋葬尸体的墓穴，这些墓穴有的在地面下方，有的在墙内。人们重新利用之前被掩埋的坟墓的空间和所有有用的物品来纪念新逝去的人。

骨灰安置处 8 东南角附近的墓 35 就是一座顶部是莴苣形的坟墓：人们可以从地面上的一个切口看到墓 35，也可以清楚发现这座墓的发展过程。墓 35 所处的地面上有一座石碑，这座石碑和这座墓有关。虽然这座石碑上的大部分碑文都缺失了，通过残存的碑文，人们依然能得知这座墓的面积。石碑的底部有三条互相垂直连接在一起的细管，浇祭的液体通过这三根细管可以到达死者的面部。死者位于深 1.40 米的墓穴中，墓穴上方覆盖着许多砖块，这些砖块排列成的顶部是两个斜面（也就是“莴苣形”）。

人们在井 69 中 5 米深的地方发现了一块石棉材质的布料，这块布折叠着放在一个研钵里（不幸的是这个研钵已经遗失了）。这块布如今在这一墓葬区里展出，被放在两块玻璃之间的一块薄板上。人们曾认为这块罕见的布料是尸体火化时用来将尸体和火堆中的木头分开，因为这块布中含有防火的矿物纤维。但在和这种布料有关的记载中，至少有一种情况是人们在石棺内发现这种布料。因此，麦基认为这块布料可能和普林尼提到的葬礼服（《自然历史》19，19）有关，这种布料十分珍贵，也很难缝制成衣物。从这一点来看，布料不易腐坏可能是为了象征穿了这种材料制成的寿衣的死者是不死的。最近的一些分析似乎表明了这种布料中含有一种纤维特别长的石棉，因为这种石棉的纤维长，所以就特别适合用来编织成衣物（这种材料并不具有致癌性！）。经过证实，这种石棉并不产自意大利，而是可能来自西班牙。

位于停车场区中间位置的这块高地的空间被划分后，似乎没有可以建造新的墓葬建筑的小块空地了。实际上，我们描述的大部分坟墓都是在之前被弃置的坟墓的基础上建造起来的。骨灰安置处 2 位于高处，在公元 2 世纪中叶左右建造，倚着骨灰安置处 1，而骨灰安置处 1 当时已经被遗弃。骨灰安置处 2 也是在公元 1 世纪和 2 世纪上半叶建造的土葬墓穴上方建造起来的。之后，人们为了修建新的坟墓，又几乎将骨灰安置处 2 夷为平地。因此，我们唯一知道的是：骨灰安置处 2 是一间长方形的墓室，墙壁上有几排壁龛。墓中的墙壁上留下了一些零星的壁画装饰痕迹，壁画上有竖直的红色条纹和植物装饰图案。关于墓中原本的地面，我们也只能知道这里曾是用黑色马赛克砖铺成的。由于人们在地面下挖了新的墓穴来放置骨灰坛，所以这些马赛克砖损坏后，人们对其进行了修缮。地面上装饰着消灾驱魔的图案，这个图案就是我们之前描述过的“所罗门王结”。

很快，许多顶部是萬苣形和半萬苣形（只有一个砖制斜面）的坟墓靠着骨灰安置处 2 建造起来。在小道的另一侧，在骨灰安置处 2 入口处的正对面有一个被涂成红色的“桶”。这种“桶”是一种特殊的墓葬建筑，死者的遗体被放在用砖石建造的一个墓穴中，墓穴上方盖着一个涂了灰泥的箱状建筑，或者说整个墓穴都被嵌入这个涂了灰泥的箱状建筑。这些“桶”在公元 2 世纪和 3 世纪广泛使用，特别是在非洲的地中海沿线地区，如西班牙、达契亚和意大利。旁边的桶 7 可能是公元 2 世纪一位抄写员的坟墓，里面出土了一套和死者职业相关的工具。人们在这座墓中找到了一枚在公元 85 年铸造的硬币（坟墓建造时，这枚硬币应该已经流通多年了）、一块青铜材质的圆柱形砚台、一个椭圆形青铜杯、一个贝壳形状的杯子、一块金属薄板、一把小骨刀、一个半球形石块、两个小玻璃瓶、一些尖笔，此外还有一些物品（可能是一本书或者是一块蜡板）腐烂后剩下的有机物质。这套工具如今被保存在这个墓葬区的一个橱窗里。

附近的墓 4 比骨灰安置处 2 的年代要晚一些，墓 4 和加莱亚墓葬区的墓 6、7 和 8 有很多相似之处，因此，墓 4 的年代也可以追溯到公元 170—190 年。由于附近坟墓的存在，比如骨灰安置处 6 或石碑 36，所以墓 4 的平面图呈不规则的正方形。但墓 4 的建造没有受到围墙 4a 的影响，因为在墓 4 建造时，围墙 4a 已经被完全掩埋了，墓 4 在围墙 4a 曾经的位置建造了坟墓的入口，面对小广场的南面角落，但墓 4 的门要比公元 2 世纪初的骰子形骨灰安置处要高一些。墙壁是砖石材质的，上面被覆上了一层灰泥，墙壁外部是用砖石和凝灰岩的混合材料制成的。这座坟墓里既有死者的骨灰坛，也有死者的尸体：侧面墙壁上有三个拱形墓穴，每个拱形墓穴的下方都有一个地下墓穴，每个墓穴里埋着四个到五个人。这些人是竖直放置，被大理石板或每边长约二尺（60 厘米）的方砖隔开。墓中墙壁上部分区域是壁龛，壁龛里放置了两个骨灰坛，入口处的地面下方有一具陶制棺材，里面是一具孩子的遗体。和同时期建造的加莱亚墓葬区中的坟墓一样，这座坟墓中的地面也是由马赛克砖铺成，白色和黑色的马赛克砖拼接成的几何图案具有视幻觉的效果。圆形和正方形相交形成了内接在正方形里的凹边八边形，白色区域和黑色区域交替出现。墓中的墙壁上也有装饰，墙壁涂着白色灰泥，上面画着壁画：红色和赭石色的条纹交替出现在墙壁上划分出几何形状的区域。墙上有一块用带子系着的作为装饰物的圆形大理石，大理石和盾牌的形状类似（小的新月形盾牌），上面有一些植物图案和图画，比如红色和绿色的小玫瑰，一只有着黑色脑袋和黑色翅膀，但身子是赭石色的鸟。

墓 4 被使用了数十年，在公元 3 世纪里相继发生的多起山体滑坡中得以幸存。为了避免坟墓被掩埋，人们在墓 4 的门槛上方区域的一角建造了一面小墙。人们在建造这面墙所用的砖石中竟然还发现了两块大理石骨灰坛的碎片。墓 4 中发现的硬币证实了这个墓曾被长期使用：门槛附近找到的一枚硬币上有路奇乌斯·维鲁斯皇帝（于公元 161—169 年间在位）的妻子吕西尔的头像；一具孩子使用的陶制棺材中有两枚硬币，其中一枚硬币上有康茂德皇帝的头像（这枚硬币铸造于公元 192 年）；还有在两个地下墓穴中找到的两枚硬币，其中一枚硬币上有塞普蒂米乌斯·塞维鲁皇帝的头像（大概是在公元 194 年铸造的硬币），另一枚硬币上有加里思

图 Ⅱ，Ⅲ，Ⅳ . 箱状墓、半圆形单人墓和其他坟墓。

34. 停车场，抄写员坟墓中的陪葬品。

努斯皇帝的头像（这是一枚在公元268年铸造的罗马银币）。

墓5是停车场墓葬区中建造时间最晚的，可以追溯到公元2世纪末和公元3世纪前叶之间。如今，这座坟墓的墙壁已经被夷平，只有坟墓的西北角还保存着一部分建筑。墓5在建造时也损坏了这一区域之前存在的坟墓，或者就是在之前存在的坟墓的基础上建造起来的。人们在墓5的地基处找到了一具陶制盆形棺材（上面有公元79年之前的印戳），这就说明了墓5是在之前存在的坟墓的基础上建造起来的。

利用小块凝灰岩建造的墓5位于这一墓葬区中最高阶地的北部区域，由三间并排建造的相同墓室组成，这几间墓室下方就是山谷；墓室位于一条西北—东南走向穿过古墓区域的小道的一侧，但比小道要略高。每间墓室的每面侧墙上都有两个拱形墓穴，后墙上只有一个拱形墓穴，大概共有60名死者的遗体埋葬在这里。这个空间内埋葬了这么多人，因此这座墓看起来更像是一座集体墓，而不是一座家庭墓。人们在发掘拱形墓穴时发现这些墓穴都是空的，但是在墓中角落里保存较好的地下墓穴里找到了一堆堆在一起的骨头。这种情况使得这座墓的研究变得复杂起来：这些坟墓没有被系统使用过的假设似乎是有道理的。需要指出的是，人们在一个墓穴内部发现了一块被重新使用的“曼玛塔瓦片”。这块瓦片用来隔开墓穴中的空隙，上面留下了一个人的脚印，人的脚印旁边是一条狗和一只鸟的脚印。这些脚印可能是制作瓦片的黏土在烘干时留下来的。

墓5除了建筑材料和附近墓葬区里一些同时期建造的大型坟墓相似外，室内空间的划分也和这些坟墓类似。需要特别指出的是，墓5和加莱亚墓葬区的墓2、6、7和8，安诺纳墓葬区的墓6、7和8以及圣罗莎墓葬区的两个墓葬建筑系列——墓5北面区域的墓VII和XV以及南面区域的墓IX、XXIX和XII——有诸多相似之处。由于圣罗莎墓葬区的第二个墓葬建筑系列在墓5北面不到5米处，尽管这座墓葬建筑的方位和墓5不同，但人们还是能把它们看成一个整体。因此，人们可以推测这些坟墓是同一批工人，或至少是同一个建筑机构建造的。这些工人或这个建筑机构在安敦尼或塞维鲁时代，试图通过建造坟墓将凯旋大道沿线位于不同高度的不同墓葬区有机联系起来。

博物馆的陈列柜和古碑文博物馆里保存着各种雕像（其中有两个战车驾驶者的半身像）、油灯、香炉、玻璃细颈瓶、用于放置浇祭的液体的餐具、木箱的钉子、纽扣和发掘出的其他与丧葬仪式有关的物品。但可惜的是，人们并不清楚所有物品对应的发掘场所。在展出的物品中，有四块“诅咒板”需要格外注意：“诅咒板”由薄铅板制成，经常被折叠起来。“诅咒板”上刻着人们对某些人的诅咒，他们想通过死者将这些诅咒带给阴间的神灵。以这种方式，人们期望能给那些他们诅咒的人带来不幸和灾祸，但人们从不诅咒别人死亡。四块“诅咒板”中有两块不知道是在哪里发现的，第三块是在墓 4 中一块头骨下方发现的，第四块则是在石碑 32（努尼乌斯的石碑）附近的一个骨灰坛周围发现的。

这一墓葬区的坟墓在建造时使用的砖块上留有许多印戳，关于大部分石碑、刻有文字的石板、骨灰坛、石棺碎片和墓葬装饰物，这些物品提供的信息并不足以判断它们原本的位置，这些东西似乎也不属于它们被发掘出的地方。在这些物品中，有一些手工制品十分有趣，值得一提。比如有一个打了孔的骨灰坛盖子，这个孔可以让浇祭的液体进入骨灰坛。这个小孔上还盖着一个可以绕着轴旋转的盖子，这个盖子是一块大理石薄板，上面刻着献给死者伊布鲁斯的题词，或者是借伊布鲁斯之口说出的话。伊布鲁斯在年幼时去世，他祝愿来到这座坟墓的人的命运比自己要好，并恳请人们不要私自打开他的坟墓。墓葬区里发掘出的这些物品不仅具有艺术价值和历史价值，它们还向我们展示了一幅精妙的社会画卷，或者更确切来说，是一幅壮阔的人类画卷。

安诺纳墓葬区

安诺纳墓葬区是离凯旋大道较近的墓葬区，得名于名为安诺纳的建筑。这座建筑修建于 20 世纪 30 年代初，里面有储存食品的仓库和售卖食品的区域。1930 年夏天，恩里科·乔西全程跟进了安诺纳墓葬区的发掘活动。《拉特朗条约》签订后，新的梵蒂冈国因为建造国家的基础设施而需要新的空间，于是，当加莱亚墓葬区被人们发现时，安诺纳区以及邻近地区（包括如今的蒂波格拉菲亚大道和佩莱格里诺大道所在的区域）的墓葬建筑也得以重见天日。安诺纳墓葬区位于谷底的平坦区域，占地面积约 630 平方米。这一墓葬区甚至延伸到了梵蒂冈多语言印刷厂和诊疗所所在的建筑。安诺纳墓葬区的位置表明了这一墓葬区应该是在凯旋大道下游，人们在如今的佩莱格里诺大道不远处发掘到了安诺纳墓葬区的建筑。这一区域发掘出了 30 多座坟墓，其中至少有 23 座坟墓是完全可以辨认出来的。但这些坟墓中只有很小一部分得以保存，因为之后人们为了建造安诺纳建筑而毁坏了这一墓葬区内的大部分墓葬建筑。如今，我们只能通过安诺纳这座现代建筑的仓库中狭窄的地板门才能观察到这些幸免于难的坟墓。需要特别注意的是，只有墓 2 和 3 被完整保存了下来，而墓 1、4、5、10 和 22 中都有一部分和安诺纳建筑融为一体，其余的坟墓则被彻底损毁了。

和 20 世纪 30 年代的这场考古活动有关的记录也很少。乔西只给后人留下了少量的笔记和不同的照片，照片既反映了墓葬区的全貌，也记录了各种细节。以这些材料为基础，人们试图从大体上复原这一墓葬区的地形、历史和结构。由于保存下来的坟墓不多，相关的考古资料又十分匮乏，人们对这一墓

35. 停车场，从高处看到的墓 4。

36. 停车场，经过加工的骨制品。

37. 停车场，玻璃细颈瓶。
38. 停车场，金耳环。
39. 停车场，女战士的青铜小雕像。

40—43. 停车场，油灯。

44. 停车场，油灯。

45. 停车场，将伊西斯的半身像当作手柄的油灯。

46. 停车场，驾驶战车者的半身像。

47. 停车场，刻有碑文的盘状骨灰坛盖子。

48. 停车场，写有诅咒的薄铅板。

49. 停车场，孩童伊布鲁斯的石碑。

葬区结构的分析可能并不准确，只有少部分论断可以用证据直接证明。特别的是，通过研究安诺纳墓葬区的墓葬建筑和邻近区域的墓葬建筑之间的紧密关系，人们可以更深入地研究安诺纳墓葬区，并对此前的论断做出一些修订。需要格外注意的是，圣罗莎墓葬区最近的考古发现使得人们发现了安诺纳墓葬区和圣罗莎墓葬区的诸多相似之处，因而明白了这两个墓葬区中有在同一时期修建的墓葬建筑。

和之前描述过的区域里发生的情况一样，为了在凯旋大道附近建造新的坟墓，人们会倚着其他坟墓建造自己的坟墓，会破坏此前存在的坟墓，甚至会夷平旧的坟墓并在旧的坟墓的基础上建造新的坟墓，这种建造过程是很难规划的。安诺纳墓葬区中墓葬建筑的年代划分是很明确的：可以确定公元1世纪时这一区域内就有坟墓了，最晚修建的坟墓的年代则要追溯到公元3世纪中叶，而直到公元4世纪初，人们仍经常到这一区域进行祭祀活动。之后，由于圣彼得大教堂的修建，许多北方朝圣者到达罗马。因为凯旋大道是朝圣者从北面进入罗马的主要交通道路，凯旋大道附近的安诺纳区域也被许多朝圣者造访。不管怎么说，按照惯例，我们仍然能够整理出安诺纳区域建造墓葬建筑的几个主要时期：这一墓葬区中年代最久远的骨灰安置处14是在公元1世纪中叶建造的；骨灰安置处1、2、3、4和12以及墓21、22和23是在公元1世纪下半叶至公元2世纪初建造的；而墓11、15和19的年代可以追溯到公元2世纪中叶到下半叶之间；最后一个时期，也就是公元2世纪末到公元3世纪上半叶，人们建造了墓6、7和8（属于一个系列），骨灰安置处9，墓5、13、16、17、18和20，以及可能是年代最晚的墓10。至于单人墓穴、小型坟墓和部分保存下来的坟墓，由于缺少这些坟墓发掘时的具体数据，我们无法准确判断它们所属的年代。

正如我们刚刚所说的那样，安诺纳墓葬区内已知的年代最久远的坟墓是骨灰安置处14。骨灰安置处14是在公元1世纪中叶左右建造的，位于凯旋大道附近一片平坦的

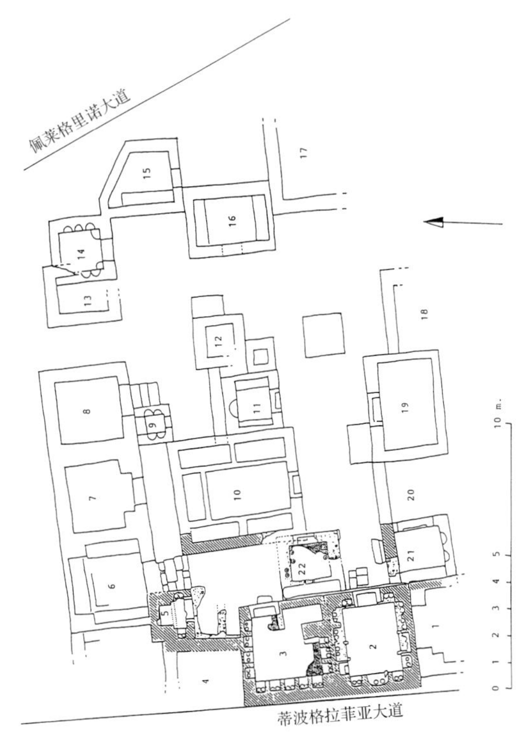

50. 安诺纳，平面测量草图。

大空地的东北角。根据20世纪30年代拍摄的照片，我们可以大致确定这座墓的面积和结构。这座骨灰安置处的平面图大致呈方形，墓是用砖石建造的，内墙涂上了一层浅色灰泥。北面墙壁中央是入口，也是唯一一面没有壁龛的墙壁。后墙和侧墙上有很多排壁龛，壁龛中是被嵌入墙内的骨灰坛：墙上处于中间位置的规格较大的壁龛中有两个骨灰坛，在大壁龛两边的壁龛中只有一个骨灰坛。除了壁龛内的骨灰坛，还有一个骨灰坛在后墙左角的一个砖砌箱子里。地面上只剩下为了铺马赛克砖而铺的一层砾岩，砾岩上可以看到一些管道。继续向地面下方发掘，乔西发现了6个“德雷斯尔20”类型的双耳陶罐，这是从贝提卡地区（在西班牙）进口的一种运输油的容器。乔西发现的这6个双耳陶罐是弗拉维王朝初期一种特殊款式的陶罐，被人们重新当成骨灰坛使用。墓13的一部分将会倚着骨灰安置处14的西侧建造起来。

当然，骨灰安置处14旁边肯定有其他一些坟墓，但经过之后的建筑时期后，我们已经难以认出这些坟墓了。我们只能辨认出位于发掘区域中央位置的墓10底部的一些结构以及位于墓11和骨灰安置处12前方的一个大的大理石底座。这个大理石底座可能和一个已经损毁的祭坛有关。在小广场对面，也就是在骨灰安置处14的西南方向有一些年代比骨灰安置处14稍晚的坟墓：它们是骨灰安置处21和22，其年代可以追溯到公元1世纪下半叶或2世纪初。这两座坟墓的内部结构相似，建筑高度相同；两座坟墓都朝着东面，都保存着石灰华材质的门槛。这两座墓一定是在身后的一个小斜坡上在同时期一起被建造起来的。

骨灰安置处21是用砖石砌成的一座小型坟墓，平面图呈正方形。侧墙上有几排壁龛，壁龛中是被嵌入墙内的骨灰坛，后墙上则是一个拱形墓穴，拱形墓穴下方对应位置有一个埋葬死者遗体的墓穴。拱形墓穴底部的壁画上有两只孔雀，孔雀位于一个装满了水果的篮子的两侧。墓中地面铺着马赛克砖，黑色和白色的马赛克砖拼接成了几何装饰图案。侧面墙壁旁的马赛克砖上有一些小孔。人们可以将细管插入这个小孔，把浇祭的液体倒入地面下方的骨灰坛。马赛克砖上装饰的一个八角形和其他并排放置的几何图案，是通过正方形和菱形相交得到的。拱形墓穴上的壁画和马赛克装饰图案都与公元2世纪的作品有许多相似之处，更确切地说，甚至和公元2世纪之后的作品都有相似之处：在和骨灰安置处21的壁画相似的壁画中，考虑到圣罗莎墓葬区的墓VIII（石棺墓）离这座墓十分近，我们可以拿它进行对比。然而，墓VIII的年代要追溯到公元3世纪初，而且墓VIII的壁画风格和骨灰安置处21的壁画风格有很大不同。和骨灰安置处21的壁画风格较为类似的是奥斯蒂亚区在公元1世纪下半叶到2世纪初建造的坟墓中的壁画。事实上，正是骨灰安置处14的结构使人们猜测它所属的年代介于1世纪末到2世纪初：由于当时火葬仪式流行，所以墓中只有后墙处有一个埋葬尸体的墓穴，圣罗莎墓葬区的骨灰安置处III（斯图基家族）也有类似的情况。骨灰安置处III中的壁画装饰以及所属年代也和骨灰安置处14接近。在之后的建筑活动中，骨灰安置处14被夷为平地，残存的结构也成了北面由凝灰岩建成的一座坟墓的一部分。在公元2世纪上半叶，骨灰安置处1和2靠着骨灰安置处14的后墙建造起来。

骨灰安置处21的北面是骨灰安置处22，二者在同一排。骨灰安置处22是一座砖制坟墓，平面图呈方形，面积比骨灰安置处21稍小。骨灰安置处22也只有很少一部分被保存下来，因为其他坟墓在建造时推倒了它，并在其基础上进行建造：需要特别注意的一点是，骨灰安置处2和3的正面墙壁正好叠在骨灰安置处14的后墙上。骨灰安置处22的结构和骨灰安置处21类似，墙上有几排壁龛，壁龛中是被嵌入墙内的两个骨灰坛，白色和黑色的马赛克砖拼成的地面装饰图案也是通过正方形和菱形相交得到的。

这些小型骨灰安置处的使用时间应该相当短暂，因为它们在建成几年后（不管怎么说都是在公元2世纪中叶）就被稍高位置建造的另一些骨灰安置处掩埋了，后建造的这些骨灰安置处侵占了这些小型骨灰安置处的后侧空间。这些剩下的小型骨灰安置处被夷为平地，改造成新建坟墓前方的一条小道。最先在公元2世纪上半叶建造的两个坟墓，也就是骨灰安置处1和2似乎是一个整体。关于骨灰安置处1，我们只能识别出它的北面墙壁，墙壁上有一上一下两个壁龛。墙壁上涂着白色的石膏，上面似乎装饰着植物图案的壁画。骨灰安置处2的保存状态比骨灰安置处1要好得多，它至今仍保存在安诺纳建筑的仓库的下方。骨灰安置处2的平面图呈长方形，四面墙壁上都有壁龛，而且还有好几排（虽然只有第一排的壁龛保存了下来）。后墙和侧墙的中央是一个规格更大的壁龛，壁龛里有两个作为隔板的小托架。也许在山体滑坡发生后，骨灰安置处2门槛前方的区域变高了，之后人们便在门槛前方建造了一堵简单的墙来阻挡住泥土，保护墓中的陶制棺材免受破坏。

稍北区域是骨灰安置处4，这座墓只被发掘出了一部分。人们可以辨认出它的墙壁上至少有一排放置着装饰十分精致的骨灰坛的壁龛。墙上似乎涂着一层红色的灰泥（相关照片是黑白的），壁龛周围还装饰着粉饰灰泥。在发掘时，墓中还保存着一部分马赛克地面，黑色马赛克砖作为背景，上面是白色马赛克砖拼成的正方形，马赛克地面的一边被切开了，可能是人们为了埋葬尸体，在地面下方挖墓穴时造成的。

骨灰安置处3位于骨灰安置处2和4之间。之后，人们将会在骨灰安置处3的入口处墙壁的外侧地面挖出一个地下墓穴。骨灰安置处3的平面图几乎呈正方形，并和骨灰安置处 2 前方和后方的砖墙完美地处于同一条线上。骨灰安置处 3 的左侧是一个能直接通向上层平台的小楼梯，这个平台可能是一个露台（一种阳台），人们可能在这个平台上举行浇祭或纪念死者的各种仪式。墓室的墙壁上涂着浅色灰泥，上面绘制着花朵图案的壁画；墙壁上至少有两排壁龛，每个壁龛里都有两个骨灰坛。地面则铺着白色马赛克砖，白色马赛克砖周围是黑色马赛克砖组成的边框。马赛克地面下方的发掘十分有趣：人们在这里发现了两个通过细管和地面连接的小井，这两个小井可以将浇祭的液体输送到死者处。需要特别注意的一点是，马赛克地面中央的细管到达的大理石材质的骨灰坛所属的年代是在公元前 6 世纪末到公元前 5 世纪初之间。这个骨灰坛产自希腊，由一个箱状物和一个顶部（顶部留了一个孔供细管插入）组成，上面装饰着山尖饰。希腊骨灰坛所属的年代和坟墓建造的年代之间至少隔了 6 个世纪，这给人们提出了一个不容易解答的问题：可能是一位有着古典品位的人购买了一件豪华的古代物品来存放自己的骨灰，或者更可能的一种情形是，人们偶然发现了一座古墓，并重新使用了墓中最精美的手工制品。

在公元 2 世纪上半叶，骨灰安置处 12 在之前描述的坟墓的东面十几米处的一块高台中央建造起来。这座砖制坟墓位于两条道路的交汇处。几十年后，墓 11 建造时损坏了骨灰安置处 12，墓 11 还侵占了骨灰安置处 12 的西侧区域。骨灰安置处 12 内部的墙壁上是壁龛，壁龛内部是骨灰坛。还有一些骨灰被放在“德雷斯尔 2–4”型的双耳酒罐里，这些酒罐位于大理石板组成的地面下方，而这些大理石板早在古代就已经被完全运走了。

墓 23 应该也是和骨灰安置处 12 在同一时期建造起来的，人们只是习惯性地把它划入发掘场所的东北区域。这座由砖石砌成的墓在 20 世纪 30 年代被首次发掘出来。墓中位于地面下方并通过细管和地面相连接的小井是用小块的凝灰岩建造的，小井上是由二尺见方的砖组成的茼苣形顶部。人们在井中发现了火化后的人骨。地面中央的一个大墓穴中却有一个陶制棺材和几具残存的死者遗体。在这座墓中还发现了大理石棺材的碎片，石棺上有犁地的场景，但人们不确定这具石棺是否属于这座墓。

在靠近广场中央的位置，有两座坟墓倚着骨灰安置处 12 建造起来。先建起来的那座墓葬建筑应该是一个小型骨灰安置处，死者的骨灰被放在位于地面下方的双耳陶罐里。另一座墓葬建筑，也就是位置稍靠后的那座坟墓，正对着先建起来的那座坟墓的入口，也有一部分倚着墓 11 的墙壁。虽然墓 11 的位置比骨灰安置处 12 要低一些，但正如前文提到的，墓 11 占据了骨灰安置处 12 的部分区域，也损坏了部分的骨灰安置处 12，所以墓 11 建造的年代要晚于骨灰安置处 12。墓 11 由凝灰岩和砖石的混合材料制成，平面图呈长方形。墓 11 的年代实际上可以追溯到公元 2 世纪中叶。它的每面侧壁上都有一个拱形墓穴，拱形墓穴下方地面上都有一个用于埋葬遗体的地下墓穴。然而，后墙上有一个大型壁龛，壁龛里有三个骨灰坛。壁龛上的装饰壁画是莨艻花的枝条，拱形墓穴周围也有类似的装饰。地上铺着黑色和白色的马赛克砖，马赛克组成的图案是被许多四叶草围绕的一根大的莨艻花枝条：这和公元2世纪一种十分常见的植物图案有关，这里的马赛克地面上出现的图案十分简洁地反映了这种植物图案。地面下有九个骨灰坛，上方的大理石板上留的小孔的数量也证实了这一点。这些小孔用于插入细管，每两个四叶草之间都有一个孔。

墓19在东西方向切分广场的小道的另一侧，也就是广场的南侧建造起来。墓19的年代可以追溯到公元2世纪下半叶。这是一座平面图呈长方形的大型墓，入口朝着北侧的道路。这座墓的墙上有墓穴，墓穴里放置着死者的遗体。黑色和白色马赛克砖拼成的图案类似于古希腊一种砌墙工艺留下的墙面形状，马赛克拼成砖块的样子，这些“砖块”互相拼接，两块拼接在一起的“砖块”上方的中央位置有另一个“砖块”，“砖块”依次拼接。这种装饰图案从公元1世纪开始流行，直到2世纪。这种图案演变出很多变体，附近的圣罗莎墓葬区的骨灰安置处I中（2世纪中叶）的马赛克地面上的图案就是这种图案的一个变体。

在建造墓19时，墓15沿着广场的东侧也建造了起来，距离凯旋大道不远。墓15的平面图呈梯形，这是因为在建造时需要考虑地形的情况：当时周围有一条小道或一座年代更早的坟墓。这座用砖石建造的坟墓的南面墙壁上有一个入口，这里可能有一条能从凯旋大道通往空地的偏辟小道。20世纪30年代拍摄的一张照片向我们展示了这座坟墓的情况，这座墓中至少有一面墙壁的下方有用于埋葬死者遗体的地下墓穴。铺着马赛克砖的地面内陷了，也许和加莱亚墓葬区的墓2一样，由于墓中建造了地下墓室而使得上层墓室的地面内陷。白色马赛克砖拼接成一个图案，这个图案几乎已经完全损毁了，可能是莨艻花的枝条。白色图案位于两个由黑色马赛克拼接成的方形区域里，而倾斜墙壁附近的白色图案则是位于黑色马赛克拼接成的三角形区域里。

一段时间后，墓16建造起来，此时墓15仍被人们使用。墓16入口处的墙壁正倚着墓15的左墙，但墓16的入口并没有被遮住。墓16的平面图呈长方形，外墙是用砖石砌成的，内墙则是用小块凝灰岩建成的。墓16内部有许多地下墓穴。墓墙被损毁，因此人们不能确定墙壁上是否有用于放置骨灰坛的壁龛。北面和南面的侧墙下方有地下墓穴，因此人们可以推断这座墓的入口是朝着西侧，面向广场。通过几张全景照片，人们似乎可以判断墓17与墓16是在同一时期建造的：墓17在墓16的一侧建造起来，是一座砖砌坟墓。墓17面积很大，它的入口

51. 安诺纳，北侧全景。

52. 安诺纳，中央区域全景。

53. 安诺纳，骨灰安置处 2。

54. 安诺纳，骨灰安置处 21。

55. 安诺纳，骨灰安置处 3。

56. 安诺纳，骨灰安置处 4。

57. 安诺纳，希腊大理石骨灰坛。

58. 安诺纳，骨灰安置处 14，地面下有“德雷斯尔 20”型号的双耳陶罐。

59. 安诺纳，维纳斯和普里阿普斯的小雕像。

60. 安诺纳，骨灰安置处 11。

61. 安诺纳，骨灰安置处 10。

的朝向似乎和墓 16 一致。新的坟墓在公元 2 世纪末到 3 世纪上半叶间在广场的南部区域建造起来。利用砖石和凝灰岩建造的墓 18 位于墓 19 的东面，比墓 19 稍靠后一点；墓 20 却位于墓 19 的对面，和墓 19 完美地排成一列。墓 20 和墓 19 之间有一块空地，墓 20 在建造时还占据了骨灰安置处 21 的一部分区域。

十分有趣的是，在室内门槛附近，人们发现了一尊维纳斯雕像的下部分的一旁有一个小的普里阿普斯像。这座雕像的年代能追溯到公元 2 世纪中叶，维纳斯和普里阿普斯象征着强大的生育能力。这座雕像似乎更适合作为别墅或花园里的装饰，而不是适合出现在墓葬建筑中。除非这座维纳斯雕像指的是穿着维纳斯女神的衣服的女死者，也就是说雕像的面部描绘的是女死者的面部特征。人们已经证实，在这座坟墓建造时，有在墓葬雕塑中将死者的脸和神的身体结合起来的习俗。

还是在塞维鲁时代，广场的北部区域也被新建的坟墓占据了。这些新建筑中至少有四座大型坟墓属于一个建筑群，和广场南面的墓葬区截然相反。20 世纪 30 年代的考古发掘活动只发掘出了广场北面的这个建筑群中的三座：墓 6、7 和 8。这些坟墓是用砖石和小凝灰岩的混合材料建造起来的，朝向南方，可以通过小楼梯到达广场。坟墓内侧墙壁上有拱形墓穴，下方有地下墓穴，地下墓穴里埋葬的死者遗体位于墓穴中深度不同的地方。这几座排成一排的坟墓的结构，内部区域划分和采用的建筑技术都和这一墓葬区中同时期建造的其他坟墓如出一辙；附近区域中，在公元 2 世纪末至 3 世纪初建造的一些坟墓也和这几座排成一排的坟墓有相似之处，比如加莱亚墓葬区的墓 2、6、7 和 8，停车场墓葬区的建筑 5 以及圣罗莎墓葬区的墓 IX、XXIX 和 XII。墓 6、7 和 8 的东面几米远有一条小道，小道的另一侧是墓 13。墓 13 也是用砖石和凝灰岩的混合材料建造的，但人们只发掘出了一部分。墓 13 在建造时侵占了骨灰安置处 14 的部分区域，后者在当时已经被弃置一个多世纪了。

几年后，有两座小坟墓倚着墓 6、7 和 8 建造起来，但墓 6、7 和 8 仍然被人们继续使用。利用砖石和凝灰岩的混合材料建造成的墓 5 位于这座墓葬建筑中的第一座坟墓（没有编号）、墓 6 和骨灰安置处 4 之间。墓 5 内既可以举行火葬仪式，也可以举行土葬仪式：后墙地面处有用于埋葬死者遗体的地下墓穴，侧墙上有两个用于放置骨灰坛的壁龛，室内的地面下方则有用于埋葬遗体的其他地下墓穴。墓 5 东面是倚着墓 8 的正面和入口处的小楼梯建造起来的骨灰安置处 9，也是用砖石和凝灰岩的混合材料建造成的。骨灰安置处 9 内部的侧墙上有两个壁龛，壁龛内一共有两个骨灰坛，后墙上有一个规格较大的壁龛，里面有三个骨灰坛。建造这座骨灰安置处的年代非常晚，这肯定是一个特殊的情况：公元 3 世纪上半叶，土葬几乎已经成为大众普遍选择的丧葬方式。要么是因为空间有限，这座墓的主人不得不选择火化遗体以节省空间，要么是因为这个家族十分传统。

骨灰安置处 9 后面是墓 10，墓 10 位于广场的中央，正对着墓 6、7 和 8 组成的墓葬建筑的小楼梯。墓 10 在建造时损坏了许多之前建造的坟墓：它可能是安诺纳墓葬区中年代最晚、规模最大的坟墓。墓 10 是用砖石和凝灰岩的混合材料建造成的，平面图呈长方形，入口朝南，也就是朝着当时仍空旷的广场。室内的每面侧墙上都有两个拱形墓穴，后墙上只有一个拱形墓穴。虽然墓 10 的内部构造模仿了公元 3 世纪初的坟墓，但墓 10 所属的年代仍然比 3 世纪晚：它虽然是倚着之前存在的坟墓建造起来的，但也给之前存在的坟墓入口留出了空间。于是，人们可以推测墓 10 应该是在 3 世纪中叶建成的。当然，安诺纳墓葬区之后又出现了许多新的墓葬建筑（至少是直到 4 世纪初这些新的墓葬建筑才出现），但我们可以猜测到之后出现的坟墓规模不大，所处的高度也比之前的坟墓要高。随后，在这一墓葬区里发生的各种事情抹去了这些后来建造的坟墓的所有痕迹。

圣罗莎墓葬区

在古凯旋大道沿线的墓葬区中，圣罗莎墓葬区的发掘年代最晚。它的发掘活动始于 2003 年 2 月，于同年 6 月结束。考古工作在搁置了近三年后于 2006 年继续。考古人员在 2006 年春夏季对这一墓葬区进行了一系列的探测、修复和整理。最终，人们在这一区域建造了博物馆，对这些墓葬进行就地保护。从 2006 年 10 月开始，博物馆对公众开放。

为了改善梵蒂冈城内的交通状况，政府想要建造一个新的地下停车场，于是选择了圣罗莎区。圣罗莎区位于梵蒂冈城墙内侧，这一部分城墙位于利奥四世大道最后一部分道路的一侧。利奥四世大道从这里转向复兴运动广场。修建地下停车场的工程仅进行了几个月就不得不停止，因为一些不容怀疑的证据显示这一区域下方有遗迹。于是考古学家开始对这一区域进行发掘，但可惜的是修建地下停车场的工程已经破坏了一些坟墓，墓中的一些文物也已经被发掘出来。在之后进行的研究中，考古学家试图确定这些文物在墓葬区中的原本位置。

考古人员在 500 平方米左右的空间里发现了分布在不同高度的 40 多座大小各异的墓葬建筑和 250 座左右的单个坟墓（其中 230 多座坟墓里掩埋的是死者的骨灰坛，另外 20 多座坟墓里埋葬的是死者的遗体）。目前，人们正朝着这一墓葬区的南面继续发掘，试图将圣罗莎墓葬区和附近的停车场墓葬区连接起来，从而形成一个面积广阔的地下考古区。之后的考古发掘并没有给圣罗莎墓葬区带来很大的影响。考古人员采用科学方法，利用现代工具来研究圣罗莎墓葬区，考古结果为研究罗马时期不够富裕的社会阶层的丧葬习俗和坟墓提供新的信息。

这个墓葬区位于一个小山谷里，先是有一个横穿过整片区域的小斜坡，之后整片区域又略微抬升，最后有一块高地。距圣罗莎墓葬区不远处的下方，大概在不到50米的地方是古凯旋大道所在位置。这一区域的斜坡在一开始的时候十分崎岖，斜坡上有许多因雨水冲刷形成的小道。雨水从山顶流下来，绕过小高地、不平的道路和其他障碍，自然而然形成了许多条小道。圣罗莎墓葬区中最早建造的坟墓十分不规则，建造的地点也很随意。人们选择最合适的地点建造了这些坟墓。在最早建造的这些坟墓里，人们会发现一些同时期建造的坟墓或相邻的坟墓的朝向不同，显然是因为曾有一棵树或大灌木丛影响了这些坟墓。

在公元前1世纪末到2世纪中叶这个时间段里建造的坟墓适应了山上的地形起伏，这些坟墓似乎就是沿着地势变化分布的。这一墓葬区里发掘出了朱里亚·克劳狄王朝的皇室奴隶和获得自由的奴隶的大型坟墓，如果我们假设这一区域仍归皇家所有，那么这些坟墓的存在似乎能够证明皇室允许这些人被埋在梵蒂冈山上。

在公元1世纪下半叶，人们开始有计划地在这一区域建造坟墓，直到2世纪的前几十年。这时建造的坟墓规模较以前更大，其中一些坟墓的碑文里还提到了坟墓的面积。开始划分这一区域。人们将斜坡夷平，将山谷中沉积的土壤运到高处，从而创造出许多平坦的高地。人们将小坟墓旁边的空地清理出来，砍掉了林中空地旁的树木。这么做是为了建造新的坟墓，与此同时，这些做法也削弱了斜坡的稳定性。山脊之间经常发生山体滑坡，如果人们将斜坡夷平便无法阻挡冲击下的泥土，暴雨一直威胁着这一区域。2世纪中叶早些时候，这里发生了一场严重的山体滑坡，这场山体滑坡比以前发生的要严重得多。泥土向山谷方向冲积，堆积在许多骨灰安置处（III、XVII、XVIII和II）的墙壁上，这些骨灰安置处在泥土到达前方的一个小高坡之前拦下了它们，并成为一道屏障，阻拦泥石冲向山谷。山体滑坡发生后，这块区域的地面升高了两米多。堆积的泥土沙石掩埋了这道屏障上游位置的所有坟墓。

死者的亲属没有重新发掘这些被掩埋的坟墓。一段时间以后，大概在2世纪中叶，这些被掩埋的坟墓才被重新使用。人们从这件事中吸取了教训——选择用砖石砌成稳定的高地后建造坟墓。人们在被山体滑坡掩埋的地方打下地基，建造这些高地。之前更宏伟的墓葬建筑是在高地上建造起来，而这些宏伟建筑旁是利用残存的空间建造起来的十分简陋的坟墓。直到3世纪的前几十年，人们仍在这些高地上建造坟墓。直到4世纪初，人们仍在此举行丧葬仪式。之后，这些坟墓逐渐被弃置，有的成为收容所，其他的则有了另外的用途。

62. 圣罗莎，全景。

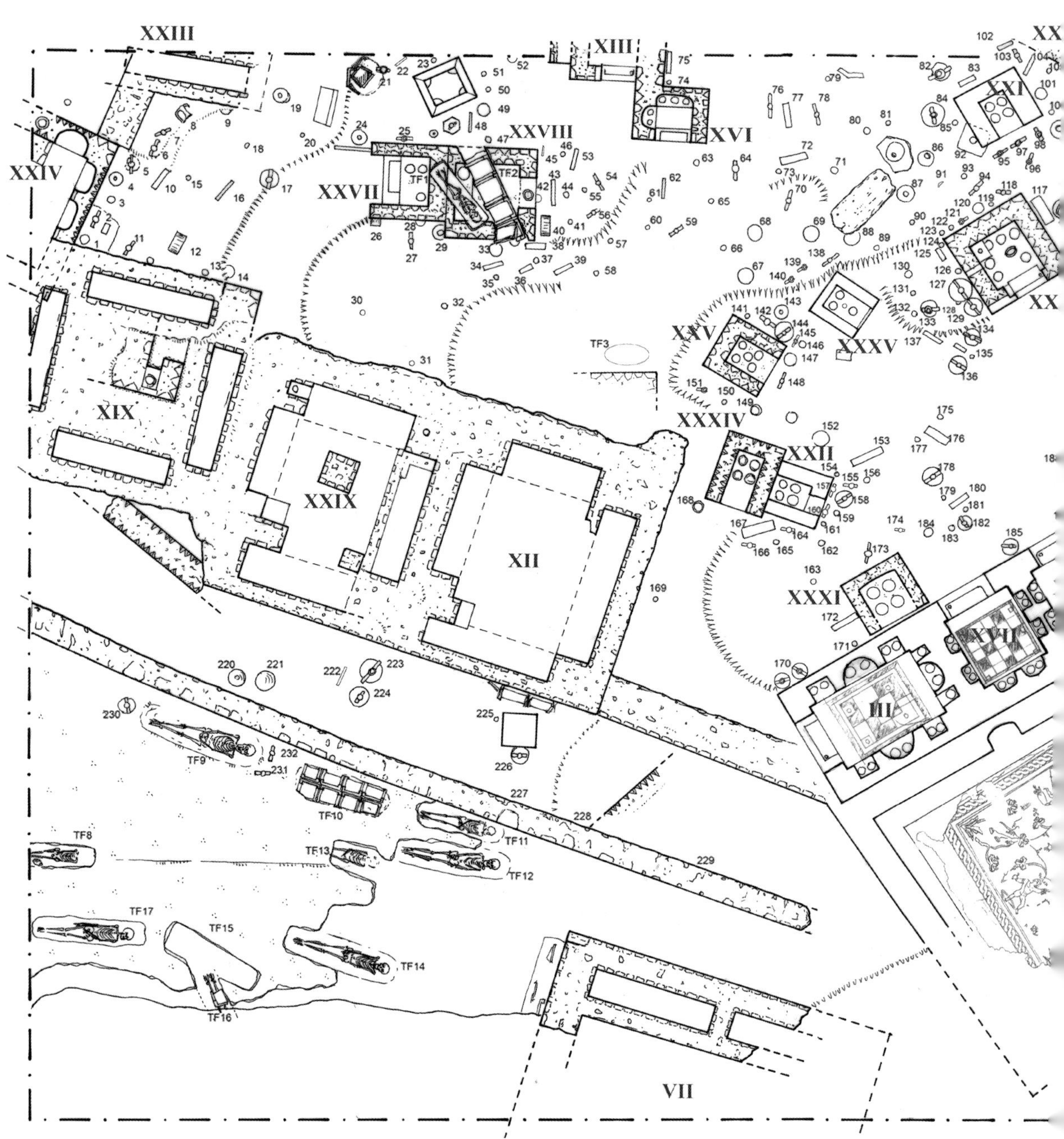

63. 圣罗莎，平面图（迪·布拉斯）。

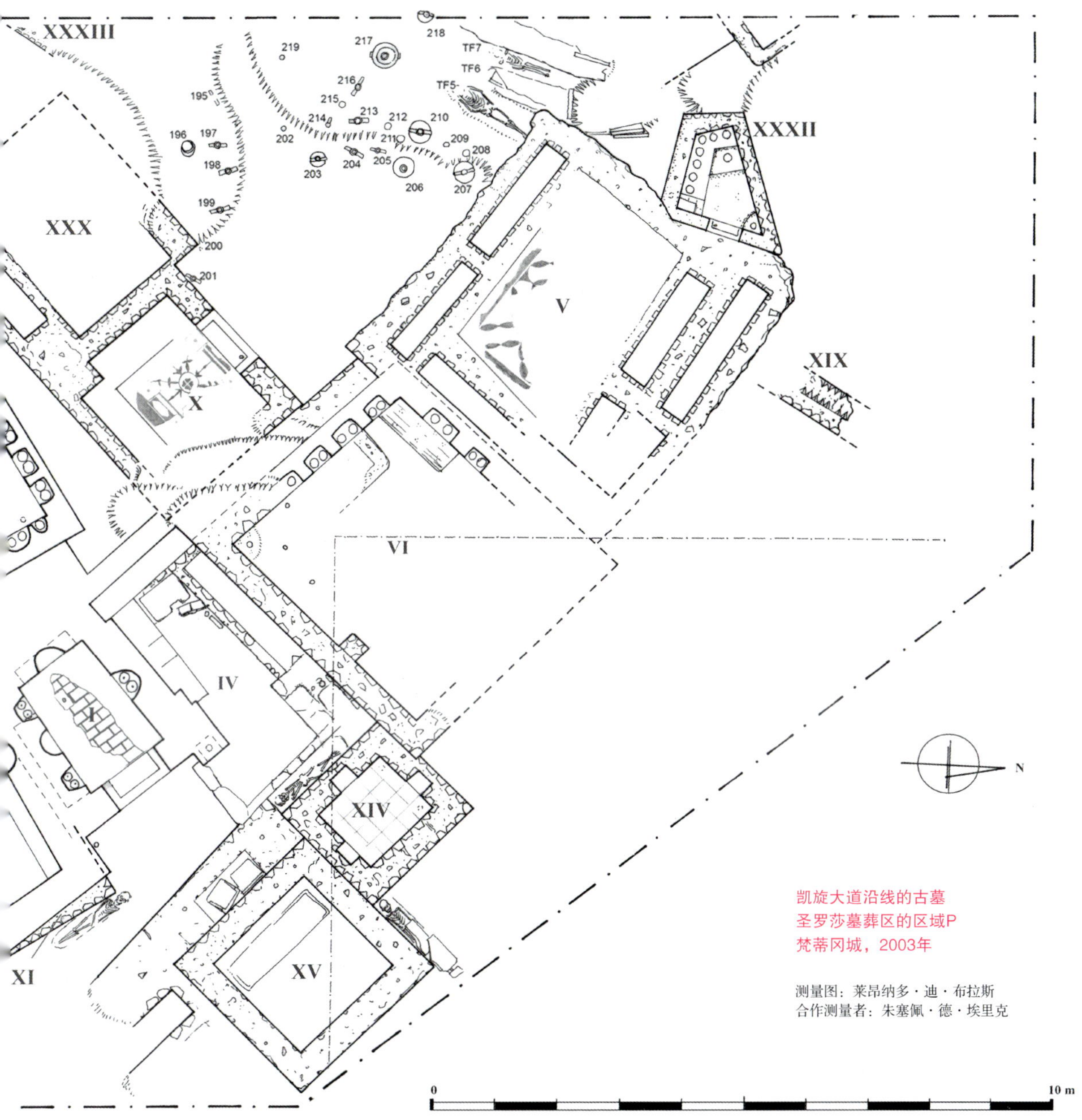

凯旋大道沿线的古墓
圣罗莎墓葬区的区域P
梵蒂冈城，2003年

测量图：莱昂纳多·迪·布拉斯
合作测量者：朱塞佩·德·埃里克

64. 圣罗莎，整体复原猜测图（迪·布拉斯）。

65. 圣罗莎，上层高台复原猜测图（迪·布拉斯）。

简而言之，我们可以从两个时间段来分析圣罗莎墓葬区。第一个时间段从1世纪末开始，这一时期建造的坟墓大多和火葬仪式有关。当然，我们不能忽略这一时间段之前建造的坟墓，公元130—140年间发生的一场大规模山体滑坡掩埋了这些坟墓。第二个阶段是从上文提到的那场在2世纪中叶发生的大规模山体滑坡开始，于4世纪初结束。第二阶段建造的坟墓则大多和土葬仪式有关，可能因为圣彼得墓上方要修建大教堂（公元320年左右），这些坟墓才被弃置。人们对这两个时间段进行了进一步的细分，但结果是这些坟墓中只有一部分能被辨认出来。富裕的人可以在地势较好的地方建造坟墓，可以在砖制坟墓里预留出建造墓穴的空间。穷人只能在他们能够找到的地方建造坟墓。从另一个角度来说，富人可以反复考虑坟墓的选址，但穷人却很难有规划地建造坟墓：死亡不是一件可以预料到的事情，而且他们也没有想过要建造一座可以用很长时间的坟墓。穷人随意挖一个墓穴，把挖出来的泥土扔到另一边。旧坟墓上建起了新的坟墓。不同年代建造的坟墓很难被区分开来，人们必须要依靠其他证据来推测这些坟墓的年代。人们基本上依靠坟墓之间的时间关系来确定坟墓所属的年代：一方面，人们要确定哪座坟墓先建造，哪座坟墓后建造；另一方面，通过分析墓中某些与具体年份有关的物品，人们可以得到与坟墓所属年代有关的信息。

圣罗莎墓葬区中年代最早的坟墓位于小山谷的一侧，也就是在最初发掘位置的上游。人们在这些坟墓中发现了一些被石灰华材质的石碑标示出的掩埋了骨灰坛的墓穴，石碑上刻着古文字写成的碑文。这些石碑的年代介于公元前1世纪的后几十年和公元前2世纪初之间。在这些墓穴中，人们发现了公元1世纪上半叶的两位信使（类似于今天的邮递员）的墓穴：其中一个墓穴是普里姆斯在世时为自己、赫伦尼亚·塞康达和另一位男性皇室奴隶准备的。另一个墓穴是普里斯库斯的，他可能是被自己的同居伴侣克劳迪亚·斯塔克特埋葬的。这个墓穴中还有苏切苏斯的骨灰坛，他和克劳迪亚·斯塔克特曾同属一个主人。前文已经提到皇族家庭的很多仆人都埋葬在这个墓葬区里。小山谷的最高处是弗尔齐尼亚·耐莱伊迪斯的坟墓，和她一起工作的赫拉克里达埋葬了她。略低处的一块高地上有另两块插入地面的石灰华材质的石碑：年代较早的石碑和一名获得了自由的女奴隶露琪娜有关，另一块石碑则和一名男性奴隶格拉苏斯有关。格拉苏斯是皇族家庭中的一名仆人，曾在卡伊特鲁奇花园工作，这块石碑是另一名仆人阿瓦斯坎特斯为他建造的。阿瓦斯坎特斯是一名运水工人（罗

66. 圣罗莎，上层区域的视野，有小型墓葬建筑和单个骨灰罐。

马公共用水管理部门的一个下属职位），他可能和格拉苏斯在同一地区工作。卡伊特鲁奇花园指的是凯撒花园，许多文献都提到了凯撒花园，只有卡西奥·迪奥内像石碑中的碑文一样，将这座花园称为卡伊特鲁奇花园，只不过卡西奥·迪奥内是用希腊语来表示的。凯撒花园是一座结构复杂的巨大建筑，位于特拉斯泰韦雷区的海战角斗场附近。人们建造这座花园是为了纪念朱莉娅（奥古斯都唯一的女儿）和阿格里帕的儿子卢修斯·凯撒和盖乌斯·凯撒。他们本该从奥古斯都手中接过罗马帝国的控制权，但却不幸地分别于公元2年和4年早逝了。海战角斗场于公元前2年建成，被用于举行海战角斗表演。阿尔西艾提那水渠将马提那诺湖（阿尔西艾提努斯湖）里的水引到角斗场内。马提那诺湖在布拉恰诺湖附近。海战角斗场中央有一个人造小岛（规模约为60米×40米），人们在这里纪念卢修斯·凯撒和盖乌斯·凯撒，一架木质桥梁将这个岛和对岸的凯撒花园连接起来。

这两块石碑下方的平台上有一个石灰华材质的祭坛。科米尼亚·欧普塔塔在公元1世纪上半叶为她的丈夫、雕塑家提比略·克劳迪斯·忒修斯建造了这个祭坛。祭坛的碑文里并没有提到死者的雕塑作品，但祭坛正面的浅浮雕却反映了死者的雕塑家身份。事实上，画面中的忒修斯坐在一个凳子上，凳子前面有一条狗，忒修斯正在用槌子和凿子雕刻一座半身像。罗马时期的作品里很少有反映雕塑家这个职业。著名的艾乌特罗波斯墓的薄板（藏于乌尔比诺考古博物馆）上也描绘了雕塑家这个职业，但是这块薄板的年代要远远晚于这里发现的祭坛的年代。如果我们只在罗马范围内寻找类似作品的话，只有另一个缺少碑文的祭坛（藏于梵蒂冈博物馆）上的浅浮雕的场景和忒修斯祭坛十分类似，但这个祭坛的年代（110—120年）也要比忒修斯祭坛晚一个世纪左右。在这个祭坛上的浅浮雕场景中，一位不知姓名的雕塑家正为一个女人（可能是他的妻子）在一个圆盾上雕刻肖像。这个女人在雕塑家面前摆着姿势（站着，正面对雕塑家），她的头上戴着当时十分流行的弯曲长鬈发样式的假发，十分优雅。

随着发掘工作的不断推进，人们在斜坡处发现了许多部分被掩埋的双耳陶罐。这些双耳陶罐被用来覆盖住下方的骨灰坛，浇祭的液体可以通过这些打了孔的双耳陶罐进入骨灰坛。然而，这些双耳陶罐摆放得过于密集，人们并不总能找到它们和周围石碑间的直接联系。在1世纪下半叶的双耳陶罐中，被称为“斯佩洛”的双耳陶罐（在1世纪中叶至2世纪中叶期间流行）明显要多于“德雷斯尔2-4”型号的双耳陶罐（在1世纪初至2世纪上半叶期间流行），人们在附近的停车场墓葬区也能发现这种情况。这两种双耳陶罐在数量上的比例关系大概是：“斯佩洛”双耳陶罐占90%左右，“德雷斯尔2-4”双耳陶罐占10%左右。而在同时期城内发掘出的双耳陶罐中，这两种双耳陶罐在数量上的比例关系却和这里恰恰相反。这两种双耳陶罐都是运酒的酒罐，因此外形十分相似。但“斯佩洛”双耳陶罐要宽一些，外形更接近椭圆形，“德雷斯尔 2–4”双耳陶罐要更窄一些，外形也就更加狭长。显然，第一种陶罐（没有第二种陶罐常见）正是因为它的形状才在墓葬区具有数量上的优势：人们一般会把陶罐的上部分切掉，将骨灰坛放入双耳陶罐里，第一种陶罐显然能够装进更多的骨灰坛。

在高台上的这些“斯佩洛”型双耳陶罐中，有一个的下方有一尊小的大理石雕像，雕像下方是一座墓穴。这是一座男性雕像，雕像上还留有一些红色痕迹。这名男子的特征很明显，他穿着一件短款罩衫，蜷缩在左侧，靠在一个大灯笼和一个打翻的水罐上。他的右胳膊折叠着，脸颊靠在上面。他的右胳膊上还挂着一个大口袋，他紧紧地攥着大口袋，生怕有人会抢走它。这是一个提灯笼的奴隶（执灯者），他在等待主人的时候睡着了。主人可能会在夜里回来，他要给主人开门，并保护他免受罪犯的袭击。这个雕塑主题很少见，梵蒂冈的贾拉蒙特博物馆保存着一件类似的雕塑作品。这种雕塑一直被认为更适合用来装饰别墅和花园。在和这一主题有关的作品中，这里发现的这座雕塑是迄今为止唯一一件能够确定用途的作品，这是一尊具有丧葬价值的雕塑。关于这座雕塑，人们还有一些疑问。有人认为它是一名埋葬在这里的不知名贫苦奴隶的真实生活写照，还有人认为它其实另有寓意：这个执灯者的存在令人放心，他照亮了死者通向最终的安息之所的黑暗道路。

人们在土壤里发现了一些填满了火化后尸骨的洞，这些洞里有时还能发现一些碎煤块、残存的销子和钉子。这些东西证明了尸体曾在这里火化，火化后的尸骨被草草放在藤条编成的篮子、筐子或木箱里。之后，埋在土壤中的藤条筐和木箱被土壤的酸性腐蚀了。一些大理石材质的骨灰坛（昂贵得多）模仿了这些藤条筐和木箱的形状。这些大理石骨灰坛虽然很豪华，但不管怎么说，人们制造它们仍然是为了和用于埋葬尸骨的传统容器联系在一起。考虑到这一点，我们可以合理地推测：人们曾在坟墓中使用了其他类似于藤条筐和木箱的手工制品，甚至曾用木头或其他易腐烂的材料建造坟墓。有许多无法确定死者姓名的骨灰坛和墓穴，也许他们的名字曾被写在或刻在木牌上。这些无法确定死者姓名的墓穴也许曾位于坟墓里，这些坟墓可能是小茅屋、木桶或烤炉的形状。又或者，这些墓穴可能曾位于用木板搭成的围栏中。我们无法找到具体的证据证明这些猜测，附近地区同时期建造的单个坟墓会聚集在一起，我们只能根据这种情况做出相应的推测。

圣罗莎墓葬区中年代最早的砖石坟墓是在 1 世纪的前几十年里建造的。这些坟墓的墙壁上的砖石被排列成网格状，人们一开始利用砖石建造坟墓，之后又利用陶瓦。这些坟墓形似立方体，顶部呈半圆拱形。人们在建造坟墓时就将配有盖子的陶土材质的骨灰坛嵌入地面。这些坟墓的规模很小，人们无法进入，举行祭祀仪式时只能从外面勉强探身进去。奥斯蒂亚路附近的墓葬区（圣保罗大教堂附近）以及港口附近的墓葬区（菲乌米奇诺附近）里有着类似构造的坟墓，这些坟墓的形状类似小火炉，因此之后的文献中将其称为火炉形坟墓。在这类坟墓中，墓 XXXIV 位于小山谷下方的一块小高地上，可能是在奥古斯都时期建造的，是年代最久远的坟墓中的一座。这座墓的地面上嵌着四个大骨灰坛。墙面上砖石排列的方式十分奇怪：墙壁是用底部呈正方形的金字塔形砖块砌成的，砖块水平排列，而不是被排列成普通的网格状（砖石的一条对角线和地面垂直，另一条和地面平行）。这座坟墓前是一座石灰华材质的石碑，石碑上是波皮迪亚·穆萨献给她的丈夫克雷森斯（30 岁时去世）和儿子昆塔斯·波皮迪乌斯·忒修斯（16 岁时去世）的碑文。这座石碑可能和墓 XXXIV 有关，或者与之后倚着墓 XXXIV 建造的结构相近的墓 XXII 有关。墓 XXII 在建造时，将墓 XXXIV 的左墙作为自己的后墙。但是，这座石碑也有可能和附近的一些墓穴有关。这些墓穴离得很近，我们可以推测它们属于同一个家族，可能是这个家族中好几代人的墓穴。

图 V. 梵蒂冈博物馆，前拉特朗世俗石碑，篮子形状的大理石骨灰坛（遗迹物品清单中的编码为 52461）。

墓 XXXIV 东北方向不到 2 米有另一座同类型的坟墓——墓 XXXI，这座墓的外墙砖块被排列成网格状，墙上涂了一层红色的灰泥。墓中的后墙上有一个小型壁龛，壁龛前方的地面上有四个嵌入地面的骨灰坛。之后，在 1 世纪下半叶，阿利托里亚·普里马（可能和墓 XXXI 中埋葬的死者有关系）的坟墓在这座墓旁边建造起来，浇祭的液体可以通过一根细管到达墓里。阿利托里亚·普里马墓旁有一座表明她的身份的石碑，石碑上有献给这位女死者的碑文。阿利托里亚·普里马在 26 岁时去世，碑文是她的丈夫克莱门斯献给她的，她的丈夫自称为“威尼斯队的催促战马者”。虽然“催促战马者”这个词的意思不够明确，但是克莱门斯应该是参加竞技场内战车竞赛的一位技艺精湛的骑师：他的职责似乎是在威尼斯队（蓝队）的双马双轮战车（或四马双轮战车）的战马旁驾驭另一匹马，通过这种方式他可以帮助威尼斯队的战车驾驶者调整战马的行动轨迹。人们在圣罗莎区还发现了另一位“威尼斯队的催促战马者”提图斯·阿尔巴努斯的石碑，这肯定不是巧合。提图斯·阿尔巴努斯的石碑上有乳母昆提利亚·提刻献给死者和死者的妻子昆提利亚·阿巴娜的碑文。碑文里回忆了当时发生的一些事情：蓝队就是威尼斯队，深受皇帝的器重。苏埃托尼乌斯在他的作品《罗马十二帝王传》中就记录了维特里乌斯皇帝（公元69年在位）是威尼斯队的狂热支持者，他甚至还处死过诋毁威尼斯队的人。附近地区也找到了另一些提及战车驾驶者的碑文，他们可能和梵蒂冈地区的卡利古拉竞技场，也就是尼禄竞技场有关。

阿利托里亚·普里马墓的西边，也就是在小高地附近的斜坡的边缘位置还有两座小型的火炉形坟墓，墓XXV和墓XXXV。其中年代较早的是墓XXXV，墓前的地面上还保存着一块薄板（是书写用的有把手的白板），薄板上是献给少女艾罗提斯的碑文。艾罗提斯在14岁时去世，她的丈夫欧内西姆斯和父亲格拉乌奇亚为她作了这份碑文。坟墓的正面墙壁上涂了一层白色灰泥，上面用红色的方块装饰着。墓室中央有嵌入地面的三个骨灰坛和一根细管。侧墙和后墙上是简单的花穗壁画。不要惊讶这个女孩年纪轻轻就成为新娘，她正值青春期，在当时这个年纪的女孩结婚是再常见不过的事情。艾罗提斯墓是在提比略皇帝在位期间（公元14—37年）建造的，格拉乌奇亚和欧内西姆斯的骨灰坛之后也被埋在这座墓里。之后，另一座坟墓在修建时掩埋了艾罗提斯墓，艾罗提斯墓也因此被损坏。这些规模非常小的坟墓的外面都有一层作为外墙的红色灰泥。罗马时期经常使用红色灰泥来涂抹墙壁，但总的来说，红色灰泥更多被用在古墓区。墓XXV在外墙的红色灰泥上绘制了壁画：一丛漂亮的草丛，草丛中有绿色和黄色的长叶子。这座小型骨灰安置处是用砖石建造的，呈火炉形，入口朝向山谷（东北方向）。坟墓入口处的地面上有一块已经遗失的石板留下的痕迹，这块石板上应该刻着碑文。墓内有四个嵌入地面的骨灰坛，骨灰坛中央有一根插入地面的陶土材质的细管，浇祭的液体可以通过这根细管进入骨灰坛。

在凯旋大道附近的一块高地上，一个小斜坡旁有一座小型骨灰安置处XIV。这座坟墓建于公元20年左右。坟墓入口朝着这块高地上的一条小路，这条小路和凯旋大道（西北走向）平行，连接着高地上同时期建造的其他坟墓。墓XIV的侧墙和后墙上都有一个用于放置骨灰坛的壁龛，地面上是经过碎块形工艺处理过的白色大理石方砖。

墓XIV后面有另一座规模较大的坟墓，墓IV（纳特罗尼家族墓）。纳特罗尼家族是

67. 圣罗莎，上层区域的坟墓的视野。

68. 圣罗莎，雕塑家提比略・克劳迪斯・忒修斯的祭坛。

69. 圣罗莎，一名提灯笼的奴隶的小雕像。

图Ⅵ. 罗马，马西莫广场上的罗马国家博物馆，威尼斯队的战车驾驭者的马赛克图。

获得了自由的奴隶组建的家族，这个家族的经济情况显然很不错。这座墓建造的年代可以追溯到公元20年到40年之间，虽然这座墓的部分结构被之后建造的其他坟墓覆盖了——骨灰安置处XIV占用了墓IV的一部分区域。墓XIV的入口朝向东南方，前方有一小块空地。墓IV由一间小前厅和一间小主墓室组成。主墓室以不规则的方式横向地和前厅连接在一起。主墓室形似一段狭窄的围栏，其总面积很难确定，因为之后建造的墓VI（帕西艾尼家族墓）和墓I推倒了这间墓室的一部分墙壁，墓I对它的损毁尤为严重。但之后由于地面抬升，墓IV被掩埋在土中的部分，也就是墓IV的整个下半部分都被保存了下来。墓IV的前厅不远处有一另间墓室，墓室左边有一个小火炉和一个大石台。石台上有一个神龛，神龛两侧装饰着小柱子，上边装饰着陶土制成的柱顶。在墓室的后墙处有一些墓穴，墓穴旁有许多嵌入地面的细管，浇祭的液体可以通过细管进入骨灰坛。墓穴旁还有纳特罗尼亚·辛弗利为他的儿子提比略·纳特隆·兹玛拉克迪斯准备的石碑，后者在20岁时去世。墓穴旁还可以发现献给提比略·纳特隆·维纳斯特的神龛，他去世时年仅四岁四个月零十天。这个大理石材质的神龛被放置在一个砖石砌成的箱子前面，箱子靠着墓室的后墙，箱子顶部覆盖着一块打了孔的石灰华材质的石板。神龛中央是一座俊美的小孩雕像，雕像两旁装饰着柯林斯式柱子，上方装饰着山墙饰内的三角面。三角面上刻着“在这里安息”，这一行字下方是写着死者名字和在世时间的浅浮雕。

这个神龛的建造流程十分有趣：人们并不是为了放置半身像才建造了这个神龛，而是之后为了将半身像的头部放入神龛内，曾用凿子重新加工过神龛。朱里亚·克劳狄王朝时期的这尊雕像的头部做工十分仔细，雕刻技艺精湛。这尊雕像一开始应该位于神龛外的另一个地方，因为雕塑头部的后面也被仔细加工过，呈现出完美的圆形。雕塑的位置改变后，为了适应视角的变化，工匠还对雕塑的面部进行了改动：右眼和右侧颧骨相对面部变得更凸出，阴影更重，雕像的嘴部也随之经过了调整。雕像的头部一开始应该位于观察者左侧的位置（雕像从这一侧看上

70. 圣罗莎，近处是墓 XXXIV 和 XXII。

71. 圣罗莎，墓 XXV。

去更美观）。因此，这尊雕像可能曾是家族成员的整体雕像的一部分，这些雕像可能被放在家族墓中，这尊小孩雕像的左边可能曾有其他人物的雕像（可能是他父母的雕像）。

在1世纪下半叶，墓IV曾经历了第一轮改造。人们在前厅入口处的一侧用砖石建造了一个用于火化遗体的小火炉。大概在2世纪的前几十年里，人们在火炉上方放置了四盏油灯，从而在举行丧葬仪式时使室内变得更明亮。人们在墓室左侧一块大石台处（坟墓建成时就有）发现了一座陶土材质的女性半身像，这位女性的发饰是弗拉维时代晚期和图拉真时代早期（大概是在公元90—110年间）流行的一种（所谓盾头饰的一种发饰）。在罗马时期，一般在孩童的墓葬里都会发现这种陶土材质的半身像：孩童的墓葬里经常会发现玩具、空摇铃、粗棍子或小石子。这些陶土材质的半身像几乎都是孩子母亲的雕像，这里发现的雕像似乎也是这种情况。还有一种说法认为这些雕像可能是农神节时孩子们得到的陶制或蜡制的人偶礼物。

经过探测，人们发现了另一座十分有趣的孩童墓。这是一座由一个墓穴组成的小型坟墓，坟墓上只盖了一块巨大的方砖（每边大约长45厘米）。人们在1世纪中叶的一座骨灰安置处旁发掘出了这座孩童墓。这座孩童墓位于小山谷的中部，之后因墓XII的修建（2世纪末）而被彻底毁坏。孩童墓中发掘出的尸骨告诉我们这里埋葬着一个不足一岁的小孩子，因为孩子的奶牙还没有长全。墓中有一些小陪葬品，像一些没有上色的小罐子，这些罐子被称为薄壁罐。小孩的右手里还握着一个鸡蛋。在这里，我们需要明白，鸡蛋在很多情况下可以被当成玩具：孩子们给鸡蛋打孔，把种子装进去，这也是孩子们的一种游戏。但这座墓中发现的这个鸡蛋似乎是完整的，因此这个蛋在这里有不同的寓意。因为人们通常是通过细管将浇祭的液体（牛奶、蜂蜜、葡萄酒）倒入墓穴中，所以与其将这个紧紧攥在孩子手中的鸡蛋看成一种不常见的祭品，倒不如认为它有另外的寓意：鸡蛋象征着重生，孩子不会再度面临不公平的早逝的命运，他会迎来新的人生。

这座孩童墓的稍高位置是另外几座火炉形的小型坟墓，这些坟墓大概是在公元1世纪中叶用砖石建成的。但之后的坟墓在建造时几乎已经将这几座火炉形坟墓夷为平地。在火炉形坟墓上方建造起来的这些坟墓中，墓XXVIII的年代最早。墓XXVIII的入口朝北，也就是朝着下方山谷的方向。墓内有嵌入地面的几个陶土材质的骨灰坛和一根细管。但2世纪建造的两个有着莴苣形顶部的墓穴将地面弄得支离破碎，地面没能好好地保存下来。之后建造的墓XXVII比墓XXVIII稍高一点，墓XXVII倚着墓XXVIII的后墙建造起来，利用了墓XXVIII的后墙的外侧。因此，墓XXVII朝向南方。这座墓在斜坡的最高处，墓中仍保存着石灰华材质的门槛。墓中有五个嵌入地面的陶制骨灰坛，

72. 圣罗莎，孩童提比略・纳特隆・维纳斯特的神龛。

73. 圣罗莎，弗拉维—图拉真时期的女性陶土小半身像。

74. 圣罗莎，孩童的遗骸、陶瓷陪葬品和一个鸡蛋。

骨灰坛中有一些陪葬用品（经过修复后）——两盏油灯和一个玻璃细颈瓶。在发掘时，为了能够展现坟墓原本的样子，人们曾将这些陪葬用品拿出来，现在它们已经被放回原位。另两座坟墓的位置更高，但位于发掘场所西南角的这两座坟墓内保存下来的东西很少。现代地基打下时几乎完全破坏了墓 XXIII。墓 XXIV 的墙上有放置骨灰坛的壁龛，但这座墓被两根钢筋混凝土柱子横穿。人们计划扩大发掘区域，这也许会让墓 XXIV 的很大一部分得以重现于世。

考古区西面边界附近的墓 XXVI、墓 XXXIII 以及墓 XXI 似乎和考古区西南角的坟墓同属一个类型。墓 XXVI、墓 XXXIII 以及墓 XXI 是在 1 世纪中叶建造的。前两座墓因为现代的建筑工程被损毁，没有留下什么东西，但另一座坟墓保存完好。墓 XXI 是一座用砖石建成的立方体形状的坟墓。墓 XXI 下方较低位置是一座朝向东北方向有半圆拱顶部的火炉形坟墓。按照习俗，墓 XXI 的外侧涂了一层红色灰泥，墓正面的下部分区域有一块嵌入墙面的大理石板，石板上是献给法艾尼亚·利里斯的碑文。法艾尼亚·利里斯在四岁时去世，她的父母普布留斯·阿莱迪乌斯·普里斯库斯和法艾尼亚·费沃为她准备了这块石碑。墓内陪葬物品的保存状态非常好，这令人惊讶：人们在墓中发掘出了四盏油灯和一个用于装食物的碗，这些物品在发掘时都在原位置。这些陪葬品的下方有四个嵌入地面的骨灰坛。尤其需要注意的是，墓中的拱顶和后墙上的壁画十分精美：白色灰泥上有许多黄色花朵图案。

不久后（公元 60 年左右），墓 XX（阿尔齐姆斯墓）在墓 XXI 前面建造起来。墓 XX 是一座用砖石建成的立方体形状的坟墓，外侧墙壁上涂了一层红色灰泥，内侧墙壁上则涂了一层白色灰泥。墓内有七个嵌入地面的陶土材质的骨灰坛，骨灰坛上有一个盖子，这个盖子是一块留了许多小孔的小石板，浇祭的液体可以通过这些小孔进入骨灰坛。墓中一个角落附近还有一个玻璃材质的骨灰坛（如今被放在一个橱窗内进行展览），这个骨灰坛上有一个双层盖子，骨灰坛里装满了死者遗体火化后残存的尸骨。墓中地面中央有一根通向地下空间的管子，这个地下空间的高度略低于墓室的高度。骨灰坛旁有几盏油灯，油灯的年代介于 1 世纪末到 2 世纪之间。研究证明，这些具有丧葬用途的油灯曾被连续使用了几十年。

坟墓的门槛旁有一座石灰华材质的大石碑，这座石碑被当作坟墓入口的左边门框。事实证明，这座石碑非常值得研究。石碑下部刻着法比亚献给丈夫阿尔齐姆斯的碑文。阿尔齐姆斯是尼禄的一名奴隶，他在庞贝剧院工作，负责检查庞贝剧院的舞台。石碑上部分用浅浮雕雕刻出阿尔齐姆斯的形象，他穿着短款罩衫站立着，手中握着凿子和斧头。阿尔齐姆斯用这些工具来检查舞台的布景和相关器械。浅浮雕上除了雕刻出凿子和斧头，还雕刻出了另外一些工具，这些工具是用来设计和搭建舞台的：一把角尺、一个圆规、一个水准仪（槌规）和一个用来进行测量的工具或杆子。碑文和这些工具描绘的这种职业是第一次被人们记录下来，这个人在罗马最有名的一处遗迹工作：庞贝剧院，城中最大的剧院。庞贝剧院建于公元前 55 年，是第一座用砖石建成的剧院。不久，凯撒在庞贝剧院的元老院遇刺身亡。之后，这座建筑被多次改造，不断翻新。在这些工程中，我们必须提到一场从提比略时期开始，直到卡利古拉或克劳狄时期才结束的修复工程。阿尔齐姆斯可能曾经参与了这项修复工程，如果他没有去世的话，他之后可能还会参加为梯里达底加冕而进行的工程。公元 66 年，梯里达底在罗马加冕成为亚美尼亚的国王。历史学家卡西乌斯·狄奥是这样描述尼禄为这一场合在庞贝剧院里布置的大型场景的："不仅仅是舞台，整个剧院内部都被覆上了金色。那一天，剧院里所有能够移动的东西的名字前都加了'金色的'这一修饰语。被用来遮住太阳光线的帘子是紫色的，帘子上绣着尼禄驾驶着马车的形象，周围是发着金光的星星。"十几年后，随着公元 80 年发生的一场大火，剧院的舞台被彻底损坏，阿尔齐姆斯的所有心血都付之一炬。建造庞贝剧院的舞台这么有意思的事情为什么会托付给区区一名皇室奴隶呢？其实我们大可不必如此惊讶。阿尔齐姆斯的才干使得他获得了这个职务，他很明白自己的价值，在碑文中明确表达了对于自己的工作的骄傲之情，所以在雕刻浅浮雕时也在自己的形象旁用精准的图形描绘出自己所用的工具。

墓 XX（阿尔齐姆斯墓）的地面中央有一个小管，这一地区在 1 世纪建造的许多小型坟墓都有这个特点。这个小管当然和纪念死者的浇祭仪式有关，但这里插入地面的小管和直接插入骨灰坛的小管不同，插入地面的小管的用法应该更明确一些。在阿尔齐姆斯墓，也就是在墓 XX 中，两个陶罐相对放置形成了地面上的这个洞，地面下的两个陶罐形成了一个小的地下空间。小洞旁边有一根通向这个地下空间的细管。有人猜测这个地下空间可能是献给祖先亡灵的神圣区域，祖先的亡灵承担着保护坟墓的责任。如果是这样的话，人们为了乞求祖先的帮助，需要直接向祖先的亡灵提供祭品，尤其是液体祭品（牛奶、葡萄酒和蜂蜜）。然而，更有可能的一种情况是，这个地下空间可能是一个大的公共骨灰坛，里面存放的是不够重要的死者的骨灰。关于这一点，我们还应该记得人们在圣罗莎区被流水冲走的土壤中找到了一块石灰华材质的大石板（遗迹物品清单中的编码为：52461）。这块石板应该和墓葬有关，石板上有三个长方形的凹陷处，骨灰坛（可能是木质骨灰坛）应该曾放置在这几个凹陷处。除了这三个长方形的凹陷处，石板中央位置还有一个洞。人们先是通过这个洞将骨灰倒入地下，之后又通过这个洞将浇祭的液体倒入地下。

骨灰安置处 VI（帕西艾尼家族墓）位于

75. 圣罗莎，盖住一些土葬墓穴的双耳陶罐。

76. 圣罗莎，小火炉形状的墓 XXI。

77. 圣罗莎，阿尔齐姆斯的石碑。

78. 圣罗莎，阿尔齐姆斯的墓 XX。

79. 圣罗莎，玻璃骨灰坛，来自阿尔齐姆斯的墓 XX。

墓 XX 下方的一块小高地上，它的朝向和墓 XX（阿尔齐姆斯墓）一致，都和凯旋大道平行，不过面积要略大于墓 XX。和背面同时期建造的另两座坟墓（其中一座坟墓是墓 XIX）一样，这座用砖石建成的骨灰安置处也因现代建筑工程而受损，高处结构中只有西边角落附近的被保存了下来。骨灰安置处 VI 的大墓室的平面图呈正方形，墓室入口朝向东北方向，每面墙壁上都有四到六个壁龛，每个壁龛里都有两个并排放置的骨灰坛。特别的是，右侧墙上有一个大神龛，神龛里有嵌入墙内的陶土材质的骨灰坛，但这些骨灰坛旁有一个漂亮的玻璃骨灰坛。墙壁下方有两个用于埋葬死者遗体的墓穴：一个墓穴呈桶状，位于骨灰安置处西面角落附近；另一个墓穴呈盆状，周围涂着红色灰泥，内部是一具孩子用的陶土材质的棺材。

人们在骨灰安置处 VI 里发掘出了两个做工精美的祭坛，这两个祭坛肯定原本就属于骨灰安置处 VI。在对圣罗莎墓葬区进行考古发掘前，在修建地下停车场的工程刚刚开始时，人们就把这两个祭坛发掘了出来。这两个祭坛十分有意思：第一个祭坛的正面用公羊头进行装饰，两侧各有一个公羊头，上面还挂着花环。两只公羊头下方各有一只鹰，祭坛中央是蛇发女妖的脑袋（美杜莎的脑袋，人们用这种形象来驱赶恶毒的眼光）。在祭坛的顶饰中，双柄大口酒坛里伸出了两根茛艻花形状的枝条，这两根枝条在柱顶石处弯折。

从祭坛的类型和上面装饰的图像来看，这个祭坛应该是在弗拉维王朝初期建造的，但人们也能在祭坛上找到尼禄时期的装饰元素。芙罗拉的父母帕西耶娜·普利玛和提比略·克劳迪斯·奥泰特斯正是在建造祭坛的时候在祭坛上刻下了献给芙罗拉的碑文，之后，祭坛上又加上了献给儿子提比略·克劳迪斯·普罗克鲁斯的碑文。花环下方是献给帕西耶娜·普利玛的哥哥卢修斯·帕西耶努斯·奥泰特斯的碑文。卢修斯·帕西耶努斯·奥泰特斯是一名获得了自由的奴隶。碑文中关于奥泰特斯的职业的描述十分有趣：他曾是尼禄的一名奴隶，负责整理和财产有关的档案，也就是说他是管理皇帝私人财产的档案整理员。在碑文中，奥泰特斯自称为获得了

图Ⅶ. 圣罗莎，地面上石灰华材质的石块，含有可容纳骨灰坛的凹陷处以及中央的一个大孔。

80. 圣罗莎，帕西耶娜·普利玛的祭坛。

81. 圣罗莎，提比略・克劳迪斯・奥泰特斯的祭坛。

82. 圣罗莎，帕西耶娜·普利玛祭坛的细节，上有女祭司、森林之神和婴儿时期的狄俄尼索斯。

83. 圣罗莎，提比略・克劳迪斯・奥泰特斯祭坛的细节，上有美杜莎的头。

自由的尼禄的奴隶，他还详细说明了自己从事的这份深得皇帝信任的繁重工作。考虑到尼禄死后，特别是公众对尼禄实行“除忆诅咒”（将一个人的形象和名字从所有公共建筑物上清除）后，碑文上不可能出现“尼禄”这个词，所以这篇碑文肯定是在尼禄在世时写的，也就是在公元68年以前。

第二个祭坛是献给帕西耶娜·普利玛的，她可能就是另一篇碑文中提到的芙罗拉的母亲和奥泰特斯的妻子。祭坛顶饰中央有两只海豚，两只海豚中间有一块贝壳，贝壳中间雕刻着帕西耶娜·普利玛的肖像。祭坛上增加了一段献给卢修斯·帕西耶努斯·艾瓦里斯图斯的碑文，他是帕西耶娜·普利玛的一名获得了自由的奴隶。卢修斯·帕西耶努斯·艾瓦里斯图斯死后，他的妻子，一位获得了自由的奴隶将他的碑文也刻在了祭坛上。为了纪念他们的保护主，卢修斯·帕西耶努斯·艾瓦里斯图斯的妻子的名字也是普利玛。在帕西耶娜·普利玛的肖像中，她的发饰是朱里亚·克劳狄王朝晚期典型的发饰，尼禄的母亲小阿格里皮娜的许多肖像中都能发现这种发饰。在祭坛上，花环被两侧的两个裸体小孩举了起来，裸体小孩旁边是公羊角的侧面。每个公羊角上都有一只天鹅和两只鸟在争抢一只蠕虫，花环下有一只海豚。裸体小孩的脚下是两只老鹰，老鹰的脑袋朝向祭坛中央的碑文。在刻有碑文的石板和花环中间有一幅和酒神狄俄尼索斯有关的场景，场景两边有两个长着翅膀的胜利女神，一位森林之神坐在一块猫皮上，举起的右手里握着一串葡萄，左侧大腿上托着婴儿时期的狄俄尼索斯，狄俄尼索斯探身朝向那串葡萄。森林之神的面前是一位女祭司，她的身上披着鹿皮，衣褶清晰可见。女祭司把一根葡萄枝放在森林之神的头上。

这两个做工精美的祭坛应该是同时期建造的，在对祭坛上的人像进行分析后，人们认为第二个祭坛的年代要稍晚于第一个祭坛。这两个祭坛纪念的人物都是获得了自由的奴隶，这些人和凯撒家族都有直接或间接的联系。正如我们前文所说，这个特点，在朱里亚·克劳狄王朝时期埋葬在凯旋大道附近地区的大部分死者身上都能找到。人们最近对这两个祭坛上的人像进行了深入的分析，这些分析或许能进一步解释这些获得了自由的奴隶和一位历史人物的关系。这个人是盖由斯·萨鲁斯提乌斯·克里斯普斯·帕西耶努斯，尼禄的母亲小阿格里皮娜的第二任丈夫：他的财产——自然包括他的奴隶以及获得自由的奴隶——在他死后由小阿格里皮娜继承，而当小阿格里皮娜于公元59年去世后，这些财产成为了皇室的财产。

墓XXXII和帕西艾尼家族墓几乎是同时期建造的。墓XXXII是一座砖石建成的坟墓，它位于考古发掘场所的西北角附近，介于两座大概是在同时期建造的坟墓（其中一座坟墓是墓XIX）之间，但这两座坟墓如今已经被完全损毁了。墓XXXII的构造很反常，它的平面图呈梯形，原因是墓XXXII建造时周围已经有其他坟墓，而且这座墓所处的位置十分特殊，它位于一个道路岔口附近：这座墓实际上被一个斜坡挡住了，这个斜坡上有大台阶，连接了高度不同的两个区域。墓XXXII位于斜坡的北侧，墓的入口朝向斜坡上一条向上的小道（朝东）。墓XXXII的外侧墙壁上全部覆上了一层红色灰泥，墓内不规则拱顶下方的墙壁上则涂上了白色灰泥，灰泥上有画着花朵和几何图案的壁画（几乎已经完全消失了）。墓中的骨灰坛分布在两个区域：一部分骨灰坛被放在砖石砌成的一个高台上，有七个陶土材质的骨灰坛被嵌入高台的左边和后面。随后，人们又在地面的角落处建造了另外两个小箱子来放置新的骨灰坛。门和高台之间的角落里有一根小柱子，柱顶是柯林斯式的，柱子上涂着红色和黄色的灰泥。这根柱子将用于举行丧葬仪式的一个长方形的深壁龛和一个小坑分隔开。在坟墓入口处，在支柱和石灰华材质的楣梁之间保存了小木门的一部分铁质框架。之后，当墓V建造时（2世纪末与3世纪初之间），墓XXXII的这扇木门被墓V建造地基的混凝土掩埋：这证明了公元130—140年间发生大型山体滑坡时，墓XXXII被泥土封闭了，因此它被很好地保存了下来。人们之后可能仍然会使用这座坟墓，或经常到这里来。

位于考古发掘场所西边界的墓XIII也建于1世纪下半叶，这是一座用砖石建成的半圆柱形小坟墓。我们只能看到坟墓的正面，其余部分都被现代地基切断。尽管如此，我们还是能够通过刻在入口小门的石灰华材质的楣梁上的规格得知这座墓的深度：五尺（大概是1.6米）。这扇木门被封在现代建筑的混凝土里，但位置没有发生改变。木门上保存着铁质的框架和铰链，这也告诉我们，因为这座墓被山体滑坡掩埋，所以它的密封状态很好。楣梁上方有一个嵌入半圆拱形拱顶的大理石骨灰坛，骨灰坛的正面雕刻着维维亚·安西奥契斯献给丈夫阿乌鲁斯·科切伊乌斯·西拉如斯的碑文。阿乌鲁斯·科切伊乌斯·西拉如斯火化后的尸骨被保存在骨灰坛里。墓主的骨灰坛被放在这么特殊的位置，不禁让人猜测这个骨灰坛原本被放在另一个地方。为了突显死者的地位，同时也为了安置家族中其他成员的骨灰坛，人们才在后来用砖石建造了这座坟墓。

在墓XIII左侧稍靠后的位置有一个小的骰子形坟墓，这座放置了死者骨灰坛的坟墓可能和西拉如斯家族有关。这座骰子形坟墓附近还有另外两个掩埋骨灰坛的单独墓穴，这两个墓穴靠着骰子形坟墓的右侧，位于骨灰安置处XVI的后面。骨灰安置处XVI是一座用砖石建成的坟墓，外墙涂了一层红色灰泥。这座坟墓的年代可以追溯到1世纪末至2世纪初。这座墓似乎是之前建造的坟墓延伸出来的部分。实际上，骨灰安置处XVI是倚着墓XIII的右侧门框建造起来的，正面朝向山谷。这座墓几乎被完整保存下来了，石灰华材质的门槛外的铰链和门的一部分铁质框架也都被保存了下来。此外，地面上用来举行祭祀仪式的一系列器具都被保存了下来：三个用于倒入浇祭液体的小水壶、一些油灯和细颈瓶。墓内的墙壁上涂了一层白色灰泥，上面装饰着玫瑰花的枝条，墙壁内有两个壁龛：左侧墙壁上的壁龛里有两个骨灰坛，而后墙的壁龛里有足足三个骨灰坛。地面上有两块嵌入地面的大理石碑，这是曾经被使用过的石碑，上面有两段碑文：早些时候的碑文是拉尔齐乌斯·赫尔麦若斯为他的妻子维多利亚和年幼的女儿阿辛诺伊尼斯和维多利娜准备的，之后的第二份碑文是鲁贝利亚·阿乌古斯塔里斯维纪念丈夫切利阿里斯而作的。

很快，这些砖石砌成的坟墓周围出现了另一些掩埋骨灰坛的墓穴。其中，在高处（南面）几米远的地方有一座小型的箱式坟墓。献给马库斯·维比乌斯·马切路斯的大理石祭坛的旁边，有竖直插入地面的大理石板。这个祭坛的年代大概在1世纪末到2世纪初之间，其底部封存着死者的骨灰。小祭坛的正面是妻子玛利亚·昆达和女儿维比亚·玛琪拉献给死者马切路斯的碑文。碑文里描述的马切路斯的职位是“奥古斯都信任的殖民地使节”，因此，我们可以推测死者是一名使节，类似于今天的大使，他受西班牙的贝提卡行省的奥古斯都费尔玛阿斯提吉地区（如今塞维利亚省附近的埃西哈）负责人的任命，到帝国的中央政府。马切路斯的祭坛旁有各种骨灰坛，其中有一个骨灰坛十分有意思：祭坛前方地面上有一块六边形小石板，上面有一个浅浮雕雕刻出的奠酒器。奠酒器上有用来倒入浇祭液体的小孔。石板中央刻着碑文“D（IS）M（ANIBUS）/MA.FE”，其中最后四个字母的书写方向和普通的书写方向相反。

在1世纪末到2世纪初之间，随着凯旋大道路线的改变，这片墓葬区下部分区域坟墓的分布情况也发生了改变。人们在小山谷底部建造了一块高台，高台上有三座同属一个墓葬系列的坟墓（墓III、墓XVII和墓XVIII），几年后，人们又在这里建造了第四座坟墓（墓II）。

墓III是南侧的第一座墓，也是这几座墓中规模最大、最豪华、保存状态最好的。在这几座墓中，只有墓III的入口朝向东南方向，其他坟墓的入口都朝着西南方向的一块小高地。墓III可以被看成一座骨灰安置处，因为这座墓里只有后墙处有一个拱形墓穴，拱形墓穴的下方有一个埋葬死者遗体的地下墓穴。墓中侧墙上有两排壁龛，里面是嵌入壁龛内隔板的陶土材质的骨灰坛。壁龛旁装饰着壁柱、上楣柱，壁龛上方是贝壳形状的拱顶和灰泥材质的三角楣饰。在几个壁龛内的隔板上，人们找到了不少陪葬品：各种香炉、油灯、细颈瓶和用于放置祭品的小罐子。半圆形拱顶中的花格平顶也是灰泥制成的，拱顶四周是介于边饰和凹圆线脚之间的两条布满图案的条纹。花格平顶里有一些花朵图案和神话场景，而四周的圆形区域里则是一些人物形象。

地面上铺着马赛克砖，在用白色和黑色的马赛克砖拼成的一个个方形区域内有一个有趣的不对称图案：入口处的地面上有两块由不同颜色的马赛克砖拼成的长方形，地面中央有一个拉长的六边形，这个六边形按照对角线的位置被嵌入一个正方形里，这个正方形又和另外四个正方形相交。相邻的两个正方形相交区域的颜色不同。马赛克地面的四角有四个通向地面下方骨灰坛的细管。

墓中位于侧墙和后墙上的三个主要壁龛呈半圆形，顶部有贝壳形顶饰。这些壁龛上的灰泥壁画值得我们格外关注：壁画上还有一些依稀可见的颜色，壁画场景似乎是希腊神话中和死亡有关的场景，奥维德和维吉尔等拉丁语诗人曾描写过这些场景。在侧墙壁龛上描绘的场景中，我们可以识别出人物身后的幕布，因此，我们可以猜测壁画里描绘的可能是剧院中发生的事情。

后墙壁龛上的壁画场景只保存了右侧的一小部分。近处有一个人的轮廓显现出来，这是一个长着胡子的人。这个人坐着，支着胳膊，左手握着一根树枝。他穿着一件长衫，身上裹着一件厚重的披风。他头上戴着的弗里吉亚帽证明他来自小亚细亚。他的脚下蹲着一条冥府守门狗，这是一种看守阴间的三头犬。远处还有另外一个长着胡子的人，这个人裸着身子站着，左手紧握着一根树枝或者是一根芦苇，身子靠向左侧。我们可以这样解读这幅壁画场景：西彼拉女巫用一块催眠薄饼让凶猛的冥府守门狗入睡，埃涅阿斯正准备进入阴间，他手中握着金树枝（壁画的这一部分缺少了）。埃涅阿斯身后是阴间的一条河流，可能是阿克伦特河，也可能是斯蒂克河。在维吉尔的《埃涅阿斯纪》中，埃涅阿斯正是在这条河边遇见了冥府守门狗（维吉尔，《埃涅阿斯纪》，第六卷，410—425行）。壁画左侧（缺失的那一部分）可能是载着卡戎和西彼拉女巫的船。希腊艺术和罗马艺术中都没有类似作品曾描述过这个场景，因此，这幅壁画可能是首件描绘这个场景的作品。

至于左侧墙壁中央的壁龛上的场景，我们可以看到场景中有一块幕布，幕布前有五个人：四名小女孩和一名体形较壮的男性，这五个人走向一口大锅，锅下有熊熊燃烧的火焰。大锅右侧的图像似乎是一头公羊的一部分。右边第一个小女孩牵着男子的一只胳膊，男子弯腰前进，步履迟疑，其他女孩似乎正用手指着那口大锅：这幅场景描绘的一定是神话中国王珀利阿斯的故事，珀利阿斯的女儿引导他走进滚烫的大锅。大锅旁有一个人像，我们可以认出她就是美狄亚。这是《阿尔戈英雄纪》中的一个故事，我们可以在这里简单介绍一下。珀利阿斯篡夺了他的兄弟埃宋的王位，成为伊奥尔科斯的国王，并将埃宋关在皇宫的监狱里。埃宋的儿子伊阿宋在科尔基斯成功得到了珀利阿斯想要的金羊毛，他拿着金羊毛想要回属于自己的王位。伊阿宋获得了美狄亚——一

84. 圣罗莎，墓 XXXII。

85. 圣罗莎，墓 XIII 和 XVI。

86. 圣罗莎，骨灰安置处 II、XVIII 和 XVII。

第 282 页：87. 圣罗莎，使节卡伊乌斯·维比乌斯·马切路斯的祭坛。

第 283 页：88. 圣罗莎，骨灰安置处 II。

D M S
M VIBIO M F MARCELLO
LEG COL AVG FIRM
EX PROV BAET MARIA QVINTA
VXOR MARITO BENE MERENTI
ET VIBIA MARCELLA PATRI
PIISSIMO MEMORIAE EIVS
POSVERVNT
M
STIAEVTY
IA IVCVN
ET ALEXAN
O BENEMEREN
IBVS FECIT

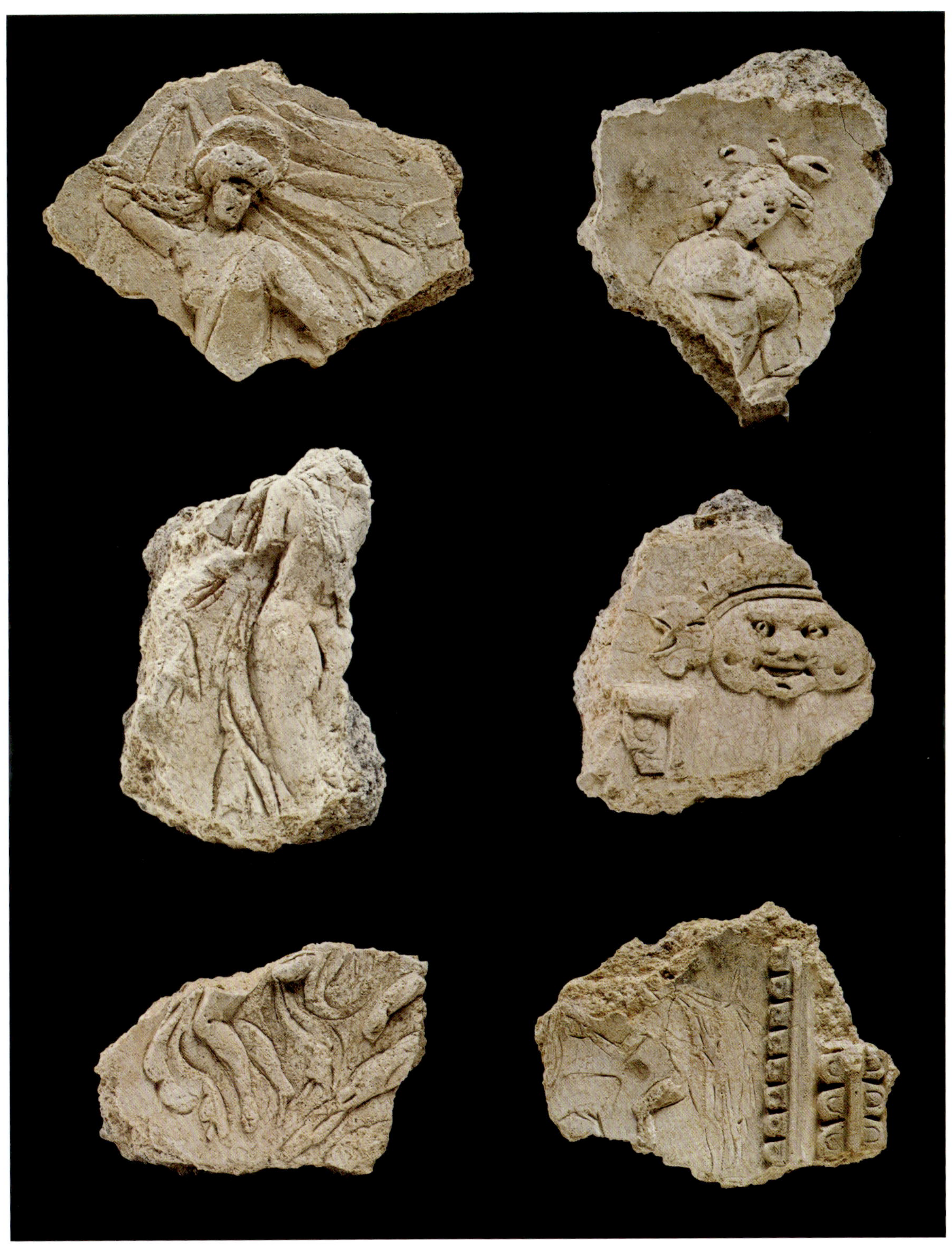

89. 圣罗莎，墓 III。

90—95. 圣罗莎，墓 III，带有装饰图形的灰泥碎片。

96，97. 圣罗莎，墓 III，穹顶和一个壁龛的细节图。

位会施法术的女巫的帮助。美狄亚声称自己有一个能使人重返年轻的钵，为了证明这一点，她将一头老山羊切成几块放进煮沸的钵中，之后一头小羊羔从钵里跳了出来：美狄亚通过法术使羊重返年轻了。美狄亚先是说服了珀利阿斯本人，之后又说服了他的女儿埃瓦德妮和安菲诺梅（阿尔刻提斯没有相信）来进行这一致命的尝试：珀利阿斯的女儿们将父亲切成碎块扔到钵中，与此同时，阿尔戈英雄进入了伊奥尔科斯国内并占领了伊奥尔科斯。这幅壁画上的场景似乎是奥维德的《变形记》中记录的版本，珀利阿斯的这个故事有许多版本。另两件相关作品中描绘的场景和这幅壁画类似：第一件作品是位于蓬佩伊的一间罗马时期贵族住宅（皇宫 IX，2，16）中的一幅壁画，另一件作品是在普莱台斯塔托地下墓穴中一具石棺上，这具石棺的左侧雕刻着阿尔戈英雄的神话传说。

第三个场景，也就是右侧墙壁中央的壁龛上的场景更难解读。这面墙上的大部分灰泥都脱落了，因此我们无法准确得知这幅壁画的主题。我们只能从壁画中大致分辨出三个人物，这三个人物身后是一块幕布。场景左侧是一个坐着的人，这个人身上的衣服褶皱很多，他的背后有一面盾牌，地上有一把按照场景的对角线位置放置的长弓。这个人似乎双腿交叉，手臂弯曲朝向胸部和脸部。他身后，也就是在场景远处有一根柱子，柱子上有爱奥尼亚式柱头，两个花环从柱子上垂下来。柱子前面还有一个人，但已经完全辨认不出这个人的形象，这个人面向刚刚描述的那个人站立着。他身上似乎穿着一件厚重的衣服，披着一件长至膝盖的披风，他下身似乎穿着一条东方款式的长裤，头上还戴着一顶弗里吉亚帽。在这两个人身后有一个身体比例稍小的人，这个人身上穿着军装：他披着披风（士兵穿的一种在一个肩膀处束紧的披风），身上穿着一件护胸铁甲（罗马士兵穿的一种胸甲）和皮革短裙（一种由几块皮革组成的短裙），脚上穿着一双典型的高筒靴（士兵穿的一种军靴）。他的左手似乎握着一把剑，右手则靠近胸部。根据这些不确定的信息，我们很难准确解读这个人物形象。我们可以推测这幅壁画描绘了士兵辞行的场景，士兵身后的幕布和墓中壁画周围的环境也许使这个不幸的场景更具悲剧性。然而，我们可以根据神话主题提出另一种解释——这幅壁画是以阿喀琉斯为主人公的两个场景：近处坐着的是阿喀琉斯，他的身体稍稍向前弯曲，手伸向头部，因为得知了普特洛克勒斯的死讯而悲伤不已；另一个场景中的阿喀琉斯还是坐着，身旁是他的武器，他正在会见特洛伊年老的国王普里阿摩斯，普里阿摩斯请求阿喀琉斯让他带回自己的儿子赫克托耳的遗体。

公元 130—140 年间发生了一场大规模的山体滑坡，骨灰安置处 III 因此被部分掩埋。之后，人们在被掩埋的地方又挖了一个

98. 圣罗莎，墓 III，后墙上的壁龛，上面是阴间入口处的埃涅阿斯、冥神和冥府守门狗。

99. 圣罗莎，墓 III，左侧壁龛，上面是大锅旁的珀利阿斯、美狄亚和珀利阿斯的女儿们。

101. 圣罗莎，骨灰安置处 II 的正面。

100. 圣罗莎，墓 III，右侧壁龛，描绘的场景似乎是坐着的阿喀琉斯，他面前是普里阿摩斯。

用于埋葬遗体的墓穴，也因此毁坏了骨灰处正的地面。此后不久，在 2 世纪末左右，骨灰安置处 III 被一面用来建造高台的墙封住，这座墓的入口被彻底封闭了。骨灰安置处 III 上方的这个高台上将建造起许多坟墓。在 16—17 世纪时，人们为了掠夺墓内物品，打通了封住骨灰安置处 III 的这面墙，并建造了一条隧道。墓中的支柱和楣梁通过这条隧道被运走，墓中后墙上的一部分壁龛也损毁了。

如前所述，骨灰安置处 III 建造时，和它同属一个系列的另外两座骨灰安置处也被建造起来：墓 XVII 和墓 XVIII。盗墓者也通过隧道洗劫了这两座坟墓：这一次，盗墓者不仅对墓中入口处石灰华材质的门框和楣梁感兴趣，他们还对墓中的墙壁感兴趣。他们将修建墙壁使用的大块砖石运走，准备重新利用。

骨灰安置处 XVII 和骨灰安置处 XVIII 是两座平面图呈正方形的墓室，都朝向西南方向的一块空地。墓中墙壁上至少有两排壁龛，每个壁龛里都有两个嵌入墙面的骨灰坛。只有骨灰安置处 XVII 的马赛克地面得以保存，地面上是按照对角线排列的黑色正方形的图案。马赛克地面的左侧和后侧有许多嵌入地面的细管，细管连通了地面下方的骨灰坛。这两座坟墓的墙壁和穹顶上应该都有精美的灰泥装饰，但 16 世纪或 17 世纪的盗墓者盗走了这些灰泥装饰，如今人们只能在墓中找到一些它们碎片。

骨灰安置处 II 在它所在的一排骨灰安置处中规模最大，年代也最晚。骨灰安置处 XVIII 建成几年后，骨灰安置处 II 倚着它建造起来，之后，高度稍低的骨灰安置处 I 又倚着骨灰安置处 II 的后墙建造起来。骨灰安置处 II 也朝向西南方向的一块空地，但这座骨灰安置处和其他骨灰安置处相比，位置要稍靠前一些。骨灰安置处 II 入口处的门框和楣梁似乎也被盗墓者运走了，门上有一块方形区域，方形区域两边是砖石砌成的边饰。这个方形区域里曾有一块刻着碑文的大理石板，这块石板在 16—17 世纪被拆除了。包括后墙在内的每面墙上都有三排壁龛，每排有三个壁龛。位于后墙中央位置的壁龛规格最大，上方装饰着灰泥材质的贝壳形顶饰，半圆形的壁龛顶部还用绘着红色幕布的壁画进行装饰。墓室的长方形墙壁上也绘着壁画：浅色背景上有极细的几束花穗，叶子是褐色的。一些线状的卷须从花穗上垂下来，卷须上有几个红色的苹果，场景中还有几只正在飞翔的小鸟。从风格上来看，墓中空间的分隔方式和装饰的壁画与同时期建造的其他坟墓相同，被认为是所谓的 4 世纪成熟风格。

墓中死者的名字没有被保存下来，嵌入壁龛下方墙面的大理石板上本应有死者的名字。但人们在墓中发现的大理石板上只有一段碑文。这块石板被嵌在墓中角落处的一个由砾岩建成的小箱子上。为了创造更多空间来放置骨灰坛，人们将墓中原本的地面拆除，建造了这个小箱子。石板上有一段献给阴间亡灵的祝词，这段祝词后出现了一位女性死者的名字——西尼·费利克拉。

人们采取了许多预防措施来避免坟墓因山体滑坡被掩埋，比如在坟墓入口前方地面放置一块由石板或砖石构成的障碍物。但当公元 130—140 年间的那场大规模山体滑坡发生时，人们的这些预防措施并没有起到作用。正如我们前面提到的那样，泥土冲进了小山谷里，在骨灰安置处 XVII 和骨灰安置处 XVIII 的正面及骨灰安置处 III 的左侧堆积起来。大量泥土在整个小山谷里不断堆积，一些高处的坟墓都被泥土掩埋了，堆积的泥土比墓 XIII 的穹顶还要高半米左右。整个圣罗莎区都被泥土掩埋，这些被掩埋的坟墓再也没能重见天日。有时候，人们会在部分被掩埋的旧坟墓上挖出新的墓穴来埋葬遗体，但在山体滑坡发生后的几年里，没有人在这一地区修建新的墓葬建筑。

晚些时候，在公元 150—160 年，圣罗莎区的北面开始出现一些新的墓葬，这些新出现的墓葬排成了一个“V”形：墓 XXX、X、V 和 VI（帕西艾尼家族墓）上方的墓室（如今已经被损毁）。与此同时，人们立即在谷底建造了墓 I，并在墓 IV（纳特罗尼家族墓）上方又建造了一座坟墓，新建的坟墓位于墓 I 旁。大约又过了二三十年，人们又在圣罗莎区的南面区域建了一条小道，这条小道将墓 XII、XXIX、IX 和下方的墓 VII 分隔开。此时，人们在建造坟墓时不得不有意识地将斜坡划分成不同高度。

山体滑坡发生后建造的第一座坟墓位于圣罗莎区北部区域的一块小高地上，这座墓旁边有一块空旷的三角形区域，这个三角形区域旁还有墓 XXX、X 以及在骨灰安置处 VI（帕西艾尼家族墓）上新建起来的一座坟墓。只有墓 V 和它旁边的一座坟墓（位于墓 V 的东北方向，如今已经被完全损毁了）的入口朝向西北方向，这两座墓旁有连接三角形区域和下方区域的一条小道——或者说是一条斜坡。

这些坟墓和加莱亚喷泉区域的墓 2、6、7 和 8 有极大的相似性。加莱亚区的墓 2、6、7 和 8 所属的年代是公元 180—190 年，而圣罗莎区的这些坟墓的年代（公元 150—160 年）要稍早一些：实际上，这两个地区的坟墓中埋葬死者遗体的墓穴和掩埋死者骨灰坛的墓穴的数量比例也不同。圣罗莎区的这些坟墓中二者比例相近，但在加莱亚区的坟墓中，掩埋死者骨灰坛的墓穴约占 30%，而埋葬死者遗体的墓穴约占 70%。这些坟墓都由一间长方形的墓室组成，墓室的外墙是用砖石砌成的，墓内的拱形墓穴则使用了凝灰岩。拱形墓穴位于侧墙，包括下方的地面上。然而，用于放置骨灰坛的壁龛位于墓室的角落附近，大概位于拱形墓穴上方。其他掩埋骨灰坛的墓穴位于地面下方，嵌入马赛克地面的细管可以证明这些骨灰坛的存在。浇祭的液体可以通过这些细管进入骨灰坛。

在圣罗莎区的这一系列坟墓中，人们只

能辨认出其中的两座坟墓，尽管这两座坟墓的大部分墙壁都被夷平了。这两座坟墓是规模较小的墓 X 和规模较大的墓 V。两座墓内都有马赛克砖铺成的地面，白色和黑色的马赛克砖拼接成了几何装饰图案。在墓 X 的马赛克地面上，地面中央用白色马赛克拼成的正方形里面有几个拉长的六边形图案，正方形的四周有一圈用黑色马赛克拼成的条纹。六边形围成的区域中央有内接在一个圆中的一朵十字花，这朵花有四个心形的花瓣，几根类似大烛台形状的枝条呈放射状分布在圆形四周。2 世纪中叶到 3 世纪初的很多马赛克作品中都能发现这些装饰元素。

墓 V 的马赛克地面上的装饰元素应用得更为广泛，地面上有一个由凹边和凸边构成的黑色三角形，黑色三角形周围有黑色披针叶，这些叶子沿着地面对角线分布，不同的几何图案相交叉形成了由凹边和凸边组成的白色几何图案。2 世纪下半叶和 3 世纪上半叶的大部分马赛克装饰作品都具有视幻觉效果，所以可以认为这里出现的马赛克装饰图案也能产生视幻觉效果。我们已经分析过的加莱亚墓葬区的墓 6、7 和 8 的马赛克装饰图案（参见之前的插图）就有这种效果。但是，和墓 V 中的马赛克装饰图案更接近奥斯蒂亚路附近与墓 V 同时期修建的坟墓中的马赛克装饰图案。

如上所述，2 世纪中叶，人们重建了位于山谷中的墓 IV，新建的坟墓覆盖了原来的纳特罗尼墓，而墓 I 就在这座新建的坟墓旁建造起来。墓 I 所在区域应该有之前已经建造的一些坟墓，但这些坟墓并没有留下痕迹。墓 I 在建造时利用了在墓 IV（纳特罗尼墓）上新建坟墓的墙面：墓 I 和墓 IV 上新修建的坟墓采用了相同的建造技术，墙壁用砖石建造，而拱形墓穴和下方地面的地下墓穴则用大块凝灰岩建造。在墓 I 中，只有后墙和左侧墙壁上有拱形墓穴，右侧墙壁因为空间不足没有拱形墓穴。墓室内的每面墙上都有用于放置骨灰坛的壁龛，而后墙的壁龛上还有一扇朝后开的小窗户。白色墙面上装饰着红色的线性图案，而拱顶内部装饰着灰泥材质的花格平顶，但可惜的是，花格平顶只保存了一小部分。墓 I 中的马赛克地面则有一大部分被保存下来，白色和黑色马赛克砖拼成的图案类似于古希腊一种砌墙工艺留下的，这种装饰图案在 2 世纪上半叶格外流行。这些马赛克应该是墓 I 的第一阶段铺设的。

墓 I 朝向东北方，人们通过墓 I 石灰华材质的门槛和一段台阶可以到达坟墓前方一块封闭的空地（类似于一条死胡同），之前建造的骨灰安置处 XIV、墓 XI（石棺墓 VIII 将在墓 XI 上方建造起来）和墓 IV（纳特罗尼墓）以及墓 IV 上新修建的坟墓都位于这块空地旁。

掩埋墓 IV 的泥土有一米多深，墓 IV 没有被掩埋的部分都被夷为平地了。与此同时，人们沿着墓 IV 的后墙和西北方向的墙壁，建造了几个比墓 IV 略高的拱形墓穴。死者的遗体堆叠着，被埋葬在这些利用大块铁帽（岩层表面的劣质凝灰岩）建成的拱形墓穴里。拱形墓穴周围的地面上还铺着马赛克砖，但人们之后为了挖新的地下墓穴几乎拆除了全部的马赛克砖。

公元 180—190 年，人们开始重新划分圣罗莎区的南面区域。人们清理了因山体滑坡而留在斜坡上的泥土，并建造了两面用来支撑上层建筑的长墙，这两面墙互相平行，部分嵌入地面。人们将凝灰岩和砖块交替排列建成了这两面墙，墙上涂了一层红色灰泥。人们将这一区域分成三层：刚刚提到的坟墓（墓 IX、XXIX 和 XII）位于最高层，中间一层是一条自北向南的上坡小道，下面一层则分布着一些简单的墓穴和一些砖制坟墓。中层区域的小道位于两面长墙之间，小道按对角线方向连接下层和上层区域，通往停车场区。建造这条小道的材料基本上是一些已经使用过的材料，比如一些曾使用过的砖石，人们甚至还利用了之前存在的两个基座：其中一个基座上曾放置着纪念长寿的卢修斯·苏托里乌斯·阿瓦斯坎特斯（90 岁时去世）的东西，另一个基座上曾放置着一座名为伊乌里亚·普利玛的女性的雕像。为了建造这条小道，人们掩埋了之前小道所在区域建造的一些坟墓：雕塑家忒修斯的祭坛（参见之前的插图）的顶部就在小道上，因此行人来回的走动磨损了这块祭坛的拱座石。上层区域新建坟墓（墓 IX、XXIX 和 XII）东南方向和东北方向的墙壁旁就是连接下层和上层区域的小道。通过横穿整片区域的一个短而宽的斜坡，人们可以从墓 III 的东北墙和骨灰安置处 III（被部分掩埋）的正面到达上层区域。

小道下方是埋葬穷人尸骨的一个公共场所，这些穷人被埋在简单的墓穴中，这些墓穴基本上都没有砖石砌成的芮苣形盖子。从尸骨的位置可以推测死者应该是被紧紧地裹在一块裹尸布中，埋葬死者时可能都没有用到木箱，也许人们只在尸体上盖了一块薄板以保护尸体。

上层区域同属一个系列的墓 XII、XXIX 和年代稍晚的墓 IX 与下层区域的墓 VII 和 XV 如同一些房间一样，人们用凝灰岩和砖块交替排列建成了这几座坟墓。墓中墙壁上有拱形墓穴，拱形墓穴下方地面下有地下墓穴，墓中四角还有嵌入地面的四个骨灰坛，这在两座墓（墓 XV 和 XXIX）中已经被证实。用于掩埋骨灰坛的墓穴的数量和用于埋葬尸骨的墓穴的数量的比例反映了火葬仪式慢慢被土葬仪式替代：前一种墓穴占 25%，后一种墓穴占 75%。在加莱亚区的墓 2、6、7 和 8 中，这两种墓穴也是分别占 25% 和 75%，加莱亚区的这几座坟墓的结构类似于圣罗莎区域坟墓的结构。凯旋大道沿线区域的另一些坟墓的结构也与此处坟墓的结构类似，在这里要特别指出安诺纳区的墓 6、7 和 8，以及停车场区的墓葬建筑 5。人们在墓 IX 的一个地下墓穴里发现了一具

102. 圣罗莎，墓 X 中的马赛克地面。
103. 圣罗莎，墓 V 中的马赛克地面。

3世纪上半叶的石棺，石棺的主人是乌尔比亚·玛琪拉。石棺正面的波纹饰和作为装饰物的小柱子突出了中央的盾形肖像（位于一个类似圆盾的圆框内的上半身肖像），这是一位女性的肖像，肖像的面部没有被仔细雕刻。这一系列的坟墓似乎是一些集体墓，有时人们能够辨认出墓中哪些死者的经济状况更好。

墓VII也在下层区域，比中层的小道（位于小道的东面）低1米左右。墓VII的位置和上层区域的边缘平行，这座墓比附近其他墓大。墓VII北面8米左右是墓XV，墓XV面向附近的凯旋大道，和墓VII位于同一平面。墓XV是一间平面图呈正方形的墓室（每边约3米长），位于一条被墓XI、I、IV和XIV封闭的死胡同旁。因此，墓XV的正面必须朝向东北方向，附近恰好是凯旋大道。这座墓的内部结构和之前分析的坟墓类似，墙上有拱形墓穴，拱形墓穴下方对应位置有地下墓穴，墓的角落处还有两个立方体的砖石结构，上面留有入口以便倒入骨灰。人们发现了一些相当有趣的陶土材质棺材：棺材上有由瓦片和方砖（每边长60厘米的一种方砖）组成的棺盖，几块大理石板又从外面将这些棺材封住，其中两块大理石板上还刻着文字。最醒目也是雕刻得最为精细的文字是一段纪念科奇娅·马尔恰娜并赞美她的美德的碑文。科奇娅·马尔恰娜是一位年轻的“诚实女性”，享年16岁11个月。她的母亲马尔恰·苏切萨为她准备了这段碑文（大概在3世纪中叶）。碑文上的头衔让人猜测这位年轻女性可能属于骑士阶层，这是当时新出现的一个社会阶层。圣罗莎区还有一座墓里埋葬的死者也属于骑士阶层，就是墓VIII，这是圣罗莎区发掘出的坟墓中最豪华的一座。

3世纪，除了小道下方的公共区域，圣罗莎墓葬区中所有没有使用的砖制坟墓的空地上都出现了许多埋葬死者遗体的墓穴。比如墓IX、XXIX和XII西面，有两个顶部为罱苣形的棺木形结构，它们位于墓穴中，这些墓穴在曾被山体滑坡掩埋的地区建造起来，下方是曾经的墓XXVIII（参见之前的插图）。这一时期建造的一个盆形墓穴也值得一提，它位于墓XX（阿尔齐姆斯墓）后，十分破旧不堪。人们在许多墓穴中都发现死者口中有一枚青铜材质的硬币，这就是所谓的“卡戎硬币”，根据古代文献，死者用这枚硬币向卡戎支付到达冥界的船费。我们前文已经提到过，这些极其简陋的墓穴旁是富裕的骑士阶层的坟墓，比如科奇娅·马尔恰娜的坟墓和墓VIII中的普布留斯·卡艾斯留斯·维克托里努斯的坟墓。墓VIII是在这块墓葬区的最后一阶段建造的，大概是在3世纪前20年里。

大概在公元200—220年，墓XI的一部分砖石墙壁被夷平，这座于一个多世纪以前建造的坟墓如今已经被弃置了。人们用砖石和凝灰岩交替排列建成了墓VIII，这座墓位于墓XI的上方，旁边是墓III、XVII、

104. 圣罗莎，墓 IX、XXIX 和 XII 之间的一条小道以及墓穴式坟墓所在的下层区域。

105. 圣罗莎，墓 XXIX。

106. 圣罗莎，墓 IX，乌尔比亚·玛琪拉的石棺。

107. 圣罗莎，塌方后埋葬的死者遗体，这具遗体将墓 XXVIII 分开。

XVIII 和 I。墓 VIII 南面角落处的墙壁附近有一个小斜坡，它将小道和上层区域横向连接起来。形成斜坡的填充物和位于小道一侧的高处墙壁在同一条直线上，这些填充物掩埋了斜坡下方的建筑，也封住了骨灰安置处 III 的入口。公元 130—140 年间发生的那场山体滑坡已经掩埋了骨灰安置处 III 的一部分，直到 2 世纪末，人们才继续使用这座墓。人们在这座骨灰安置处的淤积物中挖出新的墓穴，这些墓穴深至墓中原来的马赛克地面，死者的遗体将被埋葬在这些墓穴里。墓 VIII 建造后，小道下方那些于公元 180—190 年间建造的坟墓的入口变得更窄，入口的通道变成了漏斗的形状，可供通过的空间越来越少。

墓 VIII 是一间平面图呈正方形（每边约为 5.6 米）的大墓室，人们将砖石和小块凝灰岩交替排列建成了这座墓。因为入口处的墙壁要留下一部分空间建造门槛，所以这面墙上只有一个拱形墓穴，而墓内其他墙上都有两个拱形墓穴，每个拱形墓穴下方地面下都有一个地下墓穴。从坟墓的结构和空间划分来看，墓 VIII 和圣彼得大教堂下方墓葬区中的墓 Z（埃及人家族墓）十分相似。墓 Z 大概是在 2 世纪末建造的，结构完整，保存状况也很好，这为人们重建墓 VIII 缺少的部分提供了有效帮助。人们猜测墓 VIII 部分墙壁中央曾有高壁龛（如今只能看到壁龛的一部分），墓中的石棺至少有八具，墓中发掘出的石棺有的是完整的，有的是破损的。这些石棺应该位于墙壁的下部分，其中四具石棺应该在墙上的拱形墓穴中，另外四具应该在马赛克地面上。

墓中的装饰非常多，但只有一部分被保存了下来。事实上，几乎所有的壁画都没能保存下来，人们只能辨认出后墙拱形墓穴内部的两个形象：壁画上有缀满花朵的花环，左侧拱形墓穴中有一只孔雀，右侧拱形墓穴中有一个装满水果的果篮。墓中由白色和黑色的马赛克砖拼成的地面更有意思：铺了马赛克的区域呈正方形，外围的马赛克砖拼成了辫子形状的装饰图案。马赛克地面的中央有一个人的形象，四角延伸出长长的葡萄藤蔓，葡萄藤蔓的卷须形成了一个大藤架，围住了中央的场景。葡萄藤蔓的卷须上垂下了一些乐器：铙钹、一个号角、一根简单的长笛，一个排笛和另一些无法辨认出的乐器。四个长翅膀的裸体小孩从大藤架每边的中央位置垂下来，展现的是葡萄收获期，人们采摘葡萄或举行庆祝仪式的场景：第一个小孩（从坟墓入口处开始，沿顺时针方向的第一个）一只手握着一个火炬，另一只手将一个梯子扛在肩上；第二个小孩正准备用一把小镰刀割下一小串葡萄；第三个小孩爬到一个梯子上，正准备把一个灯笼固定在藤架上；至于最后一个小孩，他手里拿着一把小镰刀，正弯着腰把一串葡萄放到篮子里。马赛克地面中央的人形形象面对墓室的入口，这个人的形象由两个人组成，这两个人的体形比旁边的四个裸体小孩的体形要大：前面的是酒神狄俄尼索斯，他的右手伸向右侧，左手可能位于身旁年轻的森林之神的肩膀上。森林之神手里拿着一根牧羊棍（牧羊人牧羊用的棍子），努力支撑着喝醉的酒神。经考证，这是帝国时代中期和晚期出现的装饰场景，相同主题的场景曾多次出现在石棺上，各种马赛克作品中也经常使用这个主题。需要特别注意的是，塞维鲁时代的一些马赛克作品中的人像和这里出现的人像在风格上很接近，虽然塞维鲁时代的这些作品在年代上要晚几十年。

当墓 VIII 中用来埋葬死者遗体的墓穴建成后，人们开始在墓中放置各种石棺。3 世纪上半叶，两具石棺被放在墓中位于东南方向的墙旁，其中一具石棺上装饰着两个有翅膀的胜利女神，另一具石棺上装饰着狩猎卡吕冬野猪的场景，也许这两具石棺位于墙上的拱形墓穴里。之后，墓中又增加了两具或三具大理石材质的棺材，但这些石棺在墓中的位置并不确定，因为它们是考古人员根据地下墓穴中找到的碎片复原得的。晚些时候，人们将这些石棺的碎片扔到了石棺周围的地下墓穴中。刚刚提到的第一具石棺，也就是用两个有翅膀的胜利女神装饰的石棺的正面有女死者的盾形肖像，肖像的面部没有被仔细雕刻。盾形肖像下面是两个正在划船的裸体小孩，小孩两侧是躺在地上和躺在海里的两个人：大地女神特鲁斯和大洋神俄刻阿诺斯。边上是两位季节神，他们手里拿着牧羊棍和猎物，双腿之间各有一只小豹子。石棺的侧面雕刻了两只狮身鹰头鹰翼的怪兽，侧面的浮雕比正面的浮雕要浅一些。墓中找到的一块棺盖的碎片可能和这具石棺有关系：这块碎片上装饰着角形假面饰，棺盖的正面是一幅狩猎的场景（左侧）和一幅宴会的场景（右侧），中央是一块石板，上面刻着一名男子献给自己的女儿弗拉维亚·维拉和妻子奥里莉亚·阿格丽品娜的碑文。石棺和棺盖上都留下了彩色颜料的痕迹：一些红色线条突出了人物形象的细节，彩色线条可以使得位于坟墓半明半暗环境中的形象更易于理解，彩色线条越明显，说明人们需要使得这

图Ⅷ. 库迈，塞维鲁时代的坟墓，有用壁画装饰的拱形墓穴。

图Ⅸ. 库迈，塞维鲁时代的坟墓，有用壁画装饰的拱形墓穴。

108. 圣罗莎，墓 VIII。

个地方的轮廓变得越清晰。正面装饰着狩猎卡吕冬野猪场景的石棺，也就是前面提到的第二具石棺是塞维鲁时代晚期的作品，做工极其精细。狩猎卡吕冬野猪是神话传说中的一个故事：卡吕冬野猪是一头侵扰卡吕冬国乡村的野猪。由于卡吕冬国的国王俄纽斯没有按规定向狩猎女神阿尔忒弥斯献祭，阿尔忒弥斯便将这头野猪放到卡吕冬来惩罚俄纽斯。为了猎杀这头凶猛的野兽，俄纽斯的儿子墨勒阿革洛斯召集了最英勇的希腊勇士，其中包括女英雄阿塔兰忒。阿塔兰忒先用箭射伤了野猪，之后墨勒阿革洛斯用他的长矛将野猪一击毙命。在石棺上狩猎卡吕冬野猪的场景中，我们可以找到这个神话传说中的所有主要人物。考虑到这具石棺的大小和大理石材质，人们找到了可能和这具石棺配套的棺盖，棺盖上有一些裸体小孩，他们正在进行农业活动，比如收割粮食和采摘葡萄。

墓中另外三具石棺可能和上述两具石棺是在同一时期建造的。这三具石棺只留下了一些碎片，人们在其中两具石棺的碎片上可以辨认出一部分人物形象。一具石棺（公元220—230年左右）的右角是爱神热情亲吻普赛克的场景，他们身旁是飞翔着的胜利女神。这位胜利女神应该正托举着死者的盾形肖像（和第一具石棺一样）。石棺侧面则雕刻着一只狮身鹰头鹰翼的怪兽，侧面的浮雕比正面的浮雕要浅一些。人们找到了和这具石棺的碎片有关的棺盖的碎片，上面有正在采摘葡萄的几个裸体小孩和一个角形假面饰。而另一具可能属于同一时期的石棺的左角有一位季节神，他的左手向上举起，右胳膊靠在一根牧羊棍上。季节神的右边似乎是一个正在飞翔的人（可能是一个有翅膀的裸体小孩）的披风，而下方是一个打翻的箭筒。石棺的左侧是一只狮身鹰头鹰翼的怪兽，这是棺盖上使用的固定装饰元素。

建造这座坟墓的家族应该有很不错的经济实力，这个家族似乎还想继续用昂贵的大理石棺材埋葬家族成员，而在整个3世纪里，新的石棺不断被放进墓中。人们在墓中发现了稍晚于前几具石棺的另一具石棺（在公元3世纪中叶）的碎片，石棺的左角有一个裸体小孩，小孩下面是一个兔子的巢穴，小孩旁边是一位有翅膀的胜利女神。胜利女神的身体朝向石棺中央，她下方是一只孔雀。

两具在3世纪下半叶被放入墓中的石棺十分有趣。第一具石棺被放在后墙上的两个拱形墓穴前，拱形墓穴内找到了石棺的碎片。这具石棺的正面有一幅男性的盾形肖像。第二具石棺——普布留斯·卡艾斯留斯·维克托里努斯的石棺——位于西北方向的墙壁上的第一个拱形墓穴前。在这两具新石棺放入墓内后，为了给墓室入口留出一定空间，人们移动了饰有胜利女神的那具石棺，将其挪至位于墓室中央的维克托里努斯骨灰坛前。这一行为对地面的马赛克造成了极其严重的损坏，饰有胜利女神的石棺和有着男性盾形肖像的石棺下方的马赛克地面下陷了三十多厘米。于是，马赛克地面中央——酒神狄俄尼索斯和年轻的森林之神所在区域——有一些马赛克砖缺失了。人们并没有重新铺设马赛克地面，而是对地面进行了简单修复：利用一些曾被使用的马赛克砖将图像补全。这种修复风格可以大致被定义为印象派风格：人物形象上缺失的部分用白色和黑色的马赛克砖补全，而其他缺失的部分则只用白色马赛克砖补全。与此同时，人们还对坟墓的结构做了一些修复，因为坟墓的顶部似乎有一部分塌陷了。

在最后提到的那两具石棺中，年代较早的那具似乎建于公元260—280年间，石棺上装饰着卷绳状浮雕。石棺侧面是用浅浮雕雕出的两只狮子，它们正从大坛（用于混合水与酒的容器）中饮水。石棺正面雕刻的猛兽似乎围绕石棺边缘慢慢显出轮廓，正面浮雕的厚度也随之变化。石棺正面的中央位置有一幅男性的盾形肖像：这是一位面容严肃的男性，胡须很短，头发贴附在头上，右手拿着衣服的一角。盾形肖像下是一幅犁地的场景，一位农民用鞭子赶着两头拖着犁的牛向前走，另一位农民从篮子里取出种子洒在地面上。一些3世纪下半叶的大理石骨灰坛上都出现了以犁地为主题的场景，有些骨灰坛上的场景甚至都和此处类似。

上文提到的最后一具石棺在3世纪末被放入墓VIII，正面装饰着波浪形浮雕。棺盖上有一块石板，石板上刻着的碑文表明这具石棺属于骑士阶层的一名年轻男性，普布留斯·卡艾斯留斯·维克托里努斯，也是“一名罗马骑手”。他只活了17年5个月零27天。波浪形浮雕在石棺中央形成一个杏仁形状，类似于一个双耳陶罐。石棺正面的两侧各有一个站着的人。右侧是一位位于一块幕布前的哲学家，他长着胡子，露出右侧肩膀，左手的两根手指（表示数字2的手势）触摸右手紧握着的一卷书。他的右脚旁是一个装满了书卷的篮子。石棺左侧是一位披着纱巾的女性，她的头发呈波浪形，双手举起，带着祈祷的表情。她身后有两棵小树，右侧的树顶上有一只小鸟，小鸟的身体面向这位女性。石棺的棺盖由几块碎片组成，棺盖上有四只在波浪中穿梭的海豚，这些海豚朝着棺盖的中央，那里是刻有死者名字的石板。

这具石棺可能和基督教有关，也有可能和年轻的骑士维克托里努斯有关。石棺上的女性形象刻画得很仔细，一只鸟在她身后左侧的树上，这是基督教早期一些常见形象：这是一位正在祈祷的女性，因此，与其说这是维克托里努斯，倒不如说这是维克托里努斯内在的女性性格的表示。从这个角度也可以说明这位女性和石棺另一侧的哲学家之间的联系：这位哲学家可以被看作《圣经》的一位读者。棺盖上的海豚则是一个常见的“中性”形象，是和基督教早期有关的秘密形象。但另外一些信息又使人怀疑石棺中的死者并不信仰基督教。首先是这座坟墓的内部环境，墓中出现了许多非基督教的形象，比如马赛

109. 圣罗莎，饰有带翅膀的胜利女神的石棺。

110. 圣罗莎，饰有带翅膀的胜利女神的石棺，季节神的细节图。

111. 圣罗莎，饰有带翅膀的胜利女神的石棺，左侧胜利女神的细节图，胜利女神下方是大地女神特鲁斯。

112. 圣罗莎，饰有狩猎卡吕冬野猪场景的石棺。

113—114. 圣罗莎，饰有狩猎卡吕冬野猪场景的石棺，细节图。

115. 圣罗莎，饰有爱神亲吻普赛克场景的石棺，右侧角落的细节图。

克地面上的酒神形象，以及另外几具3世纪的石棺上的许多神话场景。但是，献给维克托里努斯的碑文是证明这座坟墓和基督教无关的最有力证据：碑文的开头是献给亡灵的祝词。显而易见的是，由于这份碑文比发现的最早的基督徒的碑文还要早一百多年，所以碑文里写上献给死者亡灵的祝词只可能是人们的一种传统做法。也许雕刻碑文的工匠是按照规定提前在众多石碑上都刻下了这段碑文，又或者人们刻下这段碑文只是为了表明坟墓的不可侵犯性。按照惯例，在碑文上惯常出现的DM（献给亡灵）后应该是用主格形式表现的死者名字，但在献给维克托里努斯的碑文中，DM后却是用所有格形式表现的死者名字，这说明碑文是献给维克托里努斯的亡灵，这一处小细节使得人们无法从基督教的角度解读石棺上的图像。考虑到这一点，更合理的说法是：石棺上正在祷告的女性指的是"虔诚"这一美德的人形表示，哲学家则暗指年轻的死者十分博学，有很高的文学素养。

在使用了一个多世纪后，这座坟墓被弃置，之后被渐渐掩埋。事实上，在这一时期，梵蒂冈内所有朝向凯旋大道的古墓区几乎都停止了丧葬活动，坟墓内也不再埋入新的死者。也许正是公元320年左右，君士坦丁在彼得墓上方建造大教堂造成了这一后果。彼得墓位于凯旋大道沿线墓葬区南面约300米处，大教堂建造后，人们倾向于被埋葬在使徒墓附近，而不是被埋葬在凯旋大道沿线：实际上，只有彼得墓附近地区的坟墓还在继续使用。

北面的朝圣者开始沿凯旋大道到达大教堂和彼得墓，大概在中世纪早期，距离凯旋大道最近的坟墓似乎被用作旅客和动物的休息处。圣罗莎墓葬区留下了一些能证明坟墓曾被当成休息处的痕迹，比如，为了扩大墓内的空间，墓VIII内的所有石棺都被拆毁，石棺碎片被扔进地下墓穴。只有维克托里努斯的石棺以及那具用胜利女神进行装饰的石棺仍停留在原位置（缺失了棺盖），并几乎完好无损，这两具石棺也许曾被当成马槽。

凯旋大道沿线的这些墓葬区被弃置了很长一段时间，在此期间，整个墓葬区被慢慢掩埋，掩埋的痕迹十分明显。直到16世纪和17世纪，人们才能在这片墓葬区发现人类活动留下的新痕迹：为了寻找可利用的建筑材料和值钱的东西，人们沿着梵蒂冈山的东面山坡建造了许多隧道、井和地道。

116. 圣罗莎，饰有男性盾形半身像的石棺。

117—118. 圣罗莎，饰有男性盾形半身像的石棺，从大坛中饮水的狮子的细节图及右边是犁地场景的盾形肖像的细节图。

119. 圣罗莎，普布留斯・卡艾斯留斯・维克托里努斯的石棺。

120. 圣罗莎，普布留斯・卡艾斯留斯・维克托里努斯的石棺，细节图。

121. 圣罗莎，玻璃细颈瓶。

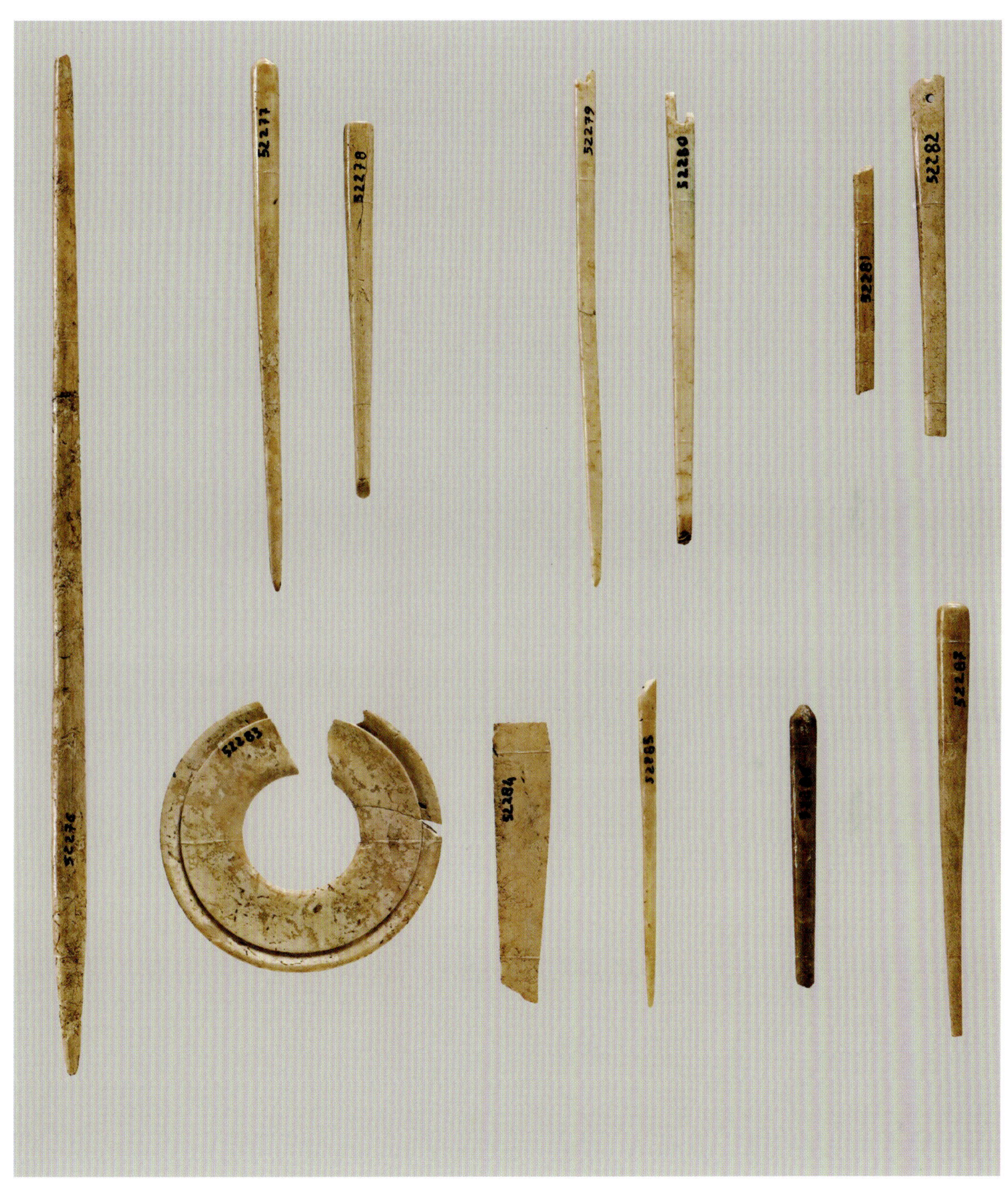

122. 圣罗莎，骨头与象牙制成的簪子和盘子。

123. 圣罗莎，陶瓷制品的碎片、银制戒指、硬币和油灯。

124. 圣罗莎，斯蒂亚奇亚・赫尔皮迪斯的大理石骨灰坛。

1—2. 墓 Ф，A. 莱维所作的水彩画。

第五章

圣彼得大教堂下方古墓的保护和修复

3. 墓 I 或四马双轮战车墓，F. 福朱尔詹森于画布上创作。

在 1950 年的大赦前夕，梵蒂冈圣彼得大教堂的忏悔室下方复杂的考古发掘工作终于告一段落。这项发掘工作使人们发现了第一位教皇的坟墓以及另外 22 座墓葬建筑，这些坟墓建于 2 世纪，之后因君士坦丁修建大教堂而被掩埋。二战期间，考古工作不断推进，映入最早一批考古学家眼帘的罗马古墓也是君士坦丁的工人们最后一次看到它们的样子。在古代教堂地面下的这个地方，时间似乎在 4 世纪的某一天停止了，太阳不再照耀这些坟墓、街道和穿过墓葬区的小巷。当君士坦丁时期掩埋这些坟墓的泥土被清除后，人们发现了砖石砌成的墙壁、灰泥和马赛克装饰、石碑、骨灰坛、石棺以及经过一千六百年仍保留原本颜色的精美壁画。在被掩埋了多个世纪以后，这片几乎完好无损的遗址终于展现在世人面前，人们也因此面临一个艰巨的任务：为后代保存这片遗址，让后世能够继续研究这个具有非凡宗教意义、历史意义和考古意义的地方。

于是，在经历了长时期的“冬眠”后，这块“苏醒”的墓地迎来了许多重要的考古发掘活动——其中有些工作十分冒险，但为了发掘工作，人们不得不继续。实际上，人们为了疏导地下水，在教堂的地基处开辟了许多通道，这是确保地下水能够畅通流动的必要操作。教堂下方的泥土被清除后，为了加固地面，打下支架来支撑上面的教堂，人们也需要开辟这些通道。直到今天，沿着墓葬区的小道，甚至在坟墓的内部，我们都能发现钢筋混凝土支柱——具有强大支撑力的现代结构，而墓 L，也就是小卡艾登尼奥家族墓前方有人们在地基处艰辛开辟出的一条通道，这块地基被用来支撑君士坦丁时期建造的教堂的凯旋拱门。得益于“圣彼得工程”的技术人员的决心和专业素质，人们得以克服考古发掘工作中出现的各种意想不到的难关，跨越重重险阻。在这些技术人员中要格外强调朱塞佩・尼科洛西（1889—1967），他是建筑学教授，从 1934 年起成了“圣彼得工程”的建筑师。

为了说明工程的艰巨，在此只需要举出青铜帐顶（贝尔里尼雕刻）西南柱的地基处的复杂工作。1942 年夏天，人们发现青铜帐顶西南柱的地基实际上位于一座罗马古墓里损坏严重的小拱顶上。如果说上述工程只是影响了连贯的坟墓修复工作，那么建造钢筋混凝土支架的工程则对遗址保护的后续工作产生了决定性的影响。实际上，当墓地上方的屏障（始于 1948 年 7 月）建成后，梵蒂冈地窖下方的区域就被限定在一个地下空间里，它上方对应的位置是大教堂的中殿。

当墓地上方的屏障于 1949 年建成后，人们面前是所有地下空间都会面临的典型难题：主要是不稳定的微气候条件和微生物问题。高浓度的二氧化碳和无法控制的气流使得地下空间的温度和湿度上升，物体表面开始形成盐层（氯化物、硫酸盐和硝酸盐），这种迹象表明物体已经在慢慢受损。藻类和微生物开始繁殖，随着时间流逝，墙壁上的灰泥涂层和壁画装饰慢慢变得模糊。过多的来访者使得这一现象进一步恶化：他们给地下区域的微气候造成了负面影响，也无意识地成了孢子和细菌的传播者。

人们试图采取一系列的补救措施来应对这些问题，但根据应急要求制定的这些措施并没有考虑到发掘区的整体情况。直到1998年，距离这一区域第一次考古活动结束已有50年，“圣彼得工程”准备开始一项复杂的工程：经过仔细的初步调查，人们开始在古墓区进行一些保护工作，从而延缓遗迹的受损过程并从源头解决这个问题，这也为后续修复坟墓结构和重要装饰物的工作打下了基础。经过各个领域的专业人士的协同努力，这项艰辛复杂的任务如今已经基本完成。化学家需要分析古墓里物品的材料和物品上附着的盐层，生物学家需要研究古墓区中损坏文物的有害微生物（藻类、真菌、细菌和放线菌），物理学家需要监测环境参数（温度、相对湿度、二氧化碳浓度、氧气浓度），照明工程师则需要为古墓修复者、建筑师和考古学家提供合适的灯光。

总的来说，这些工作属于工作方案的执行部分。人们先进行初步调查，分析了古墓的保存情况，确定了古墓受损原因，从而开展修复工作，并确定遗址保护过程中必不可少的维护方案。

在接下来的几页中，我们将介绍“圣彼得工程”为保护地下古墓而采取的主要措施。在这里，我要感谢那扎来诺·加布里埃利博士的积极合作，他是梵蒂冈博物馆科学研究办公室的主任，也是“圣彼得工程”的顾问。

初步研究 图像记录和照片

保护和修复古墓的人总是将自己比作医生。因为，在修复古墓的工作开始之前，“医生们”需要先了解“病人”的基本情况。于是，人们对每一座坟墓都进行了研究，搜集了现

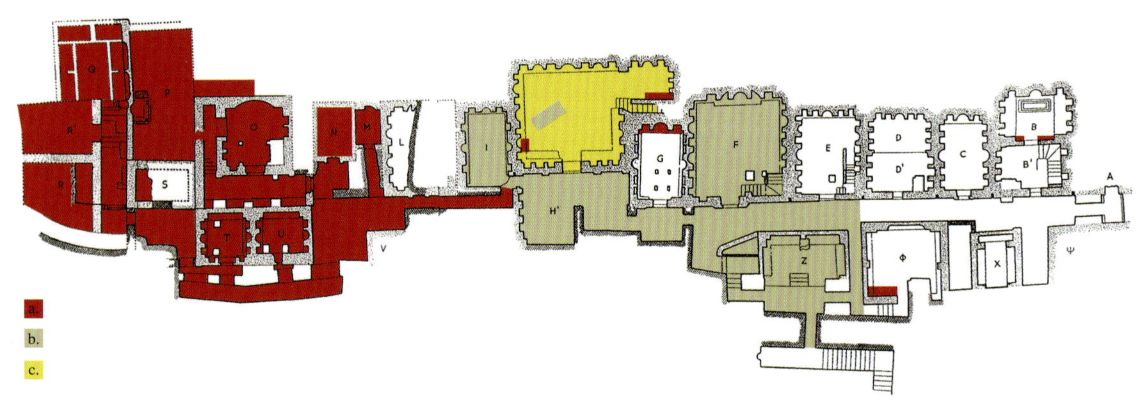

4. 梵蒂冈古墓图解平面图，上面指出了近十年修复的墓葬建筑：a.1998—1999 年间修复运动；b.2000 年修复工作；c.2007 年的修复工作。

存的所有资料：文献、照片、浮雕上的图案以及之前进行的修复工作的相关报告和技术笔记。

其中，研究“圣彼得工程”保存的大量黑白照片对修复工作十分有用。实际上，这些照片是一个细致的摄影师团队在发掘过程中拍摄的。摄影师拍摄这些照片是为了记录坟墓的结构、墓内的装饰、一些考古发现以及一些完成的工作以供之后的考古研究。这些照片（大部分照片由雷纳托·桑萨尼拍摄）中的大部分都曾被刊登在《梵蒂冈圣彼得大教堂忏悔室下方的考古发掘活动》的官方报告上：1951 年 12 月 19 日由路德维希·卡斯阁下向教皇庇护十二世呈上的两册厚书。路德维希·卡斯阁下是“圣彼得工程”的财务管理员。在 1952—1958 年间进行的考古发掘活动中，摄影师阿德里亚诺·普兰迪和玛格丽塔·瓜尔杜奇又拍摄了一些彼得墓地区和瓦列里家族墓的照片。1980 年，人们拍摄了墓地东部一些坟墓的内部情况，之后，人们对墓地中部和西部的单座墓进行了修复（1998—2000 年以及 2007 年），并拍摄了坟墓在修复工作开始前、进行中和完成后的照片。

除了拍摄照片，人们还在考古发掘时或在考古活动结束后的几年里将一些坟墓内部的图案复制了下来。A. 莱维于 1945—1946 年间绘制的最初六幅水彩画中，再现了墓 M（拱顶以及北面和东面的墙壁）和墓 Φ（西面、北面和东面墙壁上部分的拱形墓穴）里的部分图像。1950 年，G. 阿莱西奥又根据墓 F 的内部情况绘制了另外四幅水彩画（墓 F 的拱顶和西面墙壁上的细节）。

“圣彼得工程”不仅保存了上述这些画的复制品，还保存了挪威人 F. 福朱尔詹森在 1951—1955 年间在画布上创作的 10 幅图画。F. 福朱尔詹森将这些珍贵的画作捐赠给了教皇，这些画作于 1975 年交付“圣彼得工程”保管。福朱尔詹森在这些作品中描绘了梵蒂冈斜坡的全貌，以及之后在斜坡上建造的墓葬建筑：墓 Z、Φ、B、E、F、H、I、M 和 T。在描绘每间墓室内部情况的画面中，墓中的石碑、石棺和骨灰坛都在它们一开始被发现的位置上，能和保存在“圣彼得工程”的照片上的情况完美匹配。在福朱尔詹森绘制的这些图画中，和墓 H 有关的图画非常有趣，因为画面原原本本地展现了修复工作（1958 年）开始前墓中灰泥装饰的保存状况。根据这些场景，人们将发掘过程中找到的不同碎片重新放到原来的位置上。画家还以同样细致的现实主义手法描绘了因湿气凝结而留在现代水泥支架上的众多水珠。显然，在过去的半个世纪里，墓葬区中以蒸汽状态存在的大量水分在冰冷的水泥支架上凝结，降低了墓葬区的湿度，从而改变了墓葬区内部的温湿平衡。

关于图像记录，我们回顾了 20 世纪那场著名的考古发掘活动（1939—1949 年）进行前和进行过程中，人们曾对考古发掘场进行的建筑勘探。在这场建筑勘探中，罗马大学建筑学院的乔万尼·西科内蒂（1872—1953年）和卡梅罗·阿奎利纳教授仔细测量了墓地的地形，首次确定了大教堂位于梵蒂冈地窖下方的地基的结构。发掘圣彼得大教堂忏悔室下方墓地的工作开始后，布鲁诺·玛利亚·阿波隆吉·盖蒂教授（1905—1989年）负责记录发掘过程中出现的建筑结构和遗迹。人们测量了墓地西侧的墓葬建筑的地形，之后又研究彼得墓附近坟墓的结构和平面图，于是人们得到了第一份考古地区的地形图。时任“圣彼得工程”技术办公室领导的工程师弗朗西斯科·瓦奇尼（1915—1993年）对这些图纸做了部分修订，这些修订后的图纸也被刊登在《考古发掘活动》中。此外，在1944年，于1980—1990年间任“圣彼得工程”技术办公室领导的朱塞佩·桑德尔（1920—1990年）和建筑师弗兰科·桑索耐蒂一起测量了墓H（瓦列里家族墓）的地形，此时考古发掘工作仍在进行。工程师阿德里亚诺·普兰迪（1900—1979年）随后绘制了可供教学使用的圣彼得墓的图纸和图像。

1980年，位于罗马的德国考古研究所对墓地的东部地区进行考古发掘，这一区域当时还没有任何图像记录。在考古过程中，研究所可以对这块区域中建筑的地形进行全新的仔细研究。

在1998—1999年间，为了结束之前对墓地建筑的研究，“圣彼得工程”委托朱塞佩·蒂利亚的3R工作室对考古场所西侧现存的结

5. 梵蒂冈古墓，墓H，瓦列里家族墓，发掘期间内部西面墙壁的情况。
6. 梵蒂冈古墓，墓Φ，马尔乔家族墓，刚发掘后内部西面墙壁的细节图。

7. 梵蒂冈古墓，墓 N，阿艾布提家族和沃鲁斯家族的墓，1998—2000 年间在修复工作开始前和结束后拍摄的图片。

a

b

c

8—10. 圣彼得工程，墓M，伊乌留家族墓，A. 莱维于1945—1946年间在纸上绘制的水彩画：
a. 有基督—太阳神形象的拱顶；
b. 有渔夫形象的室内北面墙壁；
c. 有被海怪吞掉的约拿形象的室内东面墙壁。

a

b

c

d

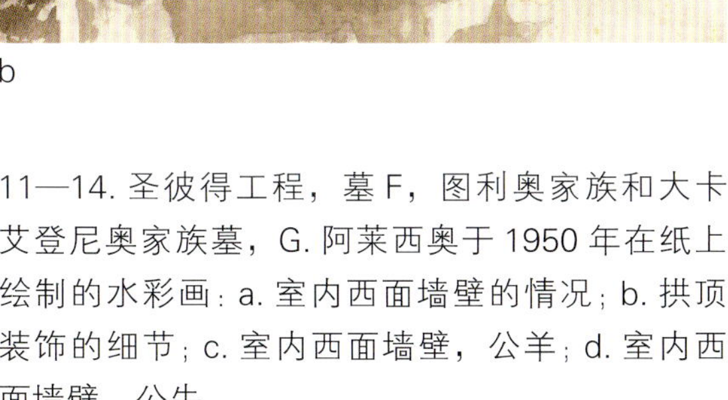

11—14. 圣彼得工程，墓 F，图利奥家族和大卡艾登尼奥家族墓，G. 阿莱西奥于 1950 年在纸上绘制的水彩画：a. 室内西面墙壁的情况；b. 拱顶装饰的细节；c. 室内西面墙壁，公羊；d. 室内西面墙壁，公牛。

15. 圣彼得工程，墓 B，凡尼亚 · 雷单普达墓。

16. 圣彼得工程，墓 T，德莱贝莱拉 · 弗拉琪拉墓。

Vatican

17. 梵蒂冈古墓平面图，图上指明了 F. 福朱尔詹森在 1951—1955 年间重新绘制的坟墓：墓 Z，埃及人家族墓（67 厘米 x82 厘米）；墓 Φ，马尔齐家族墓（61 厘米 x74 厘米）；墓 B，凡尼亚·雷单普达墓（61 厘米 x74 厘米）；墓 E，阿艾留家族墓（74 厘米 x61 厘米）；墓 F，图利奥家族和大卡艾登尼奥家族墓（67 厘米 x82 厘米）；墓 H，瓦列里家族墓（67 厘米 x82 厘米）；墓 I，四马双轮战车墓（74 厘米 x61 厘米）；墓 M，伊乌留家族墓（52 厘米 x63 厘米）；墓 T，德莱贝莱拉·弗拉琪拉墓（67 厘米 x55 厘米）；斜坡（67 厘米 x82 厘米）。

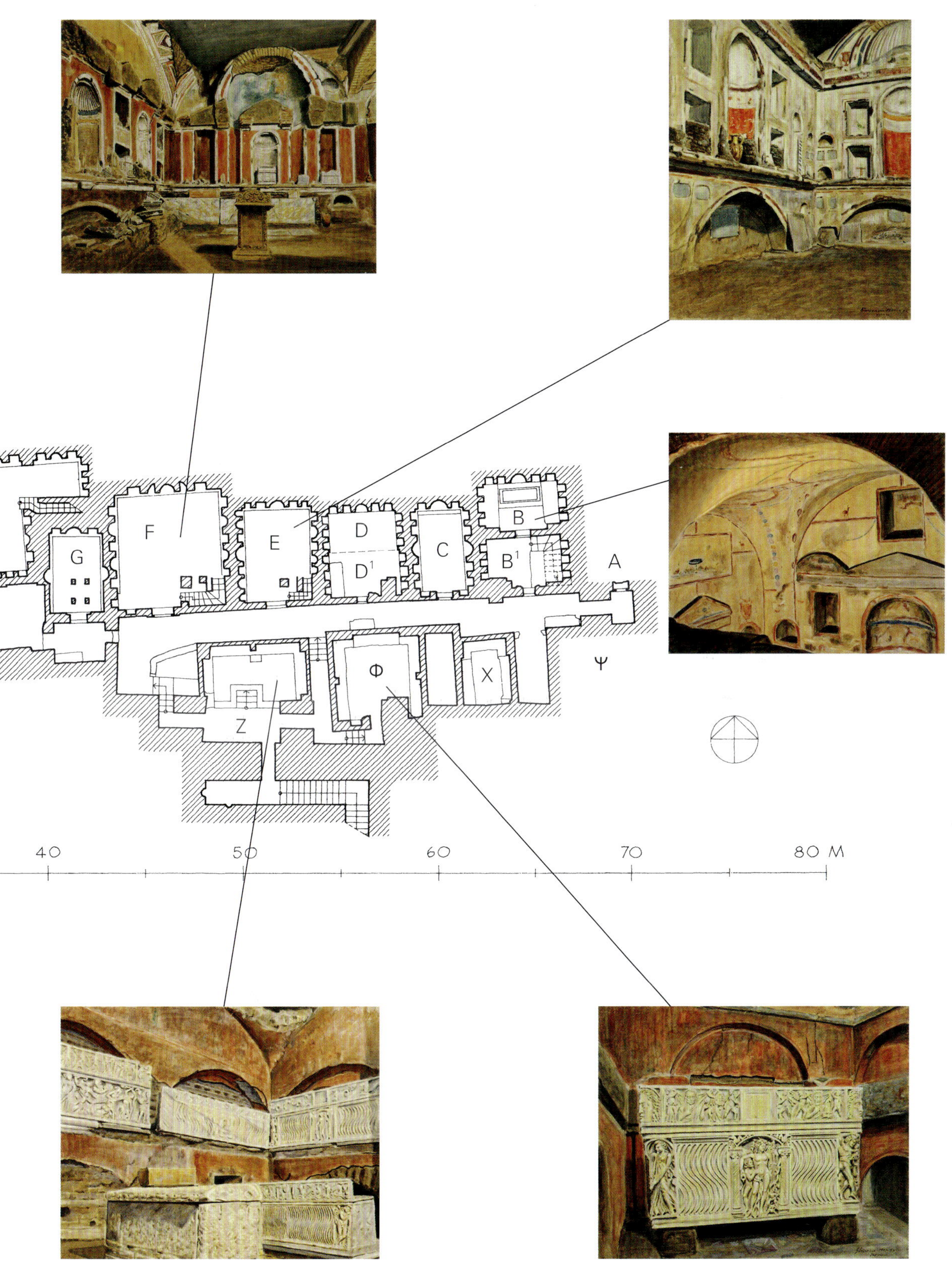

F
E
D
D1
C
B
B1
A
G
Z
Φ
X
Ψ
40
50
60
70
80 M

18. 圣彼得工程，墓 F，图利奥家族和大卡艾登尼奥家族墓的内部视野，F. 福朱尔詹森的水彩画（1953 年）。

19. 圣彼得工程，墓 H，瓦列里家族墓的内部视野，F. 福朱尔詹森的水彩画（1953 年）。

构和装饰物进行了新的测量。于是，人们得到了彼得墓附近墓葬区的一份详尽记录：人们用1:25的比例尺绘制了位于不同高度的墓葬建筑的地图，用1:10的比例尺绘制了同一水平面不同区域的墓葬建筑的地图，至于更重要的细节图，人们则采用1:5的比例尺绘制。

我们再回到“修复活动”和“药物”的对比上来，为了“确定病人的临床症状”，我们还需要在实验室进行深入分析。在利用先进设备和现代化技术进行研究后，人们根据研究结果确定了整个古墓区以及各个组成部分（壁画、灰泥、石头表面和砖块）的保护情况。这项需要耗费很大精力的工作并没有在遗迹上留下任何痕迹，但这只是每项修复工作都需要完成的第一步，特别是对于极易受损的地下墓地而言，这些准备工作的意义十分重大。著名建筑家莱昂·巴蒂斯塔·阿尔伯蒂（1404—1472年）坚定说出这番话并非偶然：“在大部分情况下，药物的效用取决于患病者对疾病的认知程度。”（《论建筑》10，1）

在对墓地进行实地考察，研究了墓地的结构并在实验室进行了一系列的分析之后，我们可以得出一份“诊断报告”，报告中说明了“折磨”墓地的“疾病”的种类，并指出了造成“疾病”的原因。之后开具的“处方”则分成一系列操作，这些操作旨在消除或减少损坏墓地的“不良因素”，有时在修复墓地时还要进行一些急救措施，这种急救措施可以被类比为外科手术。

接下几部分将概括为进行修复活动而做的初步研究，这些研究使得人们能够确定一种“谨慎的疗法”，在仔细考虑“药物”的“副作用”后确定“药物”的用量，使得这块遗迹即便经过了1800年仍能维持内部的平衡，人们也不需要做一些会对遗迹造成永久损害的事情（将建筑物“隔离”或者“强制进行空气调节”）来保护它们。

温湿状况的评估

研究有人类活动的地下区域的温湿参数十分重要，人们可以利用研究结果评估场所的被保护状态，以确定后续工作和需要被修复和保护的作品。

圣彼得古墓存在各种湿度问题（有堆积的泥土，水汽上升和凝结现象），因此，人们在考古发掘区内部必须安装一台稳定的仪器来持续监测温湿度，从电脑中获取考古区内部的相对湿度值（UR）和温度（T）。因此，人们在墓葬区的道路沿线以及墓室内部都安装了许多传感器，这些传感器可以连续测定微气候参数。此外，人们在坟墓的灰泥表面安装了一些温度探测器，也在作为参考的梵蒂冈地窖以及大教堂外侧放置了一些可控制的设备。

在监测设备得到数据后，通过分析已获得的数据，可以确定室温都在各个季节温度的正常变化范围内（虽然因为上方存在大教堂而在季节变化上有轻微的滞后），但是坟墓内部和道路沿线的相对湿度值始终很高。

根据这一情况，人们要确定是否应该耗费巨大精力将坟墓与堆积的泥土隔开，从而降低墓地的湿度；或者，人们不应该考虑湿度过高的问题，而是谨慎地将湿度稳定下来，之后再解决水汽到达凝结点产生的所有附带问题。

人们从壁画灰泥和建筑装饰灰泥中提取了物质样品，实验室对样品的分析结果为解决这个问题提供了非常大的帮助。研究结果显示，和组成灰泥的物质的性质相比，灰泥的性质已经发生了实质上的改变。因此，将水分从这些材料中除去是十分冒险的举动，但自相矛盾的是，水本身可以被看作改变各种组成元素性质的关键元素。一方面，为了避免灰泥脱落，人们不能除去水分，但另一方面，水分是成盐现象形成的主因，成盐现象会破坏作品。事实上，由于不稳定的环境而蒸发的水汽带着盐分附着在墙壁上，主要是靠地面的部分，慢慢地腐蚀了墙壁。

因此，根据微气候参数的研究和物质成分以及物体被腐蚀的不同表现形式，我们可以定义一个“谨慎”的“最小”干预的标准，从而构建建筑物内部和周围环境之间的温湿平衡。

考虑到物品表面成盐现象的程度和范围，以及由含水量较高的碳酸盐组成的壁画灰泥和建筑装饰灰泥在含水量发生巨大变化时的严重毁坏程度，人们决定不为了降低相对湿度而采取可能会带来严重后果的干预措施。为此，人们采取了以下措施：

1）在考古挖掘区入口的楼梯附近建造一个遏制“罗盘”，以消除烟囱效应；

2）在考古发掘区道路沿线安装自动感应门（自动控制门的开合），以阻绝空气流通；

3）关闭墓地和地窖之间的钢筋混凝土地面上的活门；

4）在每间墓室里安装门，以关闭墓室。

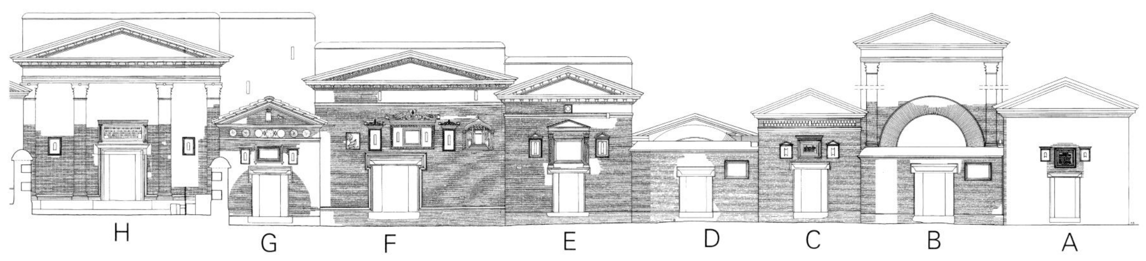

20. 对沿梵蒂冈古墓中小道排列的墓 H—A 的图形重构（来自密艾史－赫斯博格－盖特纳，1986 年和 1995 年）。

21. 墓 N，“阿艾布提家族和沃鲁斯家族的墓”的北部区域和南部区域，以及梵蒂冈古墓中墓 I–O 系列中的纵向区域。（G. 蒂利亚的 3R 工作室的测定）

为减少墓地道路沿线的空气流动以及改善坟墓内部温湿情况而采取的措施

为了稳定墓地的温度和相对湿度，人们在考古挖掘区入口的楼梯附近设置了一个遏制“罗盘”。人们通过这种方式建造了一个独立的空间，可以通过一系列自动感应门出入。此外，这种方式还可以减少由于墓地入口和出口的高度差而产生的气流（“烟囱效应”）。为了扩大安装“罗盘”带来的积极影响，人们还沿墓地中的道路设置了一系列自动门，设置这些门不仅是为了阻挡由高度差产生的气流，还为了消除来访者反复通行带来的空气流动而产生的“虹吸效应”——正对来访者经过区域的墙壁上的盐层，坟墓内部的壁画和灰泥装饰上的盐层都是“虹吸效应”带来的后果。

众所周知，实际上，使得盐分溢出的蒸发现象产生的原因不仅有不稳定的微气候条件，还有强烈的空气流动。

此外，钢筋混凝土平面——既是地窖的地面，也是墓地的顶部——上的圆形开口（直径约1米）被封闭了。在考古发掘结束后，为了给地下的古墓区“通风”，人们在地窖装饰着青铜栅栏的地面上设置了这些地板门，门上有教皇的徽章。之后人们发现这一做法并不明智，因为墓地的温湿平衡被扰乱了，加剧了“烟囱效应”，并将未经过滤的不纯净的干燥空气引入发掘场所内部。

人们最终决定用门或门板将各座坟墓分开，人们进入墓地必然会使这里的气候产生变化（一名中等身高的男子带来的热量大概等于80瓦灯泡释放出的热量），坟墓被隔开后就不会受到这些变化的影响。将坟墓分开会大大减少沉积在物品表面的盐分，因为室内的水汽压力和室内下方堆积的泥土产生的压力实现了平衡。实现了这种平衡后，室内具有较高的相对湿度，这将抑制水汽从堆积的泥土移动到灰泥的表面，因此会阻止含盐量高的液体随后形成有害的盐层。坟墓被玻璃材质的房间封闭起来，不锈钢框架上安装了小块玻璃，玻璃上有防止水汽凝结的装置。

封闭墓地道路沿线的坟墓并利用自动门分隔各个区域的措施带来了以下有益效果：

1）温度和相对湿度的参数回归正常；

2）水汽压力和堆积的泥土产生的压力实现了平衡；

3）含盐量高的液体不再从堆积的泥土迁移到壁画表面或灰泥表面。

上述措施的不足带来了下列不良影响：

1）由于温度升高和通风不足，墓地内微生物繁殖；

2）到达凝结点的水汽在墓地上方的钢筋混凝土平面凝结；

3）墓地道路沿线的气体体积减少，人类的进入使得二氧化碳浓度升高。

为了消除或减少这些“副作用”，我们采取了如下应对措施：

1）根据微生物的种类和抗药性测试的结

果，选择有效的生物灭杀剂。采取进一步措施，防止微生物进一步繁殖；

2）在钢筋混凝土顶棚安装保温板，防止水汽凝结；

3）通过配备了合适装置的“集成系统”来降低二氧化碳浓度，获取清洁的空气（经过适当的过滤和调节）并净化室内空气中的微粒和二氧化碳；

4）限制来访者的数量。

对好氧生物和植物社会学的研究以及为阻止微生物繁殖而采取的措施

为了确定遗址的保护和修复方法以及制订合适且必要的保护方案，研究地下遗址中的微生物十分重要。特别是在圣彼得大教堂下方的古墓区，由于缺少通风和温度升高，被玻璃门封闭的墓室里更容易繁殖微生物，而沿墓地道路进入墓地参观的游客无意识地传播了孢子和细菌，并散发热量。此外，在修复工作开始前，墓地内的照明情况并不好，因为墓地潮湿的墙壁上有一些藻类能显现出彩色，这是人们所不需要的。墓地中的砖石、灰泥和壁画灰泥有时会发生轻微的脱落现象。

坟墓表面光源附近的绿色斑点、硬壳、黑色或白色斑点、彩色粉末以及铜绿展现了藻类、放线菌、真菌和细菌对墓地的侵略。微生物繁殖留下了明显痕迹，这一地区有过多的人类活动，为改善墓地微气候条件采取的措施带来了众多副作用，这些情况综合在一起使人们不得不首先研究附着在坟墓表面和悬浮在空中的各种微生物的问题。因此，

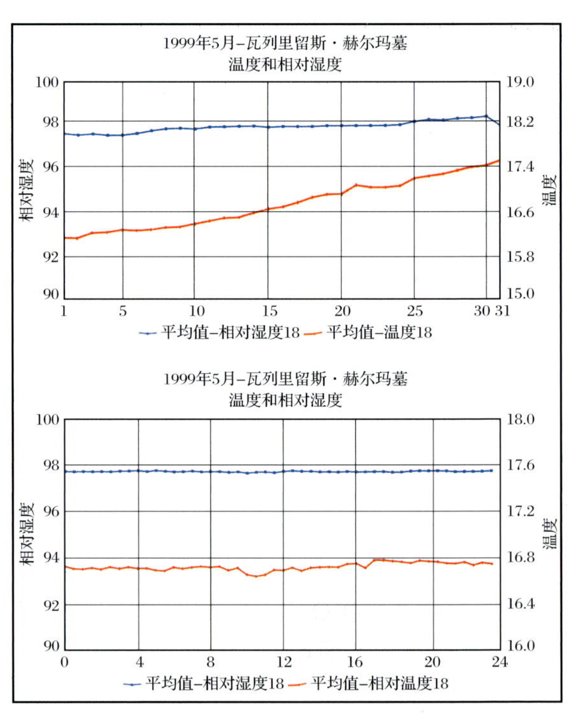

图表 1. 在古墓的参观线路沿线安装了自动门后，温度和相对湿度的稳定情况。图表指明了在古墓对公众开放的各个时间段内，微气候参数的变化（温度上升和随之产生的相对湿度的下降）。

图表 2，3. 在安装了双层玻璃门后，墓 H，瓦列里家族墓内部测量的温湿情况的变化：上面是每月图表；下面是每日图表。

22. 梵蒂冈古墓，墓O，马图丘家族墓，室内北面墙壁上大范围的成盐现象。

23. 梵蒂冈古墓，墓 F，图利奥家族和大卡艾登尼奥家族墓入口处安装的门的细节图。

24—26. 梵蒂冈古墓，墓 H，瓦列里家族墓，在喷洒生物灭杀剂之前和之后，东面墙壁的中央壁龛上用灰泥制成的人物的头部。喷洒生物灭杀剂可以解决微生物损害古墓的情况。下方是该人物的头部在 2007 年进行修复后的情况。

为了能够加快制订有针对性的古墓保护方案，人们在1998年就已经开始研究好氧生物和植物社会学，从而选择合适的生物灭杀剂来除去墓地中有损文物和人体健康的微生物。因此，人们有必要对附着在坟墓表面和悬浮在空中的微生物取样以供研究，准备各种培养基以便区分各种微生物，之后才能进行抗药性实验，选择合适的生物灭杀剂。

在对自养型（藻类）和腐生型（细菌、放线菌和微型菌）微生物进行区分后，人们进行了抗药性实验来检验当时市面上主要的生物灭杀剂的效果。在用不同产品不同浓度的溶液进行实验的过程中，人们发现浓度为5%的特洛伊森174更能有效地消灭细菌、藻类和放线菌，而浓度为3%的麦塔亭70/40消灭细菌和微生物的效果更明显。尽管如此，我们还是需要确定被稀释后在墓中作品上使用的生物灭杀剂能够在灭杀微生物时发挥功效。

27. 梵蒂冈古墓，墓A，珀皮鲁斯·赫拉克拉墓，入口大门上方的碑文上形成了明显的绿色藻类。

一些生物灭杀剂，比如麦塔亭70/40如今已被其他产品替代，在使用生物灭杀剂之前一定要了解清楚。需要特别注意的一点是，人们需要仔细观察每种化合物的配方，以评估化合物的极性程度，或者确定这些化合物是不是绝对极性的化合物。基于这些评估，可以用水或至少有三个碳原子的醇类物质（碳原子个数越多，溶解性越好）溶解极性化合物。相反，需要在纯的烷醇溶剂（正辛烷或其异构体）中溶解非极性化合物和部分极性化合物，另一些由不那么复杂的化合物组成的生物灭杀剂可以直接喷洒在壁画或矿物松脂上。

通过与墓地的化学—物理参数（微气候情况、二氧化碳浓度、建筑物水合作用、可溶性盐、光、温度等）有关的细致微生物学研究，人们可以制订一个周全的墓地保护方案：每年对墓地进行两次消毒，分别在春季和秋季考古场所不向游客开放的日子里进行。此外，在这些发挥功效时，新建的屏障虽然使得坟墓隔绝了人类活动带来的污染，但也降低了生物灭杀剂的效用。因此，人们更倾向于将生物灭杀剂喷洒在地面、墙壁、现代支架上，因为它们所处的位置（有光线照射）更有可能成为受微生物威胁的地区。

为了避免微生物对一种生物灭杀剂产生“抗药性”，人们会交替使用上述提到的不同生物灭杀剂，并在游客经常去的地方安装空气净化器来促进空气流通，从而抑制孢子和细菌的繁殖。人们按照室内空气体积和回收气体体积的比例关系改造了这些空气净化器，这些设备上还配有吸气器、过滤器和紫外线杀菌灯。

经过仔细的研究和实验，“圣彼得工程”也评估了在没有公众的晚间使用紫外线杀菌灯杀菌的可行性。这些紫外线杀菌灯可以确定并改变紫外线的方向，人们可以对这些灯进行设置，在某些地点和某些时段使用。使用紫外线杀菌灯可以阻止微生物在游客参观区域蔓延，更重要的是在坟墓内部使用这些灯可以保护墓中脆弱的壁画装饰和灰泥装饰。

“圣彼得工程”已经采取了进一步的措施来阻止藻类的繁殖，就是适当地过滤灯光来抑制光合作用。

在墓地顶部的钢筋混凝土平面上安装绝缘板来防止水汽凝结

正如两种物质发生化学反应会产生另外的物质，人们减少了某些虽然保护古墓但又会造成了新的损害的方法。我们应该预见并评估这些情况，以便确定修复工作计划的基本标准是否合适。正如封闭坟墓可以给墓地的微气候带来诸多好处，但同时也促进了微生物的繁殖。上一部分就介绍了防止并抑制微生物繁殖的方法。

尽管如此，正如上文所说的那样，封闭墓室的另一个后果就是到达了凝结点的水汽会在每间墓室上方的水泥板上凝结成水珠。

28. 梵蒂冈古墓，墓 B，凡尼亚・雷单普达墓，拱顶的图画装饰上因微生物而造成的损坏。

杀虫剂	%	细菌	放线菌	微型真菌	藻类
普瑞温托 R80	%1 %2 %3	● ● ●●	 ● ●●	● ● ●	
尼派西德DFF	%1 %2 %3			● ● ●	
尼派西德 DFX	%1 %2 %3	 ●		● ● ●	
特洛伊森174	%1 %2 %3	● ● ●●	● ●● ●●●	 ● 	● ●● ●●●
特洛伊森1AF3	%1 %2 %3		 ● ●●		 ● ●
特瑞泰西 225	%1 %2 %3			 ● ●●	
麦塔亭70/40	%1 %2 %3	●●● ●●● ●●●	● ●	● ●● ●●●	● ●● ●●●
麦塔亭5810	%1 %2 %3	 ● 	 ● ●●	 ● 	 ●

图表 5. 评价不同生物灭杀产品（1998 年可购买到的）效果的图表，测试产品针对微型真菌、放线菌、藻类和细菌的抗菌效果。

其实，人们也可以预料到这个“副作用”。实际上，墓室在一定温度下，以蒸汽状态存在的水分虽然没有到达凝结点，但是在和冰冷的墓室顶部接触时也不能长时间保持气体状态。因此，墓地上方的钢筋混凝土平面就像是一台天然除湿机，除去了大量水分（以蒸汽状态存在于墓地中），从而改变了建筑物内微妙的气候平衡，但钢筋混凝土平面上凝结的水珠会掉到下方的物品上。

因此，为了避免水汽在冰冷的水泥表面凝结而降低湿度，人们有必要升高水泥表面的温度。于是，人们通过被固定在水泥平面上的5厘米厚的浮石或三元共聚物（膨胀聚氯乙烯）板“加热”墓地的顶棚，同种材质制成的2厘米厚的垫片将这些加热板各自隔开，从而形成了完美的封闭空间。

在经过了两年的实验后，人们安装了这些加热板。实验期间，安装在墓C（图利乌斯·宙图斯墓）的水泥面上的加热板（材质是上文提到的材质，加热板上涂了一层石灰和白榴火山灰）并没有出现水汽凝结现象。

由于有很多参观者参观墓地，虽然采用了降低墓地二氧化碳浓度和净化空气的方法，但墓地内监测到的温度值和湿度值总是无法达到保护墓地的最佳微气候数值的要求。

事实上，很多人已经对这块墓地特殊的气候情况表示过不满——这里的相对湿度非常大。这种不适感在高温的夏季尤为明显。对于一些人而言，在位于大教堂地面下方3—8米的狭小空间移动，周围物体都覆上了一层淡淡的光线，这更加重了他们的不适感。

“圣彼得工程”一直非常重视这方面的工作，特别是将坟墓封闭，在参观路线上设置自动门之后。实际上，对于处于大教堂下方又被梵蒂冈山包围的这块墓地，空气（被化学物质和悬浮在空中的微生物污染）的净化问题非常重要，尤其需要考虑会有许多游客来参观这块墓地（仅在2008年就有超过6万名登记参观的游客）。为了解决这一问题，人们在墓内安装了空气消毒装置，并持续监

29. 墓C，图利乌斯·宙图斯墓内部钢筋混凝土冰冷平面上达到了凝结点而凝结的水珠。

30. 梵蒂冈古墓，墓C，图利乌斯·宙图斯墓，实验所用的“浮石”或“三元共聚物”（膨胀聚氯乙烯）材质的薄板，表面涂了一层石灰和白榴火山灰以避免钢筋混凝土平面上发生水汽凝结。

测墓地的氧气含量。实际上，通过分散在参观路线上的众多传感器，人们可以监测二氧化碳的数值，这一数值一直处于警戒线下。

为了改善这一区域的空气状况，人们正在考虑沿着参观路线建造一个空气交换系统，和用来净化悬浮颗粒物和二氧化碳的离子装置组合起来。

为了建造这个大型空气交换系统，人们要在连接墓地和地窖的地板门处安装特殊装置，通过这个装置，墓地可以吸入并排出空气。经过特殊设计的吸气器可以过滤空气中的悬浮颗粒物和化学污染物，并用超声波设备加湿过滤后的空气。设想的这种空气交换系统会在夜间工作数小时，此时地窖中的空气最干净。当位于墓地特殊位置的传感器显示空气中污染物含量显著上升时，这个空气交换系统也会开始工作。当然，进入墓地的空气的相对湿度必须和墓地内保持一致，这些空气的运动速度也要非常缓慢，空气的流动方向也要经过精准的规划，以免触碰到壁画和墙体。用于空气负离子化的装置也将改善人对氧气的吸收。

然而，由于墓地上方的地窖内的环境发生了改变，人们要抽走地窖内的空气，所以建造空气交换系统的项目就搁置了。事实上，从 2005 年 4 月以来，因为人们到教皇约翰·保罗二世的坟墓朝圣，地窖需要抽走的空气越来越多，墓地的微气候条件和微生物条件都发生了变化。但在没有上述用来抽取空气和处理空气的装置时，人们尝试了一种用碱石灰或活性炭来消除二氧化碳的装置。

限制游客

在能够降低二氧化碳浓度和净化空气的空气交换系统建成前，考虑到前来参观墓地和墓地上方地窖（教皇墓所在处）的游客越来越多，为了降低墓地二氧化碳浓度并净化空气，人们提出了以下解决方案：

1）减少游客在墓地停留的时间；

2）延长各组游客参观发掘场所的等待时间；

3）控制游客人数。

正如我们所观察到的那样，这些措施是必要的，因为在圣彼得墓地的地下区域有人的存在是古墓受损的主要原因之一。事实上，人类的进入会改变微妙的气候平衡，他们无意识地成为孢子和细菌的传播者，并释放出二氧化碳。

从每年关于“圣座活动”的报告中记录的游客人数可以清楚地观察到人类活动对遗址保护的重要影响。从这些细致的报告中可以看出，1970 年至今，已经有超过 120 万人参观了圣彼得古墓。关于这一点，我们需要指出，游客数量的增加反映了人们对这个具有重要宗教和历史意义的场所日益增长的兴趣：事实上，参观墓地的游客从 1970 年的 7,784 人增加到 1980 年的 23,016 人，直到 1990 年的 29,723 人。在 2000 年，登记参观墓地的游客有 37,670 人，在 2003 年和 2008 年，这个数字分别变成了 45,345 和 61,529。

因此，为了在不忽视墓地的保护状况的

前提下确保墓地的舒适程度，减少游客在地下空间沿较长游览路线参观时产生的不适感，游客停留在发掘场所的时间会大大缩短，更多的时间则被用来在地窖的“考古大厅”听初步介绍，以及参观“克莱门特小教堂”和“使徒彼得纪念处”。在考古发掘场所向公众开放时，各组游客会分散在不同的时间段内进入，此外，人们还在考虑限制访客人数。和其他考古遗址相比，人们很难限制这一区域的访客人数，因为这块墓地不仅仅是一个具有历史文化意义的游览场所，还是基督教徒们的朝圣地。登上梵蒂冈山，沿着基督教早期建造的坟墓之间已被泥土掩埋的小道，人们就到达了彼得简朴的坟墓，这是上方宏伟教堂的中心和发源地，也是基督教徒的心脏。

由于上文提到的原因，墓地并不能在短时间内容纳不断增多的游客。为了部分解决这一客观问题，“圣座网络办公室”最近开发了圣彼得古墓的虚拟游览。最后，需要注意的是，“圣彼得工程发掘办公室”只对预约的游客安排导游讲解。

圣彼得墓地的照明

墓地区安装的第一个稳定的电气系统要追溯到 1951 年。之后，“圣彼得工程”的技术人员在选择电缆的放置位置时进行了诸多思索，电缆不能影响游客参观的视野，但重要的是不能破坏所有的古墙面，同时还要考虑到所处的不利环境，特别是湿度问题。人们随后在地下墓地开展了许多工程，直到最近，霓虹灯才取代了传统的电灯泡，因为人们认为霓虹灯对文物的损害更小，还更安全，更耐湿。这些灯被放置在灰泥、壁画和马赛克图案附近。灯光照亮了整个发掘场所，不管是古代建筑物还是现代建筑物。

因此，在 1998 年，制订修复并开发古墓的计划时，在所有的工作中，设计新的照明系统是最紧迫、最耗时耗力，也是最重要的。实际上，墓地的灯光要突出砖石建筑和建筑物内部珍贵装饰的特点，同时又不能改变墓地中脆弱的微气候平衡，也不能有利于微生物的繁殖。

因此，设计照明系统时最根本的要求就是使用冷光源，或者向环境散发最少热量的灯。之后，人们决定将安装的额定功率限制在 5 千瓦左右，并在装有合适的灯光过滤器的设备上利用光纤和卤素照亮墓地。使用这些设备可以最大限度减少灯光散发出的热

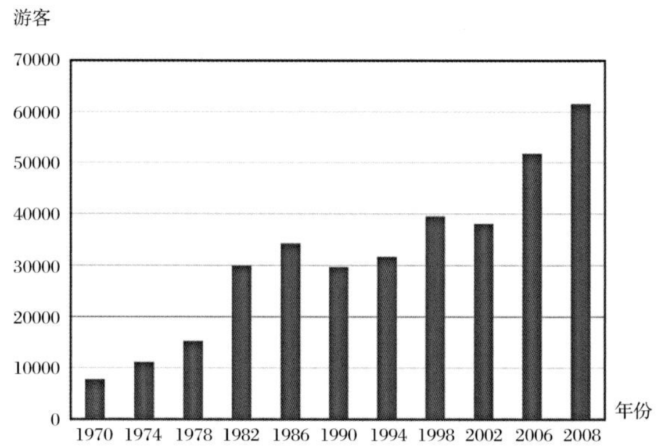

图表 6. 从 1970 年到 2008 年登记参观圣彼得古墓的人数的条形统计图。

量、单个光源的光照度和灯光中的紫外线。光源通常被放置在建筑物的外面，始终与灰泥、砖石和壁画相隔一段距离。

设计照明系统时的第二个要求就是照明系统的所有材料和部件的性质在墓地不能发生改变，正如上文所说的，墓地内的相对湿度值非常高。

最后，为了减少藻类的繁殖，人们试图抑制（至少是部分抑制）藻类的光合作用，也就是阻止叶绿素吸收光合作用中必需的光辐射。这种光辐射基本上可以分成两类：第一类是波长介于400—500纳米之间的可见光，这类光辐射在光合作用中发挥的作用更大；第二类是介于700—770纳米之间的可见光。照明系统内安装的过滤器已经将后一类光辐射过滤，这些过滤器是人们为了保护墓地而设计的。

人们利用不同光照强度的灯光来区分墓室内部和曾是露天场所的墓室外部。为了突出墓中的一些重要物品、碑文和装饰细节，墓中还设置了一些特别的灯光。此外，人们还设计并制造了一些特殊的结构，以最大限度减少照明灯具、辅助电气元件和电缆的可见度。特别是在墓B和墓F间的参观路线上，光纤发电机被放置在顶部钢筋混凝土平面的钢轨上，发电机在散热的同时可以加热冰冷的水泥平面，从而避免出现上文提到的水汽凝结现象。

得益于这些照明系统，如今墓地区的灯光使得其中的现代建筑物处于半明半暗中，从而更好地突出了古代建筑物。灯光引导游客穿过有趣的小道，陪伴游客慢慢发现圣彼得大教堂和天主教的根源。

修复

在消除或减少损坏古墓的不利因素后，人们仍然有必要对坟墓的砖墙和装饰进行修复。在砖墙和装饰物上可以发现岁月侵蚀留下的明显痕迹，以及之前人们用不合适的材料进行修复的痕迹。修复墓地的专业人士利用最先进的技术和多次修复地下遗址的经验进行修复。实验室里进行的众多分析使得人们能够选择最合适的产品来清洁遗址表面，加固遗址并粉刷墙面。人们已经使用了一些无机产品而不是表面保护剂来防止微生物对遗址造成损害。

在进行了第一次紧急修复或“急救”措施后，为了防止绘有壁画的破损灰泥墙面脱落，特别是为了防止灰泥装饰脱落，人们基于建筑物的保存情况和所处位置将修复工作细分成不同阶段。于是，每座坟墓都变成了一间“手术室”，在仔细分析了墓中的材料、保存状态和修复方案后，修复者开始修复坟墓。

君士坦丁时期用小块凝灰岩和砖石砌成的建筑物墙壁上有风化的碳酸盐、沉积的土壤以及各种微生物繁殖留下的痕迹，因此，清理这些墙壁的工作十分繁重。为解决砖石风化、穿孔和脱落问题而进行的工作也同样繁重。

经过繁重的修复工作后，做工精致的墙面终于展现在人们眼前：经过仔细打磨的砖块被彩色砂浆（熟石灰和碎砖块的混合物）连接起来，一层层有序排列；墙面上有砖石材质的接头，接头凸出墙面，上面还覆着一层白色砂浆。修复墙面也使得人们有机会复原墙上精美的陶土装饰品，有的陶土装饰品上还装饰着黄色和红色的石块和砖块（比如在墓 E，F，G，L 中），这些石块和砖块是手工切割的，做工十分精细。此外，墙面上还有灰泥层留下的痕迹（比如在墓 G 和墓 V 中），曾用于悬挂还愿物的钉子留下的孔（比如在墓 V 中）。砖石上还留下了黑色痕迹，这证明坟墓在古时被损坏过，这些黑色痕迹也许是燃烧留下的，时间可能是在公元 4 世纪初，也就是在君士坦丁为了修建大教堂而掩埋这块墓地的时期。

当墓 M（伊乌留家族墓）被修复后，人们发现了墓中马赛克作品的制造工艺十分特殊。坟墓的整个内表面，包括墙壁上方和应该绘制壁画的拱顶，都被涂上了一层相同材质的灰泥，上面是用黄赭石作为原料的壁画涂层，墙上留下了壁画的草图，人们可以根据草图准确放置马赛克砖。之后镶嵌的马赛克砖的颜色和事先绘制的壁画的颜色完美匹配。实际上，有些墙上只有下部分的马赛克砖得以保存（东面墙上的约拿形象，拱顶上的基督—太阳神形象），在马赛克砖缺失的部位，人们可以清楚看到不同颜色的线条（黑色、灰色和红色）事先勾勒出的人物形象，与线条颜色相同的马赛克砖覆盖在这些人物形象上，虽然马赛克砖的颜色有时会和壁画原本的颜色有差别。拼接成基督—太阳神头上的光环和其衣物的马赛克砖上被涂上了一层透明的玻璃砂浆，有的马赛克砖上还贴了一层金箔，金箔外还有一层保护金箔的透明玻璃薄纸。在基督—太阳神和马所在的场景中，石灰材质的马赛克砖至少有两种色度，大理石材质的马赛克砖也有白色和灰色两种。在马赛克场景中，人像以外的部分几乎都被涂上了一层有色彩变化（四种不同深浅的黄色，五种不同深浅的绿色，三种不同深浅的蓝色，两种不同深浅的红色等等）的透明砂浆。作为背景使用的马赛克砖规格稍大（最大的砖的规格是 5 毫米 ×7 毫米），形状也更规则，而描绘形状用的马赛克砖规格稍小（最小的砖的规格是 3 毫米 ×3 毫米），形状不规则：两处马赛克砖的厚度均约为 10 毫米。

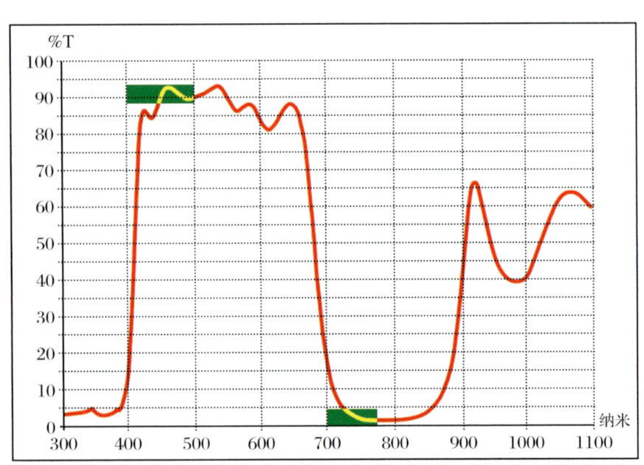

图表 7. 该图表指明了介于 700—770 纳米之间的光的光谱数值的减少。

31. 梵蒂冈古墓，道路的视野，钢制和铝制轨道含有200个光纤接头。该系统旨在最大限度降低顶棚和现代建筑墙体的可见度，同时靠近坟墓的砖石结构，直接突出石棺、碑文、大门和砖石装饰，以产生一种适合砖石结构的具暗示性的光源。

32. 梵蒂冈古墓，墓 M，N，U 和 V 之间的小广场，假顶棚上用于照明的光纤，假顶棚用泡沫铝板制成以隐藏电子设备和监控器的电缆。

33，34. 梵蒂冈古墓，墓 N，阿艾布提家族和沃鲁斯家族的墓，修复之前和修复过程中坟墓外面南侧的正面图。

此外，对于墓M北面年代较早的坟墓中的壁画，以及墓M南面的坟墓中装饰物上的壁画的修复也取得了很好的效果。在清理了墙壁上的大量油灰、厚厚的盐层以及堆积的土壤后，人们发现了用鲜艳的色彩绘制的壁画，这些壁画在过去几年变成了模糊的阴影，只有一部分能够被辨认出来。为保护墓地而采取的这些措施不仅能让人们深入了解这些坟墓中的图像，还能让人们获得更多有关壁画绘制工艺和使用材料的信息。

修复石制物品也带来了意想不到的结果。人们在古教堂的“君士坦丁纪念处”（如今的“圣彼得纪念处”）周围的大理石地面和一些古代石棺上都找到了明显的彩色痕迹。而发现彩色痕迹的大理石地面恰好是公元4世纪彼得墓上方建造的圣体盘的西南柱所在的位置，这根柱子上刻着一段重要的碑文以指明圣彼得墓——君士坦丁时期曾重新使用过大理石块。

说到修复古墓中的灰泥装饰，那我们就不得不提2007年在墓H（瓦列里家族墓）中进行的修复工作。在初步调查和加固坟墓后，人们在1957—1958年已经对墓H进行了部分修复，清除墙壁上留下的水泥浆是一项耗时费力的工作。为了阻止墙壁上的灰泥脱落和修缮灰泥饰品上的众多缺口，人们20世纪时在墙壁上涂上了水泥浆。尤为困难的是修复雕有人头或人的上半身的柱子，因为古代使用的支撑物是一根缠绕着绳子的木头，所以人们需要在柱子里插入一个由玻璃树脂

35. 梵蒂冈古墓，墓E，阿艾留家族墓，坟墓外南侧正面图，陶土材质的装饰物的细节图。

36. 梵蒂冈古墓，墓F，图利奥家族和大卡艾登尼奥家族墓，正面砖石砌面的细节图，有序排列的一排排砖石被精心打磨，彼此之间通过薄薄的砂浆仔细地连接起来，砌面上还有由略微突出的浅浮雕组成的白色装饰物。

37. 梵蒂冈古墓，墓 F，图利奥家族和大卡艾登尼奥家族墓，坟墓外南侧正面图，彩色陶土制成的建筑物外形的装饰物的细节图。

制成的支撑物。但在之前的修复工作中，由于操作不当，人们用混合了石灰华粉末和石膏粉末的砂浆将一根横放的树枝封在了柱子内。之后，通过研究保存于“圣彼得工程”储藏室中的灰泥碎片，人们重建了三根雕有人头或人的上半身的宏伟柱子（一根在西墙上，另两根在北墙上），并将这几根柱子放入瓦列里家族墓中。

最后，人们也许可以将带有酒神形象的建筑装饰物或修普诺斯形象的浅浮雕碎片拼回原处。修复人员用手术刀、微型刮刀耐心清理墓中物体的表面，对于较为脆弱精细的部分则会使用精密的激光设备。此外，修复工作还让人们发现了之前从未发现过的墓葬图案和坟墓建造过程中留下的有趣痕迹（用来制作重复的装饰图案的模具留下的印记、为了雕刻浅浮雕而事先进行的预雕刻、灰泥混合物中使用的赭色颜料以及大理石碎屑）。拱形墓穴附近用彩色假大理石制作的装饰品已经被修复，人们在一些灰泥雕像的衣褶处发现了彩色颜料的痕迹。

最后，为了不影响未来可能进行的研究，人们并没有对炭笔写下的碑文和图画（东面和背面的墙壁）所在区域的灰泥进行清理。实际上，在发掘坟墓时，人们在正对大门入口处的北侧墙壁的中央壁龛上辨认出了两个重叠的男子半身像，之后人们认为上面的男子指的是基督或圣保罗，而下面的男子指的是圣彼得。这些图像旁有一些碑文，这些碑文在刚被发掘出的几年里就变得模糊不清，难以辨认。尤其是碑文下方人像两侧的文字更是难以辨认，玛格丽塔·加尔古奇在 1952 年 10 月指出人像两侧的文字可能是一段祷告文：为埋在彼得墓旁的人向彼得祈祷。至今仍有许多和这段碑文有关的推测，为了弄清这段碑文的含义，人们需要推测人像上方碑文的含义，和重叠的男子半身像旁边也已经模糊的碑文的含义。将碑文无法辨认的问题先放到一边，墙上的壁画——在君士坦丁修建大教堂不久前绘制——如今已经严重褪色，仅能辨认出轮廓，但在紫外线照射下，人们仍能清楚识别壁画中的形象。

38. 梵蒂冈古墓，墓 F，图利奥家族和大卡艾登尼奥家族墓，用于装饰的新鲜灰泥上的模子印记。

39—40. 梵蒂冈古墓，墓 M，伊乌留家族墓，修复之前和修复之后的内部东面墙壁，上有约拿被海怪吞掉的场景。图像左侧可以明显发现光源附近繁殖的大块绿藻，光源未经过滤以抑制叶绿素的光合作用。

41. 梵蒂冈古墓，墓 H，瓦列里家族墓，雕有人头或人上身的柱子中央的凹陷，凹陷中原本有缠绕着绳子的木制支撑轴，里面可以发现绳子留下的痕迹。

42. 梵蒂冈古墓，墓 H，瓦列里家族墓，通过在中央的凹陷内部插入一个由玻璃树脂制成的新支撑物来修复西面墙壁上雕有人头或人上身的柱子。

43—46. 梵蒂冈古墓，墓 H，瓦列里家族墓，内部西面和北面的墙壁，雕有人头或人上身的柱子的细节图。

47，48. 梵蒂冈古墓，墓 F，图利奥家族和大卡艾登尼奥家族墓，内部东面墙壁，修复之前和修复之后。

49，50. 梵蒂冈古墓，墓 T，德莱贝莱拉 · 弗拉琪拉墓，内部东面墙壁，修复工作开始前和结束后。

51. 梵蒂冈古墓，墓 H，瓦列里家族墓，北面墙壁，部分挖掘（1943 年）出的中央壁龛，壁龛上有两幅重叠的男性半身像，在白色灰泥上用黑色颜料绘制。下方人物右肩上方可以辨认出字母“PTR”，这指的是使徒彼得的名字。

52. 梵蒂冈古墓，墓 H，瓦列里家族墓，北面墙壁中央位置的壁龛，可见光下的彩色多光谱图像，图像中可以刚好辨认出下方男性半身像的轮廓（艺术 – 测试 s.n.c. 制作）。

53. 梵蒂冈古墓，墓 H，瓦列里家族墓，北面墙壁中央位置的壁龛，在峰值为 750 纳米，宽度为 50 纳米的紫外线下的图像。图像中可以明显辨认出下方的男性半身像。上方图像有所不同是因为在这幅图中的有机黏合剂中含有一定量的颜料，使得发掘时发现的符号中的大部分至今可见（艺术 – 测试 s.n.c. 制作）。这张照片重现的人物图像有许多细节，我们如今仍无法判断这个人的身份。人物的面部轮廓使人猜想这是一位没有胡子的老年男性，而已经残缺的可能指向名字“彼得”的指示似乎反映这位男性是加利利一位简朴的渔夫。

实际上，在利用UV荧光（紫外线）、可见光和近红外光进行反射照相，完成多光谱初级研究后，“梵蒂冈工程”认为在墓H内使用紫外线是可行的。分析对比获得的各种信息，特别是对紫外线下图像（峰值为750纳米，宽度为50纳米的窄带）的研究使得人们能够断定壁画和缺失的碑文是在不同时间完成的，完成的方式也不同。实际上，两幅男子半身像使用的颜料中含有在紫外线下可见的有机黏合剂，碑文可能是用黑色颜料写上的，而坟墓里十分潮湿的环境会使碑文褪去颜色。然而，上述研究并没有发现这种颜料的痕迹。此外，半身像的下部分被紫外线照射后的图像揭示了人们从未发现的细节（左肩、衣服的褶皱和人物的面部特征），按照玛格丽塔·加尔古奇教授的推测，图像上显现的一些符号可能是碑文中的一部分文字（词语HOMINIBUS的前三个字母HOM）。事实上，正如前文所说，半身像使用的颜料和碑文使用的颜料不同。

在修复工作的最后阶段，人们设置了一个玻璃盒以便在不改变坟墓内脆弱的微气候平衡的条件下观察瓦列里家族墓内的情况，此外还有高精度计算机监控系统的持续监测。

在发掘场所东部的修复工程继续时，“梵蒂冈工程”正忙于继续规划古墓的维护工作。

54. 梵蒂冈古墓，墓H，瓦列里家族墓，北面墙壁，修普诺斯的人物形象上方用赭石色的灰泥混合物制成的装饰物的细节图。

古墓维护工作

修复古墓的工作结束了，维护古墓的工作就随之开始。维护古墓指对古墓进行有规划的仔细维护，即通过连续监测环境参数，频繁检查墓地的保护情况，定期杀菌以及有针对性的系统检查。对于这块环境特殊，有大量参观者的地下区域，频繁的检查不仅是一种需要，更是一种强制的要求。因此，工作人员需要对朝圣者和游客经常通过的区域进行频繁的维护工作，正如前面提到的，朝圣者和游客是对墓地的微气候和微生物环境产生不利影响的最大因素。如果我们利用法律术语进行描述的话，就是“罪刑相当”；事实上，众所周知，墓地日常维护的工作量必须与参观的游客数量成正比。因此，在维护墓地时，人们需要格外注意清除参观路线沿线的墙面装饰物上的盐分，因为这些地区更易受到游客通行带来的气流变化以及不可避免的温湿度变化的影响。

清除砖石墙面上盐层的工作以及上文提到的所有修复工作都是“圣彼得工程”负责的，这些工作旨在避免对古墓进行复杂、昂贵又困难的修复工作，或至少推迟进行这些修复工作的时间。实际上，修复专家们有一句座右铭：维护是为了避免修复。

图书在版编目（CIP）数据
梵蒂冈古墓 ／（意）保罗 · 普雷拉尼，（意）G. 斯皮诺拉著；
周彬彬译. —南京：译林出版社，2021.4
（伟大的博物馆. 教堂）
ISBN 978-7-5447-8310-1

I.①梵… II.①保… ②G… ③周… III.①墓葬(考古)－介绍－梵蒂冈
IV. ①K885.478.8

中国版本图书馆 CIP 数据核字（2020）第 095141 号

梵蒂冈古墓　[意大利] 保罗 · 普雷拉尼　G. 斯皮诺拉 ／ 著　周彬彬 ／ 译

责任编辑　陈绍敏
特约编辑　刘程程
装帧设计　鹏飞艺术
校　　对　张兰坡
责任印制　贺　伟

原文出版　Editoriale Jaca Book S.p.A，2010
出版发行　译林出版社
地　　址　南京市湖南路 1 号 A 楼
邮　　箱　yilin@yilin.com
网　　址　www.yilin.com
市场热线　010-85376701
排　　版　鹏飞艺术
印　　刷　天津丰富彩艺印刷有限公司
开　　本　787 毫米 ×1092 毫米　1/16
印　　张　24
版　　次　2021 年 4 月第 1 版　2021 年 4 月第 1 次印刷
书　　号　ISBN 978-7-5447-8310-1
定　　价　228.00 元

CREDITI FOTOGRAFICI

Archivio Fotografico dei Musei Vaticani:

A. Bracchetti: 30, 31, 147, 148, 151, 153, 154, 156, 157, 158, 159, 168-169, 170, 172, 174-175, 176, 177, 178, 179, 181, 182, 183, 184, 185, 186 (fig. 31,33), 189, 191, 192, 193, 194, 195, 196, 223, 224, 226, 227, 234, 238, 239, 242, 243, 244, 245, 246, 248, 249, 250, 253, 254, 255, 258, 260, 261, 264, 280, 281, 282, 283, 285; G. Lattanzi: 22, 26-27, 37, 38-39, 166-167, 209, 215, 218-219, 220, 221, 228, 230, 231, 232, 233, 236, 237, 247, 252, 262, 266, 267, 268-269, 270, 271, 272, 274-275, 276, 277, 278, 279; nome Man-tella: 149; Napoletano: 144; Studio Di Grazia: 162-163; C. Valeri: 263; 200 (XXVI -14-27), 201 (senza n°), 202 (XXVI -16-5), 203 (XXVI -14-7), 204 (XXVI -15-18), 205 (XXVI -16-12; XXVI -16-15; XXVI -16-10), 206 (sen-za n° ; XXVI -14-9), 207 (XXVI -14-13), 217 (inv. 9237), Museo Pio Cristiano: 33, 35.

Fabbrica di San Pietro:

43, 44-45, 46 (fig. 4), 49, 50, 52, 53, 58, 59, 61, 63 (fig. 25), 66, 67, 69, 70, 71, 73, 74, 75, 76, 77, 78, 79, 80, 81, 82, 85, 86, 87, 88, 90, 91, 93, 94, 95, 99, 100, 102, 104-105, 106-107, 109, 110, 111, 112, 115, 116, 117, 118, 120, 121, 122-123, 125, 126, 127, 128-129, 130, 131, 132, 135, 137, 138, 286, 288, 289, 291, 292, 293, 294, 295, 296, 297, 298, 299, 300, 301, 305, 306, 307, 308, 309, 310, 313, 314, 315, 316-317, 318, 319, 320, 321, 322, 323, 324, 325, 326, 327, 328, 329.

Su concessione del Ministero per i Beni e le Attività Culturali–Soprintendenza Speciale per i Beni Archeologici di Roma–Palazzo Massimo: 222.

Daniela Blandino: 10, 12, 40, 140.

P. Liverani 12, 15 (fig. 5), 17 (fig. 7-8), 36 (fig. 13 Museo Nazionale Archeologico Aquileia)

Harald Mielsch: 63 (fig. 23, 24).

BAMSphoto Rodella: 15 (fig. 6).

G. Spinola: 28, 29, 161 Museo Gregoriano Profano, 186 (fig. 32), 188, 235